品牌管理与推广
（第四版）

PINPAI GUANLI YU TUIGUANG(DI SI BAN)

李滨 编著

图书在版编目(CIP)数据

品牌管理与推广 / 李滨编著. — 4 版. — 西安：西安交通大学出版社, 2025.4. — ISBN 978-7-5693-1911-8

Ⅰ.F273.2

中国国家版本馆 CIP 数据核字第 2024WW1166 号

书　　名	品牌管理与推广（第四版）
编　　著	李　滨
责任编辑	郭　剑
责任校对	李逢国
封面设计	任加盟

出版发行	西安交通大学出版社
	（西安市兴庆南路 1 号　邮政编码 710048）
网　　址	http://www.xjtupress.com
电　　话	(029)82668357　82667874（市场营销中心）
	(029)82668315（总编办）
传　　真	(029)82668280
印　　刷	西安五星印刷有限公司
开　　本	787mm×1092mm　1/16　　印张　16.125　　字数　383 千字
版次印次	2013 年 7 月第 1 版　2017 年 1 月第 2 版　2020 年 12 月第 3 版
	2025 年 4 月第 4 版　2025 年 4 月第 1 次印刷（累计第 14 次印刷）
书　　号	ISBN 978-7-5693-1911-8
定　　价	49.00 元

如发现印装质量问题，请与本社市场营销中心联系。

订购热线：(029)82665248　(029)82667874

投稿热线：(029)82664840

版权所有　侵权必究

第四版前言

中国从社会主义计划经济到商品经济,再到当前的市场经济,走过了几个不同的经济时代。在经济全球化的大背景下,尤其是我国加入 WTO 以后,随着市场经济的不断发展,一切面向市场的组织都必须置身于市场经济的大潮当中,按照市场经济的规律,搞好自身的经营和管理。社会经济的这一大变革,使得会经营、懂管理、善策划的市场营销专业人才成为时代的宠儿,而伴随着市场经济的不断深化,品牌管理与品牌推广成为市场营销的重要组成部分,社会对于品牌营销的专业人才的需求逐年递增。

市场营销专业是伴随着市场经济的发展而建立和不断发展起来的新兴专业,迄今为止还不到 100 年的历史,而品牌营销作为市场营销的重要分支,更是近 20 年才刚刚出现。随着营销实践的发展和完善,市场营销的内涵及其与之相关联的营销人才知识体系的要求也在不断发展和变更:市场营销已由单纯的销售产品实施过程发展到营销的战略和策划过程,由单纯的产品营销发展到品牌营销,由单纯的实物产品营销发展到服务产品的营销,由单纯的微观营销发展到宏观与微观相结合的全方位营销。

从我国的现实状况来看,市场营销观念进入我国的时间较晚,在改革开放后,我国才逐步引进和接受市场营销观念。1978 年开始引进市场营销课程,1992 年才开始正式将市场营销专业列入招生目录。近 20 年,随着我国改革开放的不断深入和强化,市场和社会对市场营销专业人才的需求不断增加。就近 10 年大学毕业生就业情况来看,市场营销专业的毕业生的就业率均名列前茅。由此,我们根据学科的发展及社会对市场营销专业人才的需要来重新规划营销人才培养体系,将品牌管理与品牌推广的相关知识列入课程体系,为适应社会发展需要的新型市场营销专业人才的培养提供工具和基础。

本教材是一本关于品牌管理与品牌推广理论与实践相结合的教材,第四版共分为十一章,除了以前已经有的六个章节(第一章 品牌知识概述;第二章 品牌发展的历史及特点;第三章 品牌推广的价值;第四章 品牌整合传播;第五章 品牌整合营销;第六章 品牌整合公关),又增加了五章内容,对以前的章节进行了补充和完善。

  本教材阐述了品牌管理与品牌推广的基本概念、特征、种类以及作为一门新兴学科所要研究的对象、内容以及品牌发展简史等。学习者可以通过本教材全面掌握和了解品牌管理的基本知识和品牌推广的基本方法,从单一的品牌传播层次脱离出来,统一品牌营销、品牌传播、品牌公关等关键运作,使得目标品牌的声音、形象、行为一致,达到累积品牌产出的新视野。本书适合作为高等学校经济管理类学生的教材或参考书,也适合各界工商企业的管理人员阅读和参考。

  由于作者水平有限,书中难免存在不足之处,期望各位同行专家指正。

李 滨
2024 年 9 月

第一版前言

在经济全球化的大背景下,尤其是我国加入WTO以后,随着市场经济的不断发展,一切面向市场的组织都必须置身于市场经济的大潮当中,按照市场经济的规律,搞好自身的经营和管理。社会经济的这一大变革,使得会经营、懂管理、善策划的市场营销专业人才成为时代的宠儿,而伴随着市场经济的不断深化,品牌管理与推广成为市场营销的重要组成部分,社会对于品牌营销专业人才的需求逐年递增。

市场营销专业是伴随着市场经济的发展而建立和不断发展起来的新兴专业,迄今为止还不到100年,而品牌营销作为市场营销的重要分支,更是近20年才出现。随着营销实践的发展和完善,市场营销的内涵及其对与之相关联的营销人才知识体系的要求也在不断发展和变更——市场营销已由单纯的销售产品实施过程发展到营销的战略和策划过程,由单纯的产品营销发展到品牌营销,由单纯的实物产品营销发展到服务产品营销,由单纯的微观营销发展到宏观与微观相结合的全方位营销。

从我国的现实状况来看,市场营销观念进入我国的时间较晚,在改革开放后,我国才逐步引进和接受市场营销观念。我国高校从1978年开始引进市场营销课程,1992年才开始正式将市场营销专业列入招生目录。近20年,随着我国改革开放的不断深入,市场和社会对市场营销专业人才的需求不断增加。就近10年大学毕业生就业情况来看,市场营销专业毕业生的就业率均名列前茅。由此,我们根据学科的发展及社会对市场营销专业人才的需要来重新规划营销人才培养体系,将品牌管理与推广的相关知识列入课程体系,为适应社会发展需要的新型市场营销专业人才的培养基础。学习者可以通过本教材全面掌握和了解品牌管理的基本知识和品牌推广的基本方法,从单一的品牌传播层次中脱离出来,统一品牌营销、品牌传播、品牌公关等关键运作,使得目标品牌的声音、形象、行为一致。

李 滨

2013年4月

第二版前言

我们知道,品牌作为一个新经济时代的产物,现在已经被人们越来越熟悉和认可。在经济全球化的大背景下,尤其是我国加入WTO以后,随着市场经济的不断发展,国人的品牌意识越来越强,价格已经不再是国人消费的唯一标准,品牌成为他们选择商品和服务的重要因素。我国企业若要在全球激烈的竞争中生存下来并脱颖而出,自身的品牌管理与推广的能力亟待加强,而我国品牌专业的人才也亟需培养。

《品牌管理与推广》这本教材已经出版了三年,亦是在上文所述的背景下编写而成的。承蒙各位读者的厚爱,我在教材原有内容的基础上进行了改版。本次改版,重点内容主要是对于"案例分析篇"的补充。本书在原有案例的基础上,增补了中外各大企业品牌管理与推广成功的案例,其中有很多都是近十年蓬勃发展的品牌,比如知乎、DW腕表、ZARA、海底捞、滴滴出行、当当、顺丰快递、途牛旅游网……本书在案例中阐述其发展的过程,分析其成功的原因,希望能够给予读者以启发。

本书内容理论与实践相结合,旨在培养学生在品牌学科上全面的知识和能力,并了解品牌学的发展脉络,为今后继续学习或者工作打下基础。

热切地期待着读者们的批评和指正,并且向书中案例所引用材料的各位作者表示衷心的感谢。

李 滨

2016年11月

第三版前言

中国从社会主义计划经济到商品经济,再到当前的市场经济,走过了几个不同的经济时代。在经济全球化的大背景下,尤其是我国加入WTO以后,随着市场经济的不断发展,一切面向市场的组织都必须置身于市场经济的大潮当中,按照市场经济的规律,搞好自身的经营和管理。社会经济的这一大变革,使得会经营、懂管理、善策划的市场营销专业人才成为时代的宠儿,而伴随着市场经济的不断深化,品牌管理与推广成为市场营销的重要组成部分,社会对于品牌营销的专业人才的需求逐年递增。

市场营销专业是伴随着市场经济的发展而建立和不断发展起来的新兴专业,迄今为止发展还不到100年,而品牌营销作为市场营销的重要分支,更是近30年才出现。随着营销实践的发展和完善,市场营销的内涵及其与之相关联的培养营销人才知识体系的要求也在不断发展和变更。市场营销已由单纯的销售产品实施过程发展到营销的战略和策划过程,由单纯的产品营销发展到品牌营销,由单纯的实物产品营销发展到服务产品营销,由单纯的微观营销发展到宏观与微观相结合的全方位营销。

从现实状况来看,市场营销观念进入我国的时间较晚,在改革开放后,我国才逐步引进和接受市场营销观念。1978年开始引进市场营销课程,1992年才开始正式将市场营销专业列入招生目录。近30年,随着我国改革开放的不断深入和强化,市场和社会对市场营销专业人才的需求不断增加。就近10年大学毕业生就业情况来看,市场营销相关专业的毕业生的就业率均名列前茅。由此,我们根据学科的发展及社会对市场营销专业人才的需要来重新规划营销人才培养体系,将品牌管理与品牌推广的相关知识列入课程体系,为适应社会发展需要的新型市场营销专业人才的培养提供工具和基础。

本书是一本校企合作教材,承蒙读者厚爱,在第二版的基础上增加了"微品牌营销篇",并对过时内容和案例进行修订和删减。作者多年来与江苏苏州弘韵文化创意有限公司密切合作,使得本书成为大学院校教学和企业品牌管理培训用书。《品牌管理与推广》同时也是理论与实践相结合的教材。

本教材阐述了品牌管理与推广的基本概念、特征、种类以及作为一门新兴学科所要研究的对象、内容以及品牌发展简史,品牌推广的价值,品牌整合营销,品牌整合传播和品牌整合公关等内容。学习者可以通过本教材全面掌握和了解品牌管理的基本知识和品牌推广的基本方法,从单一的品牌传播层次脱离出来,统一品牌营销、品牌传播、品牌公关等关键运作,使得目标品牌的声音、形象、行为一致。

本书适合作为高等学校经济管理类专业学生的教材或参考书,也适合各界工商企业的管理人员阅读和参考。

作者水平有限,书中不足之处在所难免,敬请读者指正。

李 滨

2020 年 6 月

目录 Contents

基础理论篇

第一章　品牌知识概述 (3)
 第一节　品牌的内涵与外延 (3)
 第二节　品牌的特征 (6)
 第三节　品牌的种类 (11)

第二章　品牌发展的历史及特点 (16)
 第一节　西方国家品牌发展的历史 (16)
 第二节　西方国家品牌发展的特点 (22)
 第三节　中国品牌发展的特点 (23)

品牌推广篇

第三章　品牌推广的价值 (29)
 第一节　企业在大变革时代的适者生存 (29)
 第二节　品牌推广使用同一个声音 (33)
 第三节　在接触中创造价值 (35)
 第四节　快速建立品牌的可能性 (37)

第四章　品牌整合传播 (43)
 第一节　大众传播的困境 (43)
 第二节　品牌整合传播模型概述 (46)
 第三节　消费传播 (52)
 第四节　合作传播 (55)
 第五节　内部传播 (58)
 第六节　做好金牌文案 (62)
 第七节　炒作与造势 (64)

第八节　拓展品牌传播新空间 ·· (68)

第五章　品牌整合营销 ·· (72)
  第一节　营销渠道的七大变局 ·· (72)
  第二节　品牌整合营销模型概述 ·· (77)
  第三节　市场开发策略 ·· (81)
  第四节　产品营销 ·· (85)
  第五节　渠道营销 ·· (89)
  第六节　终端营销 ·· (95)
  第七节　招商管理 ··· (103)
  第八节　博弈大卖场 ··· (106)
  第九节　品牌营销新趋势 ··· (108)

第六章　品牌整合公关 ··· (113)
  第一节　品牌整合公关模型概述 ··· (113)
  第二节　媒体公关 ··· (117)
  第三节　社区公关 ··· (120)
  第四节　投资公关 ··· (122)
  第五节　合作公关 ··· (125)
  第六节　消费公关 ··· (127)
  第七节　危机公关 ··· (130)

第七章　品牌及品牌化 ··· (134)
  第一节　品牌 ··· (134)
  第二节　品牌化 ··· (140)

第八章　品牌形象和定位 ··· (146)
  第一节　品牌形象 ··· (146)
  第二节　品牌定位 ··· (151)

第九章　品牌设计 ··· (157)
  第一节　品牌设计的一般准则 ··· (157)
  第二节　品牌诸要素的设计 ··· (158)

第十章　品牌战略 ··· (168)
  第一节　多品牌战略 ··· (168)
  第二节　品牌延伸战略 ··· (176)

第十一章　品牌评估 ··· (182)
  第一节　消费者品牌心理调查 ··· (182)
  第二节　品牌价值评估 ··· (189)

案例分析篇

案例分析	（一）农夫山泉品牌推广	(195)
案例分析	（二）腾讯发展的品牌之路	(201)
案例分析	（三）世博会	(207)
案例分析	（四）雨润集团的品牌发展之道	(211)
案例分析	（五）中国电影品牌——华谊兄弟	(218)
案例分析	（六）通用汽车的品牌衰退	(223)
案例分析	（七）格力电器的品牌战略	(227)
案例分析	（八）网络实体店的品牌发展	(230)
案例分析	（九）华为的品牌之路	(235)
案例分析	（十）顺丰快递的品牌战略	(238)

参考文献 …………………………………………………………………… (245)

》 基础理论篇

第一章　品牌知识概述

本章主要阐述了品牌的基本概念、特征和种类以及相关知识。学习本章，重点要掌握品牌的概念以及该概念与其他概念的区别与联系，难点在于正确理解品牌的内涵、核心价值以及由此产生的与品牌相关的问题。

第一节　品牌的内涵与外延

一、品牌的由来

品牌的英文单词"brand"，源自古挪威文"brandr"，意思是"灼烧"。人们最初使用烙铁在家畜身上烙下印记，以此来区别私有财产。在中世纪的欧洲，手工艺人用这种类似打烙铁的方式在自己的手工艺品上烙下标记，以便顾客识别产品的产地和生产者。这就是最初的商标，生产者以此为消费者提供担保，同时，此做法也为生产者提供了法律保护。

16世纪早期，英国的酒类生产商将威士忌装入烙有生产者名字的木桶里，以防不法商贩偷梁换柱。1835年，苏格兰的酿酒商使用了"Old Smuggler"这一品牌，用以维护采用特殊蒸馏工艺酿制的酒的质量和声誉。

20世纪50年代，美国奥美广告公司的创始人大卫·奥格威第一次提出了现代意义上的品牌概念，从此有关品牌是什么的争论延续至今。

二、品牌的定义

根据不同的理解和所属范畴，品牌有其不同的定义，我们有针对性地选取几种进行介绍。

1. 大卫·奥格威的定义

品牌是一种错综复杂的象征，它是商品属性、名称、包装、价格、历史、经营、广告方式的无形总和。

2. 美国市场营销协会的定义

品牌是一个名称、术语、标记或设计，或是它们的组合运用，其目的是借以辨认某个销售者或某群销售者的产品或劳务,并使之同竞争对手的产品和劳务区别开来。

3.《牛津大词典》的定义

品牌用来证明所有权,作为质量的标志或其他用途,即用以区别和证明品质。

首先介绍一下大卫·奥格威本人。1945年的一天,在伦敦国会下院的听众席上,坐着一位30岁出头的男子,他专心地听着人们的辩论,全神注视着他们。那时的奥格威一心希望踏入政界。

有一天,他突然站起来对自己说:"这不是我要的,我已经没有兴趣,这并不适合我。"然后他走出了经常光顾、以往不舍离开的国会下院。

不久,他创办了一家广告公司。

37年后(1982年),印度的《周日》杂志评出当年的新闻人物,第一位是刚上台的苏联共产党总书记安德罗波夫,第二位是勃列日涅夫,第三位就是大卫·奥格威,第四位是教皇保罗二世。

而当年的《扩张》杂志特别对工业革命做了回顾,在列出的11位对工业革命具有影响的人物中,第一位是发明家爱迪生,第二位是科学家爱因斯坦,大卫·奥格威名列第七位。他名字后的注解是"现代广告教皇"。

三、品牌的内涵

品牌是一个复杂的现象,有研究表明,品牌是多面性的概念,有着丰富的内涵。

(一)品牌内涵的四个层次

1. 品牌是一种商标

这是从品牌的法律意义上说的,强调的是品牌的法律内涵,如商标注册权、使用权、所有权、转让权等。

商标是品牌在法律范围内的调整对象,现代产品的一个基本特征就是商标化,因此,非常有必要给产品注册商标。

2. 品牌是一种牌子,是金字招牌

这是从其经济的或者市场的意义上说的。此时,人们所注意的是品牌所代表的商品,这种商品的品质、性能、满足效用的程度,以及品牌本身所代表的商品的市场定位、消费者对品牌的认知程度等。这时品牌所表征的是商品的市场含义。

3. 品牌是一种口碑、一种品位、一种格调

这是从其文化或心理的意义上说的,强调的是品牌的档次、名声、美誉度等,也是对品牌理念和价值更进一步的表达。例如,劳力士代表的就是高贵、精确和时尚,看到它,人们马上就能联想到驰名世界、无与伦比的瑞士手表;西门子代表的是实用、可靠和信任,看到它,人们又会联想到

一丝不苟、兢兢业业的德国工人。

4. 品牌是消费者与产品有关的全部体验

品牌，不仅仅是产品，产品只是它的一个方面。树立品牌不是为消费者做事情，而是和他们一起做事情。消费者通常以自己特有的方式理解品牌，但有时这种理解不同于商家的主观愿望。品牌使消费者能够扮演许多不同的角色，也正是因为它们，才使人们的生活变得多姿多彩。如果消费者对于产品的认识、情感和行动是正确的、积极的、友好的和愿意接近的，品牌就有可能转化成为一种无形资产，体现出价值。

（二）品牌的核心价值

品牌的核心价值是指品牌的内核，是品牌资产的主体部分，它让消费者明确、清晰地记住并识别品牌的利益点与个性，是驱动消费者认同、喜欢乃至爱上一个品牌的主要力量。例如，一些已经被消费者熟知的广告语"有路就有丰田车""李宁，一切皆有可能""有汰渍没污渍""舒肤佳沐浴露，有效去除细菌""海尔，真诚到永远"等。正是因为有了自己清晰的核心价值与个性，这些品牌可以凭借其差异化优势特征，在所选择的目标市场里占据较高的市场份额。与此同时，消费者也因为对其核心价值的认同而产生对品牌的美好联想，并进一步对品牌有了忠诚度。

然而，不少人可能会在理解品牌核心价值时偏重于品牌给消费者提供的物质层面的功能性利益，即产品卖点或极端地理解为品牌核心价值主要就是品牌给目标消费者传达物质层面的功能性价值。实际上，品牌核心价值也许是情感价值与自我实现型价值，也许是审美体验、快乐感觉、财富表现、学识、修养、自我个性、生活品位与社会地位的融合。

随着科技的进步，产品的同质化越来越严重，因而品牌也就要更多地依赖情感型与自我表现型的品牌核心价值来与竞争对手形成差异；社会越进步，消费者的收入水平越高，品牌核心价值就越对消费者有诉求力和感染力。举个例子，当制造技术成熟了，服装的品质有了保障，人们生活富裕了以后，衣服的原始功能因为易于实现而成为其次，此时消费者需要能折射出自身个性偏好的品牌。"金利来，男人的世界"等广告语因此应运而生。也正因为如此，一个具有极高品牌资产的品牌往往会让消费者产生心动的感觉。当成为消费者表达个人价值观、财富、身份地位与审美品位的一种载体时，品牌就有了独特的自我实现型利益。

品牌的核心价值既可以是功能性利益，也可以是情感型和自我实现型利益。对于某一个具体品牌而言，它的核心价值究竟是以哪一种为主，这主要应按品牌核心价值来区分，它可能是三种利益中的一种，也可能是两种乃至三种。

四、品牌的外延

品牌的外延包括构成品牌的一切内容，如品牌名称、品牌标志物、品牌标志字、品牌标志色以及品牌标志性包装。

（1）品牌名称。品牌名称，顾名思义是品牌的文字符号，是从字符、语音、字形等方面对品牌信息内容的表征。这种表征准确与否，直接影响着品牌的宣传和产品的销售。在品牌概念中，如果说品牌名称是品牌内容的体现，那么标志字就是品牌名称的具体表现形式。品牌名称体现了企业的经营文化,反映了企业的价值观念。经注册的品牌成为商标,具有专用性,属于其所有者,属于知识产权范畴,未经品牌所有人认可,他人无权使用。

(2)品牌标志物。品牌标志物是指品牌中可以被识别,但不能用语言表达的部分,它是品牌的图形记号。品牌标志物是品牌中便于视觉传播的图形记号,常常为某种符号、图案或者其他独特的设计。品牌标志物可以是动物、植物、抽象图案、中外文化的艺术造型等,例如,海尔的两个中外小男孩、标志汽车的狮子、苹果电脑的苹果图案等。品牌标志物是构成品牌概念的第一要素,也是消费者认牌购买的主要依据。

(3)品牌标志字。品牌标志字是指品牌中的文字,它是品牌中可以读出的那一部分。它常是品牌的名称或企业的经营口号、广告语等,如"永远是可口可乐""安踏,永不止步"。为了使品牌能口头传播,几乎所有的品牌都包含有文字部分,因此设计品牌标志字是创立品牌的第一步。

(4)品牌标志色。品牌标志色是指品牌中的特殊色彩,是品牌标志的重要组成部分,用以体现自我个性,以区别其他产品的色彩体系。强烈的色彩效果所形成的视觉冲击,使消费者产生强烈的心理反应与联想,同时使品牌的主题乃至整体形象得到强化。例如,麦当劳的黄色与红色组合、上海世博会中国馆的"中国红"等,无不给人以深刻的印象。

(5)品牌标志性包装。品牌标志性包装是指产品的包装设计,包括包装物的大小、形状、材料、色彩、文字说明等具体内容。进入市场的许多产品都应该进行个性的包装,但对于价格并不昂贵的产品来说,包装所发挥的作用非常小,而对于价格不菲的化妆品来说,包装无疑决定了产品的销售。一些著名品牌的产品,如贵州茅台酒、洋河蓝色经典、可口可乐等,包装已成为其强有力的营销手段。具有创意的包装能为消费者带来方便和惊喜,为生产者创造促销价值。包装已经成为产品的一种标志,是消费者认购产品的依据。

第二节 品牌的特征

一、品牌的基本特征

有关品牌特征的论述有很多,我们在充分研究各家之言的基础上,根据对品牌长期的研究,认为品牌的特征主要体现在以下几个方面。

1. 识别性特征

这是品牌名称、品牌标志物等符号系统带来的外在特征。它通过文字、图案、符号、质量、价格等来表现。品牌是一种标记、符号和名称,但如果无人能够辨识或难以记忆,那么该品牌就没有意义了。所以,企业在规划和设计品牌造型符号时,要使其具有独特的个性和强烈的视觉冲击力,能够帮助目标消费群体区别本产品和其他产品。此外,品牌所传递的隐喻式情感也能够显示一个品牌的功能和内部信息,帮助消费者有效识别。例如,平时我们区分可口可乐和百事可乐,仅从包装色彩的一红一蓝就可以辨别。

品牌识别给产品带来了三个有利方面:一是可以让顾客对品牌保持忠诚度,给企业带来源源不断的利益；二是可以掌握顾客对产品的意见和建议，从而更好地满足顾客的需要；三是不会使自己的产品与竞争对手的产品混淆。

2. 价值性特征

品牌因其具有的优质性能及服务，使其成为一种企业的外在形象，并成为企业利用外部资源的主体，同时使其产品在市场上的覆盖面广、占有率高，这必然给企业带来巨大的经济利益。另外，品牌因其自身具有的知名度、美誉度等社会因素，又可以独立于产品之外存在并形成一种可以买卖的无形资产价值，而这种价值要比它给企业带来的有形资产价值更重要。企业拥有的品牌可以为企业不断创造利润，获取利益，所以说品牌具有价值。这种价值是看不到、摸不着的，在企业的资产负债表上难以体现出来，但是却直接为企业创造着大量的超额利润，是企业的一种无形资产。万宝路的总裁对品牌无形资产的表述比较贴切："品牌是企业发展的最大资产。它如同储蓄的户头，只要不断提高质量、信誉，并累计其价值，便可以享受到它的高额回报。"

3. 领导性特征

名牌的另一个特征是拥有很高的市场份额。企业的经营已经从产品输出走到了品牌输出的时代，在产品功能、结构等因素趋于一致的情况下，关键是看谁的品牌过硬。品牌长盛不衰的企业，就能在未来竞争中处于有利位置，"锁定"老主顾，开发潜在的消费者，提高市场占有率，树立品牌的形象，增加企业的利润。

品牌不仅仅靠广告和包装来打动消费者，其在消费者心目中无可替代的地位是由其高质量、高价值、高信誉来决定的。品牌是企业的核心要素，是企业向目标市场传输信息的主要媒介。它具有的风格代表了与众不同、高人一等的经营理念，一旦迎合了目标市场的口味，将占据非常重要的地位，可以引领市场潮流，影响消费群体的价值观，这种能力是普通产品所难以企及的。而且，成功品牌往往能成为市场领导者，在市场上占据主导地位。例如，英特尔的半导体芯片，软件巨头微软的视窗操作系统，宝马、奔驰等高档轿车，在市场上拥有很大的份额和号召力。

4. 品牌的双重特性

品牌的双重特性是指品牌具有自然属性和社会文化属性。品牌的自然属性是指该品牌所表征的产品显著区别于其他产品的特性，消费者对此有生理体验并极其忠诚。品牌的社会文化属性是指消费者对品牌差异化的心理体验和消费属性，如消费者对使用品牌有心理的满足感或成就感。因此，品牌是其商品自然属性和社会文化属性的统一体。例如，万宝路香烟，在人们对其文化属性的理解上，发展了"Marlboro"的文化含义"Men always remember love because of romantic only"，即"爱情永记，只缘浪漫"，这确实让许多消费者平添许多想象。企业可以依据品牌所具有的自然属性和社会文化属性开展品牌管理活动。一方面，企业可以依据产品的自然属性来发展品牌；另一方面，企业必须考虑消费者对品牌的社会文化属性的需要以及这种属性对消费者消费观念的作用。

5. 品牌具有明显的排他性

品牌代表了一个企业在市场中的形象，是企业为它的产品和服务打上的烙印，是企业进入市场的一个通行证，在某种程度上，品牌是企业在市场竞争中战胜对手的法宝，因此在市场上表现出具有明显的专业性和排他性。企业通过各种法律或自身保密措施来维护品牌,通过在国家有关部门登记注册、申请专利等形式保护自己的品牌权益,保障自己的合法权益。品牌是企业一项最宝贵的无形资产,它包含着创建者和企业员工的创造性劳动。品牌在本质上是排他的、专有的,否则人们也就不会对盗用、仿冒他人品牌的行为深恶痛绝了。不过,在品牌发展初期,品牌的排他性的确没有得到社会的承认与保护,直到有了相应的法律法规,情况才有所改变。通常,对品牌的保护手段主要是注册商标、申请专利、授权经营等。

二、品牌与其他概念的区别

(一)产品与品牌

1. 产品的概念

产品是企业为满足某些社会需求而设计、生产,并向社会提供的物化的劳动成果和服务。产品的本质就是满足社会的各种要求,企业通过提供特定的产品来满足某种需求,使企业获得经济和社会效益。因此,产品是为直接满足人类的需求而存在的,产品中具有一定的功用特征,无论是物质产品还是精神产品都是如此。有形产品,包括质量、特色、式样、商标、名称和包装等;延伸产品,包括安装、送货、信贷、售后服务等。

2. 产品与品牌的区别

现代管理学者斯蒂芬·金说过:产品是工厂里生产的东西,品牌是消费者带来的东西;产品可以被竞争者模仿,品牌却是独一无二的;产品极易过时落伍,但成功的品牌却能持久不衰。具体来说,品牌和产品的区别主要表现在以下几个方面。

首先,产品是具体的,而品牌是抽象的,它存在于消费者的意识中。产品是物理属性的组合,具有某种特定功能,可以满足消费者的使用需求,消费者可以通过感官系统来辨认、体会。品牌则是消费者在使用了产品后所产生的情感、感觉,它包含了消费者对产品的认知、态度。特定的品牌消费体现了消费的情感化。当一个品牌被市场广泛了解和接受之后,它就会给消费者带来特定的价值、情感。例如,一件休闲T恤并不起眼,但当它被冠以某品牌时,往往会给消费者带来一种流行、时尚的感觉。实际上,我们谈的品牌,外延很广,它不仅指具有包装或标志的产品,比如"海尔""格力"等;服务也具有品牌性,只要我们一提到这些品牌的名称就会想到他们提供的服务,如中国移动、中国联通等;名人本身也是品牌,如体育明星博尔特、伊辛巴耶娃、李宁等;活动也有品牌性,如奥运会、世博会;其至连娱乐、媒体、国家、城市都在品牌化,如近年来人们耳熟能详的华纳影视、凤凰卫视等。因此,对品牌的认识不应只局限于有包装的产品上。

其次,两者产生的环节不同。产品来源于生产环节(工厂、车间、流水线),而品牌则形成于流通环节。每个品牌之下都有一种或多种产品,而一个产品却未必能成就一个品牌。由产品到品牌,并不是一个顺其自然的过程。品牌的形成除了受到企业内部环境的制约外,还受企业外部环境,如供应商、消费者、技术市场、资本市场、政府、法律等多种因素的制约。企业主要保证产品的品质和功能,营销和广告人员负责将产品信息加以整合后传播给目标消费群体,消费者通过对产品的感受、认知而形成对产品的一种信任、情感后,再将这些信息反馈给生产者,这时,才基本完成了从产品到品牌的转化。

(二)商标与品牌

1. 商标的概念

由法律出版社出版的《商标法教程(第3版)》对商标的定义是:商标是指商品生产者或经营者为使自己的商品在市场上同其他商品生产者或经营者的商品相区别,而使用于商品或其包装上的、由文字和图案或文字和图案的组合所构成的一种标记。

商标是企业用文字、语音、色彩、字形图案等元素来表征自己品牌的法律界定。商标一般经过国家商标管理机构审核注册后,其商标所有人就有了使用该商标的各项权利。商标受法律保护,具有排他性,未经许可其他人无权使用。商标所有权是指商标注册人对商标所拥有的各项权利,具体包括商标专用权、商标转让权、商标使用许可权、继承权和法律诉讼权等。商标专用权是指商标所有人有权在核定的商品上使用其注册商标,未经所有人同意,他人无权使用该商标。商标专用权是商标权的基本内容和核心内容,其他权利都是由它派生的。

商标是用来区别某一工业或商业企业或企业集团的商品与其他商品的标志。简而言之,商标是向政府注册的受法律保障其使用专有权的品牌。可见,商标与品牌是有区别的两个概念,它们不可混淆使用。

2. 商标与品牌的区别

品牌是产品或商品的牌子,而商标是商家和商品的标志,是商品经济发展到一定阶段的产物。为保护商品生产者、经营者的利益和消费者的权益,随着人们商标意识的逐渐强化,最终用法律形式确立了商标的法律地位和不可侵犯性。

(1)商标的构件小于或等于品牌的构件。根据前述商标的定义,商标法核准注册的商标形式可以是文字,也可以是图案,当然还包括两者的结合。注册商标是区分不同生产者和经营者的商品或服务的标志,它是通过形象、生动、独特的视觉符号将产品的信息传达给消费者,其目的是为了将不同的产品区别开来。但品牌的构件是造型单纯、含义明确、标准统一的视觉符号,品牌将企业特有的经营理念、企业规模、经营内容等信息,传达给目标市场,使消费者据以识别和认同。商标所有权是经过国家权威机关依法定程序审核通过后获得的,是国家依法授予的一种权利。商标具有资产的一般特征,但比一般有形资产更容易受到侵犯,在现实经济生活中主要表现为商标信誉受到侵害。为了使市场竞争有序进行,开展保护商标专有权的工作就尤为迫切和重要了。

(2)商标权有国界,品牌使用无国界。商标具有专业性:第一,在同一国家的同一商标,只能有一个商标注册人在指定的商品上注册并持有所有权,不能有多个注册人;第二,商标获得注册后,商标注册人依法取得商标所有权,其他人未经商标所有人同意不准使用,否则构成侵权。对于侵权者,商标所有人可依法追究其法律责任。由于我国的一些著名商标没有及时到出口国注册,在当地市场赢得一定声誉后,被国外的一些投机商人捷足先登,抢先注册。这些产品如需出口,就需要更换商标,重新注册,重新开拓市场,或者交付商标使用费后才能出口销售。因此,商标在未注册国不受法律保护,在从商标权的取得上就已决定了这一点。世界各国都有自己的商标法,在一国注册的商标仅在该国内有排他性使用权,超越国界后就失去了排他性使用权。一个国家的法律只在本国发生效力,不可能延伸到其他国家,所以商标的国际保护就显得非常重要。商标的国际保护一般有两种方法:一是逐一国家注册;二是通过《马德里协定》办理国际注册。该协定的宗旨是在协定成员国之间办理马德里商标国际注册,注册人可根据自己的需要在马德里协定成员国中任意挑选自己需要注册的国家和地区。

(3)商标需经法律程序审批,而对品牌的使用,企业可以自己决定。商标在这里是指注册商标,必须经过法定程序才能取得。在注册成功之前称为商标,宣称有独占性权利是不恰当的。一个标志、一个名称或者两者组合能否成为商标,不是取决于企业,而是取决于国家的商标管理部门,在我国称为国家知识产权局。品牌则不同,公司可以随便选取一个名称,设计一个图案,就可以宣称这就是本公司品牌,而且用不用、怎么用都不需要经过批准。未经注册使用的品牌在没有名气之前,一般不会有人去关注它;但品牌一旦小有名气,其品牌的价值就会提升,如果再不去注册,就有可能被别人抢注,从而失去了使用权。另一种可能的问题是,本公司品牌不错,别的公司也看中了,取了相同或相似的名称。如果市场分隔清晰倒无妨,若是相同行业,就会产生纠纷。例如,在同一城市有两家叫"天厨"的酒店,在一次食品卫生检查中,其中的一家由于厨房卫生条件极差,被当地媒体曝光,消费者只记住了"天厨"这一名字,但分不清是哪一家,所以对两家都不敢再光顾了,结果不久两家酒店一起倒闭。

(4)从时效上讲,商标和品牌也不同。商标的有效性取决于法律,世界各国的商标法的规定不尽相同。有的国家规定的时效长一些,如 20 年;有的国家规定的时效短一些,如 5~7 年。我国商标法规定的商标有效期为 10 年,每次续展的有效期也是 10 年。因此,商标权实际是一种永久性权利。但品牌则不同,法律上有效不等于在市场上有效,在品牌角逐场上的走马灯现象非常普遍。一个品牌的寿命可能远短于其法律有效期。商标核准注册后一般有法定保护期,在该保护期内商标所有人依法享有对商标的各项权利,超过这个时期则必须依法续展并可以无限次地续注下去。

(5)品牌可以延伸,商标则需重新申请注册。品牌延伸,也就是某类产品的品牌用到另一类产品中去,如从娃哈哈口服液,到娃哈哈果奶,再到娃哈哈纯净水等,就是品牌的延伸。品牌延伸并没有改变品牌,因为其品牌的名称不变,品牌的标志、图案就不变。商标是从法律的角度对品牌的界定。品牌是否受到侵权也是以商标内容是否受到侵害为依据的。商标对于品牌的法律保护具有特别意义。商标是品牌法律特征的集中体现,是品牌自我保护的有力武器。对于企业发展来说,品牌的商标注册是一件非常重要的工作。商标是品牌及其产品获得保护的法律依据。有了商标就使得他人对品牌和产品的冒充与仿制要承担一定的法律责任,从而使商标所有人的合法权益通过法律的手段得到保护。

 小阅读

1920 年,美国的 CocaCola 开始进入中国市场,根据它的发音,当时译出的汉语名称为"蝌蚪啃蜡"。当数千个这样的广告牌竖立起来后,CocaCola 公司才发现这蹩脚的"英译汉"既让人不知所云,作为饮品又令人不能入口。1979 年,CocaCola 重返中国时,就以"可口可乐"这个名字一举夺魁。"可口可乐"暗喻饮料有良好的口感,使人舒心快乐。时至今日,可口可乐在中国可谓是家喻户晓,妇孺皆知。

第三节 品牌的种类

一、产品品牌

产品品牌是指有形的实物产品品牌,品牌与某种特定产品联系紧密,而且只与这一产品相联系。人们在购买产品的同时,也购买了品牌所体现出来的生活方式和价值观念等品牌个性,以显现消费者的自我形象或期望形象。消费者把产品的特性,如口味、感觉、触觉和使用经验等与品牌本身联系起来。产品品牌给人们以个性化的选择,不同的消费者可以根据偏好选择自己喜爱的品牌产品。例如:潘婷与洗发水,由品牌潘婷消费者就能联想到飞扬的长发,同时,潘婷只与洗发水(产品)建立联想;优乐美与奶茶,由品牌优乐美消费者就能联想到诱人的热饮、浪漫的滋味。这种品牌就是产品品牌。所有的品牌,一开始均表现为产品品牌,如麦当劳、肯德基、可口可乐、海尔、康佳、长虹等。

一般来说,采用产品品牌策略有以下两种模式。

一种模式,我们称之为"宝洁模式",即在同类产品中推出多种品牌,正如宝洁公司在洗发水市场上推出了海飞丝、飘柔和潘婷等品牌,在洗衣洁净市场中又推出了汰渍、碧浪等品牌。我国洋河酒厂生产的系列产品也采用这种单独的产品商标。该厂对自己生产的产品分别采用"海之蓝""天之蓝""梦之蓝"等商标,这些商标把不同等级的白酒区别开来,也迎合了不同地区、不同市场、不同阶层的消费者对品牌的偏好。但是这种模式也有它的缺点:一个企业使用的品牌过多,不易记忆,有时会给消费者以混乱的感觉,就可能影响到广告的宣传效果和企业信誉,广告费用支出也非常高。

另一种模式,我们称之菲利普·莫里斯模式,即如菲利普·莫里斯公司一样在不同产品类中推出不同品牌。例如,该公司在饼干市场推出的是"卡夫",在烟草市场推出的是"万宝路",在啤酒市场推出的是"米勒",在饮料市场推出的是"Tang"果珍。又比如,我国的百年老店北京同仁堂集团公司,"北京同仁堂"是总商标,其系列药品又有"李时珍""旭日""京药""山花"等产品商标。这样做既能使消费者对企业总商标产生强烈印象,又能把不同产品区别开来,也便于广告宣传。

产品品牌在一定的历史时期可以非常成功,如手机品牌苹果、三星,电脑品牌戴尔、联想等。当然也有经久不衰的产品品牌,如金华火腿、杭州龙井、苏州刺绣、景德镇瓷器等。但在公司长期发展过程中,许多公司会放弃产品品牌的经营理念,转而选择共有品牌策略或共有品牌与产品品牌组合应用的策略。

🎤 小阅读

最初,苹果电脑公司的徽标为一个彩色的、被咬了一口的苹果。每一个见到苹果徽标的人都会禁不住问:为什么苹果被咬了一口?这或许正是当初苹果徽标的设计者恰恰所希望达到的效果。苹果电脑对你的诱惑就是像这个被咬了一口的苹果一样,只有真的用了才会知道它的"味道"。

2003年,苹果进行了标识更换,将原有的彩色苹果换成了一个半透明的、泛着金属光泽的银灰色苹果。新的标识显得更为立体、时尚,更符合苹果旗下的两个具有重要影响力的产品 iPhone 和 iPad 对年轻一代消费者的审美和创新的感觉。

二、服务品牌

服务品牌是以服务而不是以产品为主要特征的品牌,如商业服务品牌、餐饮服务品牌、航空服务品牌、金融服务品牌、旅游服务品牌等。但是,无形的服务总是以有形的产品为基础的,并且往往同时与有形产品共同形成品牌要件。如今,很多人认为,所有的行业都属于服务业范畴,就算是制造业,绝大部分的企业都在提供有形产品的同时提供无形产品,即除了生产有形产品外也同样提供服务,因而服务要素变得越来越重要。售前和售后服务、可靠的供给、按时送货、对顾客要求的快速反应、电子数据交换系统的发展等都是服务,而且制造业中的企业越来越多地利用服务来树立自己的形象。

服务在很多方面是不同于产品的,这些不同影响到企业创造品牌的方式。服务一般具有以下特性。

(1)不可感知性。人们不能感觉、触摸或用肉眼看见服务存在。如果是一辆宝马车、一套 BOSS 立体声音响或是一块德芙巧克力,都实实在在地存在,能让我们切实地看到或感受到它们是什么样的,但服务却不能。

(2)不可储存性。任何一种服务不可能像有形产品那样储存,当天的航班机票、剧场的空位和酒店的房间未被卖掉,就会成为永远的遗憾。

(3)不可分离性。服务被生产出来的时刻就是服务被传递给消费者的时刻,这两个时刻是不可分离的。

(4)可变性。服务是由人提供的,而人是不能被精确控制的。企业可以管理生产过程,以使所有的产品达到预先所规定的统一标准;而由某一服务人员于某地、某一特定时间所提供的服务和另一服务人员在相同时间提供的同种服务就会有差异。

服务是无形的,但是服务业也有它们的一些特别的经营"武器",与通常的 4PS 营销要素组合相比,服务业有七个主要的营销要素,即在传统的 4PS 的基础上,再加上 3PS。

传统产品的营销组合(4PS)包括产品(product)、价格(price)、地点(place)、促销(promotion)。服务业营销组合中的附加要素(3PS)包括人(people)、过程(process)、有形展示(performance)。

人的行为是服务的中心,员工的挑选和培训能保证服务承诺实施的连续性。新加坡航空公司决定在服务上使自己与众不同,并通过长期进行的"新加坡小姐"的广告活动来表现其服务质量。这一活动把以周到、迷人、细致的个人服务作为核心价值体现得非常完善。

绝大部分的运动服装品牌都有一个个性的运动观。"耐克"认为,运动是无拘无束的,想做就做;"阿迪达斯"认为,运动是科学意义上的精确演算;"锐步"认为,运动是人类回归自己,拥抱自己的星球;"匡威"认为,运动就是自由。每一个品牌都在演绎自己对运动的理解,以此唤起目标消费者的认同,进而培养其对品牌的认同。而作为中国运动品牌的"李宁"对运动的意义则有更深邃的思考,李宁公司广告部重新修订的"李宁"品牌定位强有力地反映了"李宁"对运动本质的思考。"李宁"认为,运动就是存在,而这种存在必须通过个体——"我"的感知去发觉、去证实。因此,李宁女装确立了"我运动,我存在!"的理念,完全符合现代的女性的个性主义——吸引、竞争、超越。

三、其他种类品牌

(一)企业品牌

企业品牌或公司品牌是以企业(公司)作为品牌整体形象而被消费者认可的。产品品牌是企业品牌的基础,但企业品牌高于产品品牌,它是靠企业的信誉形成的。企业品牌与产品品牌可以是相同的,如海尔、索尼等,也可以是不相同的,如宝洁、通用汽车等。

企业品牌化,是指品牌的核心不是个别的产品,而是企业组织。企业组织在此演变为与消费者保持长久而亲密关系的主要载体,消费者根据企业的利益承诺及行为,判断企业是否理解自己的需求,是否与企业建立或继续保持这种排他性的关系。许多人会有一种疑问,企业、产品与品牌之间到底存在着怎样的关系?可以肯定,就一个企业来讲,可以存在企业品牌,又可以存在产品品牌,企业品牌之下可以有一个或多个产品品牌组成的品牌家族。当企业品牌只有一个产品品牌时,企业名与产品名常常合二为一。无论是企业品牌还是产品品牌,都遵循着品牌建立的基本守则,即核心利益承诺及行为的一致性。如日本丰田公司的汽车产品,分别有"丰田皇冠""丰田花冠""丰田佳美""丰田凯美瑞"等。我国也有很多企业使用总商标,如南京熊猫集团的"熊猫"品牌、四川长虹集团的"长虹"品牌、深圳康佳集团的"康佳"品牌、青岛海尔集团的"海尔"品牌等。使用企业品牌能带来以下明显优势:制造商或经营者将生产或经营的若干种产品和品种,使用同一商标,表明全部产品品质的一致性或类似性,使消费者有强烈的印象,能迅速提高企业的声誉。同时,对企业推销新产品,节省商标的设计费和广告费,消除用户对新产品的不信任感等方面都极为有利。但采用企业品牌的方法也有它的局限和风险。如难以强调系列产品中的某种重要产品的特性,从而会使消费者认为该产品并不比系列产品中的其他产品品质突出。而且,使用企业品牌,每一种产品的质量都必须可靠,否则其中一种产品质量出现问题,就会影响整个系列产品的信誉,其风险性也较大。

(二)商店品牌

关于商店品牌实力的争论随着经济状况的发展而衰落或兴起。经济状况良好时,国家级或世界级的商店品牌通常用溢价价格统治市场,而在经济状况不稳定或衰退时,商店品牌可以凭借低廉的价格而赢得市场。商店实际上总是以较低价格或相同价格出售大量商品的方式经营,把商品置于名牌产品的附近,用相似的容器进行包装,这实际上是零售商在力求用名牌产品的威望增加自己商店品牌的价值。没有人知道包装在里面的东西是否真的不同或相同,仅仅因为品牌名称所代表的品牌资产、形象、标志和声誉不同,消费者就可能会为相同的产品付出金钱。

例如,对于超市和药店,商店品牌的出售是一种普遍存在的现象。几乎所有的大型食品杂货店和药品连锁店都有自己的畅销品牌。

大型连锁店的兴起在美国和欧洲是一种普遍存在的现象。在美国,连锁超市沃尔玛、凯马特和塔吉特占有所有普通商品销售额的70%以上。事实上,商店品牌为了能在今天的市场中参与竞争,开始改进质量,扩展花色品种,甚至开始经营高价产品。

商店品牌的成长在某种程度上可以看作是一种经过巧妙设计的品牌战略。商店不仅代表品牌,而且是该品牌产品唯一的供应地。通过促销、广告或在零售货架上长期摆放商品,品牌会拥有越来越大的影响力。

(三)联合品牌

联合品牌,又称为品牌束或品牌联盟,是指两个或两个以上现有品牌合并为一个联合产品,或以某种方式共同销售。一些成功的品牌已经揭示了品牌联合在竞争、生存以及发展方面的优势。麻省理工学院管理学院营销研究室桑迪·萨普教授认为,我们正步入商业合作的新时代,考虑问题的基础是"我们",而不再是"我"个人。联合的概念和精神是创造战略联盟的基础。联合品牌是一种复合品牌策略,是一种伴随着市场激烈竞争而出现的新型品牌策略,它体现了企业间的相互合作。

联合品牌策略的优点在于它结合了不同企业的优势,使定位更独特、更有说服力,可增强产品的竞争力,降低促销费用。对于一些行业,如计算机、汽车等,顾客往往会认为产品的主要部件是某个企业生产的质量更好,此时注明计算机芯片品牌、汽车发动机品牌,就可以借助这些品牌的知名度很快打开市场。概括地说,使用联合品牌最大的优点在于合作双方互相利用对方品牌的优势,提高自己品牌的知名度,从而扩大销售额,同时,节约了各自产品进入市场的时间和费用。例如,索尼与爱立信联手推出了索爱手机。

但同时,使用联合品牌策略也存在着很大的风险。在合作中,双方企业可能受益不均,也可产生为他人作嫁衣的结果,甚至产生危及一方长期利益的现象。另外,联合企业的品牌知名度不同,信誉有高有低,高信誉度的品牌有可能因为低信誉度的品牌出现的问题而影响到品牌在消费者心目中的形象。

建立一个强大的联合品牌,最重要的一点是参与合作的品牌要具备足够的品牌知名度和强有力的、良好的、独特的品牌联想。因而,联合品牌取得成功的一个必要条件是:两个品牌各自都有一定的品牌资产;同时,两个品牌必须能达到逻辑上的一致,合并后的品牌和销售活动能够使各自品牌的有利因素最大化、不利因素最小化。

总体来说,各种品牌策略都有其优缺点,只有熟悉各种品牌策略的特点,并灵活加以使用,才会收到事半功倍的效果,并在激烈的市场竞争中处于有利地位。

小阅读

露丝·汉德勒创造的芭比娃娃几乎已经成为全世界少女的心爱之物。这个介于小女孩和成年女子之间的"美国少女",是世界上最畅销的玩具之一。"芭比娃娃"畅销世界150多个国家和地区,总销售量超过10亿个。这个大眼睛、长头发的玩具娃娃已经不仅是一个玩具,而是美国女性的一个象征,更是美国文化的一个象征。

露丝曾经在她的自传里说道:"我创造'芭比娃娃'的目的就是通过这种玩具让所有的女孩子都意识到,她们能够成为自己梦想成为的任何一种人。芭比娃娃代表了女性拥有同男性一样的选择,芭比娃娃已不仅仅是玩具,她已经成为女性消费者生活当中的一部分,我为这些而感到高兴。"

思考题

1. 什么是品牌?
2. 请举例说明产品与品牌的区别。
3. 什么是品牌的核心价值?
4. 品牌具有哪些特征?
5. 品牌具有哪些种类?

第二章 品牌发展的历史及特点

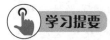 学习提要

本章主要介绍品牌发展的轨迹并描述其未来发展的趋势,重点论述品牌发展的各个阶段及其特点,介绍不同时期的品牌发展和相关的研究方向。读史使人明智,本章所介绍的品牌发展史,对于读者全面了解品牌至关重要。

第一节 西方国家品牌发展的历史

纵观西方社会经济文化和消费观念的发展变化,可以看出其品牌建设经历了五个发展阶段。在早期阶段,品牌拥有者将消费者看作是信息的消极接受者,忽视了消费者在品牌创立中的积极作用。正如古德伊尔所指出的:每一种社会环境都会在品牌上刻有一种当地消费观念的烙印,反映商品供应商和顾客之间有关品牌的对话层次和关系类型。随着工业化程度和消费者富裕程度的提高,市场将从以产品为中心转向以消费者为中心。

 小阅读

商品品牌化先驱者:桂格(Quaker)

今天,西方国家的人们吃早餐总是少不了一杯桂格燕麦,它已成为西式早餐不可或缺的食品。桂格是美国著名的食品品牌,在其最初的销售中,创始人杰出的品牌化战略和命名创意为产品知名度的提高起到了极其重要的推动作用。

1856年,费迪南德·舒马赫(Ferdinand Schumacher)在俄亥俄州成立了一家面粉厂,其主要业务是加工当时不适合作为主粮的燕麦(过去认为燕麦是囚徒的粮食)。他的理想是把燕麦送上普通美国人的餐桌。到1886年,舒马赫控制了美国半数以上的燕麦市场。舒马赫虽然最早涉足燕麦生产,但他是以一种桶装散卖形式销售,并不将燕麦作为一种有包装、有品牌的商品出售。

首先把燕麦当作品牌商品销售的是亨利·克罗威尔(Henry Crowell)。他买下当地一家工厂并生产燕麦食品。他意识到这种产品要获得成功,必须要使其区别于无品牌的商品,从而成为一种有自己特征的商品,因此,他首先引入了品牌的概念。为了给他所生产的燕麦食品取一个好

的品牌名称，克罗威尔一直冥思苦想。一次，他在百科全书上偶然看到有关桂格(Quaker)教派的介绍时，感到这一基督教派的某些教义，如纯洁、忠诚、坚强、果敢等与公司所生产的燕麦食品似乎有某些相通之处，如选料纯净、质量稳定、注重信誉。于是他选用"Quaker"作为产品的品牌名称，其商标于1878年注册，图案是桂格教徒佩恩的画像，这也成为美国第一个谷物食品的商标。

"桂格"是美国早期进行大规模广告宣传的品牌，并配以一些食用指南之类的说明。克罗威尔通过广告宣传桂格燕麦的优点。他在1888年桂格燕麦的第一份报纸广告中介绍了其卓越品质："一磅桂格燕麦的蛋白质含量相当于三磅肉，是不是值得一试？"此时，桂格燕麦已成为当时无区别类商品采取品牌化获得成功的一个典型例子。

一、由制造商与销售者主导市场阶段

品牌发展的第一阶段是由制造商与销售者主导市场阶段。在这一阶段，产品供给严重不足，任何包装的产品需求都非常旺盛，消费者甚至主动去敲制造商的门要求购买。在这种情况下，不需要提供有吸引力的品牌，不需要定义目标市场和花钱做广告来开展市场研究工作。在这一阶段，制造商非常容易出售其所生产的全部产品。品牌的功能只在于区别产品，很少用来区别竞争对手。此时绝大多数商品是一些无区别的食品蔬菜，加工制成品不多，品牌对它们的作用不太明显，如烟草就是烟草，面粉就是面粉，并没有名称之分，对于购买它们的消费者来说，品牌没有什么意义。即使有些商品有名称，这种名称对顾客来说也是无关紧要的。这种情况类似于早期牧场主使用的标志，当标志烙在牲畜身上时，它只表明牲畜是属于谁的。

二、产品物质差异营销阶段

品牌发展的第二阶段是产品物质差异营销阶段。在这一阶段，制造商面对着更多竞争对手，营销工作也随之开始了。因为消费者有了选择产品的机会，开始评价与挑选产品。制造商被迫寻找创造产品物质差别的方法，即用独特的和有吸引力的方法，使其产品与众不同、脱颖而出。这个时候，品牌开始与它所代表的产品和服务分离，并对其起保护作用。此时，广告变成了一种强大的力量，围绕品牌产品种类开始延伸。品牌成为企业有价值的资产，如可口可乐、麦当劳、万宝路等。有些消费者甚至为了彰显地位和身份而购买品牌产品。但是同时消费者也变得更容易转向其他品牌。

就目前全球范围来说，真正大规模的商品品牌化始于19世纪中叶。在美国，大规模全国性品牌的出现是和当时社会经济发展分不开的。19世纪的美国正处在历史上影响深远的工业革命进程中，经济发展迅猛，科技日新月异，商品大量生产。中世纪以后出现的很多品牌现在仍活跃在市场上。一些老牌子的产品当中酒类特别多，原因在于这类商品不易变质，与其他易变质的食品和饮料相比，可以销售到更远的地方。许多品牌，最早是为满足一小部分消费群体的需要而出现的，这种情况在中世纪结束后持续了很长一段时间。在1760—1830年，农业仍占据主导地位，多数"消费者"依然过着自给自足的生活。1830年以后则出现了明显的变化，许多品牌在1830—1870年诞生了，原因可以归结为以下四点。

（1）人口的增长和城市化的趋势令人们对包装精美的商品需求大增。

（2）成批生产的方式以及大大改善的基础设施（如公路、铁路），使商品可以由本地销售到更远的地方。

（3）商店、杂货店数量的增多确保了人们可以买到更多的品牌商品。

（4）生产工艺的提高使商品可以低成本高质量地生产出来。

商品包装技术的发展使得很多商品可以以小包装的形式出现，而不是传统的散装形式，并且包装上可以很清楚地显示商品的商标。雀巢咖啡最早采用了小包装而不是散装，这样有利于树立品牌的形象。

工业革命期间及之后，品牌商品的市场与今天的情况很不一样，区别在于多数制造商的产品没有品牌，也不做广告。当时经销的主动权掌握在批发商的手里，批发商控制着制造商，并在很大程度上决定商店所售商品的种类。

在19世纪，美国几次修改商标法，目的是更好地维护企业的商标权。广告在那时已成为企业推销商品的重要手段，消费者也比较相信广告，当时的报纸、杂志都热衷于刊载广告，很多公司在当时就已经将其商品进行全国范围内的广告宣传。另外，广告公司的崛起也大大促进了品牌的宣传；零售商的兴起不仅促进了商品的销售，也为人们购买商品提供了便利，促进了品牌的流通。19世纪移民大量涌入美国，在客观上也产生了更大的消费者市场。工业化和城市化提高了人们的生活质量和标准，勇于尝试新产品成为新消费观念的标志。

在一般消费品品牌兴起之前，美国商品品牌化的先驱是专利药品生产商，他们早在19世纪初期就给药品命名，用瓶子把药品装起来并贴上标签，起一些奇怪的名称以吸引顾客，如汉密尔顿的神奇恢复膏、罗伯逊的杀虫糖衣片等。随后对商品采用品牌化的是烟草商，接下来对商品进行品牌化的主要是食品生产商和面粉商。食品生产商给食品品牌命名并开始采用小纸袋包装食品，而不是散装。当时出现的著名食品品牌在今天已成为全球性品牌，如桂格（Quaker）。

19世纪下半叶，铁路的建设和海上航线的开通为品牌的发展提供了动力。基础设施的大大改观，使商品可以廉价快捷地运到远方。通过商品的远销，制造商的影响力大为增强，消费者的选择范围增大了，可以购买本地商品，也可以购买通过铁路或海上运来的商品。商品供应的增加使创建品牌成为必要，品牌可以对同类产品加以区分。由于生产上的规模优势以及销售地域更加宽广，因此制造商在资金和技术上的主动权越来越大。这时的制造商意识到，如果商品有一个响亮的名称和漂亮的包装，那么它就有可能在同类商品中处于优势地位，能够以较高的价格出售。

一些著名的国际品牌大多诞生于19世纪的欧洲国家。因此，19世纪下半叶是全球品牌化思想成熟与发展的时期。当时，很多品牌已经具有坚实的国内基础和强劲实力，这为它们日后成长为国际品牌铺平了道路。

19世纪结束以前，批发商一直在经销环节中占有主动权。杂货商的供应品种主要由批发商决定。杂货商从批发商那里购买了大宗产品，譬如香料和调味品，然后再为其打包、标价并出售。除此以外，杂货商也销售自制产品，包括果酱、咖啡和加工过的茶叶。这些自制产品也同样在包装、标价后出售。杂货商品牌由此而来，这就是现在所谓的"经销商品牌"（DOB）或"商家品牌"。

经销商品牌使商家拥有对品牌的控制权,而产品成品的制造仍由独立的厂家负责。

19世纪末20世纪初,在世界范围内资本主义国家过渡到垄断资本主义阶段,市场经济渐渐趋向发达和成熟,以开拓世界市场为目标的大企业大批涌现,市场竞争日益激烈,为品牌的普遍形成和发展提供了条件。

在进入第三阶段——传统的品牌营销阶段之前,制造商被迫采用下列策略。

第一种策略是制造优良的产品。这种策略只有在竞争对手反应迟缓,还在沉睡的时候实施才会取得长期的成功。当产品质量与功能趋于成熟和高度模仿,在整个市场上达到同质化时,制造商就需要采取进一步的行动。

第二种策略是在一些国家的某一市场上垄断原材料的供应或控制分销渠道,如宝石市场。政府的干预(如传统计划经济国家的行政垄断)和产业网络(如日本和韩国)也可以保护制造商所从事的产业免受竞争。

第三种策略是价格竞争。在一些较少干预的国家,制造商会把价格作为他们的武器,通过价格战来消灭竞争对手。一些美国公司已经采用了这种对抗性的方式。

第四种策略是制造产品功能上的差异或者开发新产品,使得某种产品没有直接的竞争对手。

三、传统的品牌营销阶段

品牌发展的第三阶段是传统的品牌营销阶段。这一阶段首先从食品行业开始,由动机研究和情感性广告支持。因为消费者购买商品时往往难以选择,所以品牌的引入使消费者能以追求愉悦体验的态度对待购买。这时品牌越来越具有独立性,它为公司提供了一种实现其世界化理想的手段。品牌开始演变并被信息、娱乐、经验、形象和感情的混合物所强化(如迪士尼、英特尔、微软等)。广告分工越来越细,市场调查变得越来越重要。一些世界级的广告公司也于这一时期在纽约第五大街设立了它们的办公室。全国性的广告组织也在这段时期里成立,如1915年成立了美国广告主协会,1917年成立了美国广告代理商协会。哈佛大学、波士顿大学等名校首先开设了广告学课程。

这时的大企业开始意识到,在同一类产品成本中,只利用一个品牌通常并不能保证战胜竞争对手。许多企业也认识到了在同一产品中使用不同品牌的重要性。企业开始重视品牌组合,为了避免品牌间互相蚕食,这种组合必须能满足消费者的不同需求和愿望,以达到很好的平衡。在不同市场采用不同品牌的企业开始考虑如何协调这些品牌间的关系,出现了"类别经理"这一职务,用来同时负责多个品牌。1931年,宝洁公司首创了品牌经理制,并在宝洁树立了"将品牌当成一项事业来经营"的理念。

品牌经理制的要点是:①企业为其所辖的每一子品牌都专门配备一名具有高度组织能力的品牌经理;②品牌经理对其所负责品牌的产品开发、产品销售以及产品的利润负全部责任;③品牌经理统一协调产品开发部门、生产部门及销售部门的工作,负责品牌管理,影响产品的所有方面以及整个过程。至少,实业界的这些操作带来了对品牌理论研究极大的社会需求。随着宝洁品牌经理制的成功,越来越多的企业也采取了这一制度。其中有一些是生产汽车的公司,但大部分是生产日用消费品的公司。在品牌经理制中,一个品牌经理负责一个品牌,即使是同一公司的类似产品的品牌之间也互相竞争。这种制度对维护品牌形象有很大的好处,因而受到全球企业界的青睐。1950年,经销环节的市场结构又一次出现了变化,控制权由厂家渐渐向商家转移;而商家拥有的控制权不在批发商手里,而是在零售商手中。由于这种集中趋势,零售业获得了强大的政治支持,甚至有能力在世界范围内采购技术和产品。这样,制造商在金融和技术方面都渐渐失去了优势。

四、以偶像来驱动的品牌营销阶段

品牌发展的第四阶段是以偶像来驱动的品牌营销阶段。由于市场上同类产品的品牌太多,面对供大于求的状况,为了吸引顾客购买自己的产品,制造商不得不花费更多的资源用偶像来创建品牌。这一阶段的特点是:用偶像来宣传品牌,以此来增加产品的价值。偶像对整个社会的大多数人来说已经成为一种具有识别功能与联想意义的象征,用偶像创造良好的品牌联想,从而使这些品牌与消费者购买的基本动机相联系。例如,耐克鞋(Nike)用乔丹体现其好胜心。这些偶像很好地传递了打动顾客的品牌价值,因此,它们成为畅销品。在这一阶段,品牌进入了公共领域,消费者像营销者一样拥有某种品牌。有的著名的品牌已经成为一种受尊敬的载体,成为顾客所喜欢的一种生活方式的代表。1985年,可口可乐为了战胜百事可乐,推出了"新可乐"。由于在盲测中,消费者对味道更甜的"新可乐"表示偏爱,于是公司决定放弃生产"老可乐",全力生产"新可乐"。然而,这一举动遭到了消费者的强烈反对,愤怒的消费者甚至举行了游行示威,可口可乐公司最后不得不恢复"老可乐"的生产。这一事实表明,在传统的可口可乐品牌中所蕴含的情感价值使消费者感觉到,失去"老可乐"不仅仅是失去了一个品牌,更是失去了一个伙伴,失去了一种生活方式,所以不能接受对它的改变。消费者对品牌商品的感受与对一般产品大为不同。

1970年以后,品牌的发展发生了一系列深远变化,其中一个最重要的变化是小品牌与大品牌之间的差距越来越明显。约翰·娄顿在其《超大品牌:如何建立,如何打败它们》一书中称超大品牌已经出现。超大品牌拥有世界范围的营销战略,其商品可以在世界上任何国家和地区买到,而且在每个出售其商品的国家或地区都可以看到它们的广告。这种超大品牌包括可口可乐、吉列、IBM、通用、米其林、普利司通、美孚、壳牌和万宝路等。在这些商品的广告中,品牌所蕴含的情感因素也被极力渲染着。在国外充分发挥品牌效益具有战略意义。换言之,企业不再只是想着如何提高自己产品的市场占有率。本土公司如果希望在本土市场保持长期的稳固地位,就必须从根本上做好与海外竞争对手决一雌雄的准备。娄顿认为,在20世纪七八十年代,小品牌与大品牌之间的差距初露端倪;从那以后,这一差距开始日渐明显。大企业可以使自己的品牌优势更加突出。另一个扩大这一差距的原因是大企业具有规模优势,而小企业却望尘莫及。规模优势不仅反映在生产中,也反映在包装和广告媒体的购买方面。这种规模效应,随着大品牌的标准越来越统一而得到进一步的加强。

在进入20世纪80年代之前,零售商品牌还很难与制造商品牌相提并论。在相当长的一段时间里,零售商品牌只不过是制造商品牌的廉价替代品。当时,零售商品牌在外形上极力模仿制造商品牌,因此被恰当地冠名为"仿制品"。在消费者眼里,零售商品牌的商品质量明显低于那些知名的制造商品牌的商品质量。在20世纪90年代,零售商开始致力于让自己的品牌看起来更像真正的品牌商品。零售商品牌不仅在包装上焕然一新,有些商品的价格也提高了,以改善消费者对零售商品牌质量的感觉。同制造商一样,一些零售企业开始在同类产品中建立零售商品牌组合。

五、品牌购并渐成趋势、消费者成熟阶段

品牌发展的第五个阶段是品牌购并渐成趋势、消费者成熟阶段或后现代化阶段。金融界于20世纪80年代兴起了合并、收购的狂潮,在企业界影响至深。1988年,雀巢以25亿英镑(约50亿瑞士法郎)的价格收购了旗下拥有奇巧巧克力、After Eight、宝路薄荷糖等子品牌的英国朗利公司。在这一阶段,消费者已经渐渐成熟,对品牌归属问题有了更深刻的理解。消费者开始对营销者提供的信息进行挑选,他们认识到了自己的力量,对品牌的评价有了新的分析能力。

这个阶段的消费者有以下两个主要特点:一是被过多的信息所淹没。此时,消费者的注意力成为稀缺资源,因此要突出企业的整体品牌。这就要求采用一种新的品牌创建方式,注重提高创建品牌形象信息资料的质量而不是单纯地增加信息的数量,有效地传播品牌的一些关键特点,使品牌成为传递产品特性的一组速写符号。进入后现代社会后,人们需要更多的经过加工塑造的令人兴奋的榜样,而不是没有吸引力的现实写照。因此,创建有吸引力的品牌形象,强化品牌在精神与情感上短期逃避现实的轻松与欢乐的价值,对后现代时期的品牌建设更加重要。二是消费者更加关注品牌政策。现在是消费者选择并决定品牌的时代,所以品牌的形象良好与否是消费者选择的重要因素之一。因此,品牌宣传要与社会及政治问题相协调,企业对社会及政治问题的态度和企业的社会形象对消费者的影响很大。当今世界,品牌比任何时候都更加受到重视,因为它们是企业的无形资产,能为企业提供源源不断的利润和财富。消费者向往品牌,尤其是国际品牌,因为它们不仅是品质的象征,更是身份、个性的象征。

随着信息技术的持续进步和数据库营销的出现,新一代品牌的特点可能是"一对一"营销的定制品牌。按照雷吉斯·麦肯纳的观点:企业正在走向大规模的定制化;消费者有条件使用互联网来展示他们个人的需求特点,并且愿意为个性化产品支付溢价;企业将开始重新构造它们产品的制造系统和物流系统,以提供正在发展的个人化品牌所需求的利益。虽然这是一个机会,但同时也是一种挑战,企业如何对顾客提供一种连贯一致的品牌体验呢?方法之一是更加细心地录用与培训员工,除了保证品牌的功能性体验外,还要使员工与顾客建立一种亲切的尊重关系。泽色姆和比特纳指出,应该站在消费者立场上看问题,把品牌作为引导顾客预期公司出现什么样服务行为的一种方式。品牌将被解释为公司承诺与顾客保持关系的一种工作。

小阅读

在19世纪末20世纪初产生的世界品牌

1895年"吉列"剃须刀出现。

1896年"路易·威登"问世。

1898年伊士曼发明了小巧简便的照相机,并定名为"柯达"相机。

1905 年美国普罗克特·甘布尔公司改为宝洁股份有限公司。

1907 年劳斯莱斯公司推出银色幽灵车。

1908 年劳力士手表诞生。

1908 年亨利·福特推出福特 T 型汽车。

1913 年法国"雪铁龙"品牌出现。

1916 年美国人威廉·波音与韦斯特·维尔特创办了太平洋航空公司,1917 年该公司改名为波音公司,享誉全球的"波音"品牌悄然诞生。

第二节 西方国家品牌发展的特点

西方国家品牌发展的特点如下。

一、知名品牌历史悠久

从国外知名品牌的发展来看,大部分品牌都有着悠久的历史,如可口可乐(始于 1886 年)、吉列(始于 1895 年)、雀巢(始于 1938 年)等。入选财富 500 强的跨国企业的平均寿命都长达 40～50 年。

二、在同类产品中拥有核心利益和均衡的理性与感性信息

全力维护和宣扬品牌核心价值已成为许多国际一流企业的共识,是创造百年品牌的秘诀。可口可乐、雪碧的品牌个性承载着美国文化中"乐观奔放、积极向上、勇于面对困难"的精神内涵与价值观。尽管可口可乐、雪碧的广告经常变化,甚至大相径庭,人物、广告语、情节都会有很大改变,但任何一个广告都会体现其品牌个性,正如张惠妹代言的雪碧广告,以"我终于可以做一回自己了""表达真的我""我就是我,雪碧"等极为煽情的广告语演绎着雪碧"张扬自我、独立掌握自己命运"的品牌价值与内涵。

三、一贯注重质量,而不是价格

品质是品牌形成的根本。品质不能狭义地理解为产品的质量,品质所包含的内容很多,其中三大要素为质量、价格和服务。"质量是企业生存的基础",这一观念已被很多企业所接受和采纳。品牌发展战略最基础的还是抓质量,在质量的基础上发展品牌。产品质量较高、价格合理、服务周到是赢得消费者和社会承认的前提。品质的提升永无止境,它会随需求的变化而不断提升其标准。性能也可理解为产品的技术含量、性能特征、设计水平等。产品性能符合消费者需求的企业,其品牌的价值就会高些。满足效用的程度不仅是企业实力和市场适应力的表现,也是企业得到用户情感支持的长久保障。品牌定位的关键是发掘出具体产品的理念,它通过产品的具体形式、性能和可观察性的特征,定位于不同的市场,满足顾客的具体需要,体现着品牌的基本理念和品牌的共有特征,更具体地阐释着品牌的内涵。

四、充分利用营销技巧巩固自己的地位

品牌个性是品牌成功的法宝,是品牌形象的关键点。借助公关来表现品牌个性,是创建与维护品牌美好形象的手段之一。例如,20世纪70年代,美国克莱斯勒汽车公司的业务急转直下,市场份额从25%下滑到11%,克莱斯勒面临着破产的危机。1978年,新上任的总裁艾柯卡的演讲、自传等公关活动,为克莱斯勒建立了一个全新胜利者的形象并起到了关键性作用,使克莱斯勒重整旗鼓、起死回生。

 小阅读

全球著名的药品企业Merch公司买下美国的药剂邮购公司——Merc Medo Containment-Services Inc,成交价高达60亿美元,这是因为该公司拥有3300万人的处方药剂的使用资料,运用这些资料,Merch可以使品牌销售个别化或针对特定消费者需求,在最适当的时间与最适当的对象建立联系。

日本花王公司的花王生活科学研究所始终与消费者保持着密切而有效的沟通。花王生活科学研究所的主要任务有三个:①为顾客提供洁净丰富的生活情报和知识;②将消费者的声音反馈在产品制造上;③从事消费者行为与生活科学的研究,为此,他们花费15亿日元开发了回声系统。这样,花王一年可累计倾听7万名消费者的意见和建议,充分了解到了顾客的疑问、抱怨、建议等。同时,回声系统每天可处理250件消费者咨询,为顾客迅速提供最新的、正确的商品与生活信息,使其得到最大的满意。

第三节 中国品牌发展的特点

中国品牌发展的特点如下。

一、品牌发展受制于经济文化的发展

我国品牌的创建和管理受经济社会发展影响十分明显。在经济不发达的农业社会,如明清以前,我国基本上没有品牌,有据可查的仅有宋代刘家针铺的"白兔"品牌。明清期间只有清朝的"六必居""泥人张""内联升""同仁堂""马祥兴"等字号,品牌内涵没有实质性发展。这种状况是与我国封建社会的农耕经济紧密相连的。农耕经济条件下产品生产数量有限,供不应求,使品牌成为多余的东西。另外,自给自足的农耕经济,使产品无须区分就可以被充分消费,创建品牌无疑是多此一举。但即便以上分析是事实,作为商品经济标志之一的品牌还是在农业社会中缓慢、艰难地发展起来了。

在计划经济条件下,由于产品产生、供应、分配和消费全部由国家进行统一调配,不存在市场,不存在企业,因而也不存在竞争。产品供需平衡,甚至供不应求,因此也无须品牌。品牌战略受到制约也就在情理之中了。

二、品牌管理以西方品牌理论为参考

由于我国市场经济起步较晚,企业缺乏品牌管理的实践经验,因此品牌管理理论研究大大落后于西方发达国家。当我们提倡大力发展品牌、实施品牌战略的时候才发现,我们原来在品牌建设方面的知识相对贫乏。这时借鉴西方品牌管理理论和模仿西方企业品牌管理的实践就成为我国企业的首选。结果可想而知,在没有消化和理解西方品牌理论的情况之下,囫囵吞枣地全盘照搬西方国家的理论,以至于有些企业品牌战略收效甚微,有的甚至完全失败。

三、品牌管理实践发端于改革开放之后

20世纪70年代末开始的改革开放,为我国企业实施品牌战略创造了良好的外部环境。市场经济的快速发展,使企业真正成为市场的主体。买方市场的形成,商品供大于求,经济发展带来的可支配收入的提高,使消费者个性化需求得到前所未有的发展。所有这一切使品牌战略显得尤为重要,品牌不仅成为消费者区别不同厂家产品的重要依据,同时也是消费者满足个性化需求的情感载体。

改革开放促使我国经济与世界经济的联系日益密切,跨国品牌乘改革开放之风进入国内市场,使品牌竞争表现为国与国之间实力的较量。我国品牌在国际市场竞争中总体上处于劣势,这种现状使品牌战略在我国经济生活中的重要作用日益凸显。大力实践品牌战略和开展品牌战略理论的研究是改革开放国策推动的必然结果。

四、品牌战略发展呈现不平衡状态

品牌战略发展的不平衡状态是指从总体上看,我国品牌战略发展呈现出地区发展和行业发展的不平衡状态。在地区层面上,东部及沿海经济发达地区较中西部地区更重视品牌战略,企业对品牌战略的资金支持和理论研究都较中西部地区的力度大,如环渤海、长三角、珠三角地区,知名品牌明显多于中西部地区。山东省青岛市就拥有诸如海尔、海信、青岛啤酒等在国际上具有一定知名度的企业。在行业层面上,家用电器、食品饮料等行业名牌产品和知名企业要多于其他行业。除了前面提到的青岛市外,在长三角、珠三角还崛起了一大批这样的企业和品牌,如娃哈哈、乐百氏、TCL等知名品牌,但目前的中国汽车行业则少有世界知名品牌。

五、我国品牌是在与西方著名品牌的较量中成长壮大的

如前所述,我国品牌发展的历史较短,企业品牌实践的经验不足,其成长的环境充满了荆棘和艰险。尽管我国目前还没有形成能与可口可乐较量的饮料品牌,也没有形成能和劳斯莱斯叫板的汽车品牌,但我们可以自豪地说,没有哪个国家的品牌能像我国品牌那样如此快速地发展。在与强大的跨国品牌的较量中,我国不断发展和壮大。

六、品牌战略中存在一定误区

我国企业的品牌战略存在一定误区。在实践操作中,企业把品牌创建等同于广告传播,以为

投入大手笔广告就能建成知名品牌。它们热衷于竞投广告"标王",沉醉于品牌表面的浓墨重彩,很少深入研究品牌文化的底蕴,寻找品牌成功的奥秘。具体表现为:为品牌而品牌,在品牌战略实施时,不是"运营",而是"炒作";将品牌当成是一劳永逸的"铁饭碗",殊不知创名牌不易,守名牌更难。品牌成功还要靠技术的进步、工艺的改进、制度的创新、有序的宣传——缺乏这些"新油"的不断注入,品牌之火便会很快熄灭。

在理论研究和认识上,同样存在误区。有的企业认为,品牌即高档、高价,以为知名品牌的商品就必须是价格昂贵的所谓"精品""极品",在产品开发生产上讲究"帝王风范""贵族气派",完全脱离了国民现实的消费水平,脱离了广大的消费者。一些不注重品牌战略的中小企业认为,品牌是大企业操心的事,只要生产的商品有人买就行了。这种消极的想法会使企业缺乏激情与进取心,不可避免地被竞争的巨浪所吞没。

描述个性特点的词汇有200多个,这些都可以用来形容一个品牌。下面举一个例子,说明人们是如何从个性角度来评判品牌的,这是一项关于消费者对两家公司认同感的调查结果。问题是:"如果把这两家公司看作人,你怎样来描述?"回答如下:

A公司	B公司
成熟	随和
傲慢	谦虚
讲究效率	乐于助人
以自我为中心	关心他人
不平易近人	平易近人
冷漠	热心

事实上,这两家公司是同一行业的竞争对手。如果有人问你"两家公司中你选哪家做朋友",你很可能选择B公司,调查中95%的人也是这么回答的。毫不奇怪,B公司的服务水准给客户提供了优于A公司的体验。因此,不难得出结论,如果消费者不断体验到两家公司的这些差别,那么B公司的品牌形象就比A公司强大。

七、与发达国家相比,我国品牌发展还存在差距

与西方发达国家相比,我国品牌发展还存在着一定的差距。无论在观念上,还是在品牌实际运作的战略策略上,都显得不够成熟。我国品牌与发达国家品牌相比存在九大差距:①品牌知名度不高;②品牌资产价值有待提升;③品牌国际化进程缓慢;④品牌自主创新能力有待加强;⑤缺乏先进的品牌理念;⑥缺乏品牌经营的长远战略;⑦品牌经营策略有待完善;⑧品牌资产运作不够成熟;⑨缺乏品牌危机的管理经验。

荷兰飞利浦公司在品牌延伸上缺乏科学性,并使其市场信誉大受损害的例子值得借鉴。在飞利浦公司生产的电器中,既有高档的,也有中低档的。由于中低档产品的质量一度存在明显的问题,这不但使该公司中低档产品的市场声誉受到影响,也极大地影响了该公司高档产品的市场声誉。其实,飞利浦公司的高档产品质量并不亚于一些享有世界声誉的公司的产品,但由于受该公司中低档产品的影响,世界许多国家的顾客认为,飞利浦公司的产品只有中等质量,致使飞利浦公司的高档产品达不到它应有的价值。可见,使用同一品牌,但其产品质量差别较大,会损害高质量产品的声誉。

在英国,埃索(Esso)石油公司和特士古(Tesco)连锁超市合作,在全国的汽车加油站建立24小时微型超市,堪称联合品牌战略的成功案例。埃索在英国是三大汽油零售商之一,它拥有管理加油站的经验以及遍布全国的零售网络;而特士古则是英国最大的连锁超市集团之一,它熟悉不同消费者的购买习惯和消费模式,具有经营超市的丰富经验。同时,作为英国的顶级企业,这两家公司又都拥有良好的品牌形象和企业声誉。通过品牌合作,特士古利用埃索的加油站在高速公路边建立了微型超市,主要经营易耗性日用品,以便同分散在街头的便利店进行竞争。特士古由此迅速地占领了新市场,提高了市场占有率,降低了促销成本,丰富了特许经营的经验,同时也提高了顾客对特士古品牌价值和品牌形象的认知度,赢得了众多的消费者。此外,埃索公司收获的不仅仅是特许费收入,合作也为它带来了新的顾客和销售额。

1. 列举你所知道的国际品牌,分析它们的历史,看看它们分别经历了哪几个阶段。
2. 有人这样认为,品牌只是一个符号,并不具有实际意义,谈谈你对这个问题的看法。
3. 试举一两个我国著名品牌,分析其历史和现状,谈谈我国的品牌和国际大品牌存在的差距。

》 品牌推广篇

第三章 品牌推广的价值

 学习提要

本章通过几个不同的角度来阐述品牌推广的价值,学习本章知识重点在于掌握企业在大变革时代的适者生存原理,以及品牌推广使用同一个声音的重要性,熟悉在接触中创造价值和快速建立品牌的可能性等,难点在于如何整合品牌推广模型的建立。

第一节 企业在大变革时代的适者生存

一、产品供应转型

随着产品由供不应求向供过于求的转型,产品供应出现如下三个主要的变化。

1. 产品差别化要求明显提升

产品同质化是产品供应过剩时期的显著特征之一,具体表现为以下特征:①产品选择的同质化,如新兴的餐饮连锁星罗棋布,但多数大同小异,即使是市场领先者也未能摆脱惨烈的竞争;②产品效力的同质化,如排毒养颜产品就多为内服西式胶囊制剂,鲜有外用中药贴膏;③产品供应的同质化,造成产品与转型中的消费需求脱节,形成虚假的供应过剩,有效供应不足,供应者收益低微。为了从产品同质化的重围中脱颖而出,就必须实行产品差别化的策略。

2. 采取拿来主义的品类丰富化趋势加速

虽然说中国内地市场供应已经进入供应过剩阶段,但从品种的丰富化角度进行比较研究就可以发现,其实仍然存在极大的新产品空间可以发掘,中外超市产品品种数量的明显差异足以证明这一点,其中的落差就是未来中国市场必然会去追赶而且也容易赶上的领域。

3. 泛产品创新观念日益受到认同和欢迎

品类创新和效力创新是品牌制造商应对产品同质化的一个方面,泛产品创新是另一个方面,尤其是在品类创新日益受到限制时,产品本身的效力创新就显得更为重要。所谓泛产品创新,是指围绕产品定位差异化,在产品包装、产品用途和产品价格方面的创新,通过这样的创新,可以赋予原本同质化的产品以差异化的产品价值,获得新的产品竞争力。如在特产类产品包装方面,采

用富于地域文化的礼品化的包装,就可以使其摆脱价格低廉的限制,进入高端的特产礼品市场;又如在产品用途方面,可以通过缩小、扩大、转移等多种方式,在大家耳熟能详的市场获得新的产品竞争力。

二、消费需求转型

消费需求由生存型消费向发展型消费转型。消费需求的三个主要变化如下。

1. 阶层化消费明晰化

随着市场经济的不断发展,中国社会出现、个体经营者、商业服务业的从业者、产业工人、农民以及失业人员等社会阶层。由于他们消费水平和消费趣味的差异,形成了生存型消费和发展型消费并存的消费格局。但是,由于媒体的鼓噪和纷繁的市井杂说,令人容易忽略中国社会更广泛阶层的生存型消费需求,形成供应断裂带。在同质化竞争的市场上,弥合这样的供应断裂带,进行差异化的品牌定位和相应的推广运作,必然会促生新的超级品牌。

2. 梯队消费和同步消费共存

广阔的中国内地市场,经济发展水平差异极大,消费能力多样,时尚嗅觉不一,因而形成了鲜明的梯度消费,沿着超大城市—大城市—中小城市—农村市场的线索递次性展开。很显然,梯度消费是一种纵向的消费链条。在横向消费链条上,我们则可以看到同步消费,由于在各级市场上存在着消费趣味群落,这些消费者对于新的消费产品和服务的接纳能力相近,必然在部分消费领域特别是时尚产品消费领域就形成了颇为壮观的同步消费现象,构成了又一消费景观。进行品牌推广运作,自然需要分析其消费特性,界定梯度消费和同步消费的可能性,进而做出对应性安排。

3. 传统性消费需求的萌生

在全球化竞争的大背景中,一方面是本土化消费选择的日益狭窄,另一方面是富有中国特色的传统性消费需求的抬头,其间形成的张力给新品牌定位及其推广运作创造了广阔的空间。发掘传统中国元素的价值,在品牌定位、产品组合和推广运作中将其全面贯彻,可以明显提升品牌的差异化价值和推广效力。例如,在住宅地产领域,富有中国传统民居特色的"碧云天""清华坊""芙蓉古镇"的出现,就为欧风美雨的中国房地产业吹来一阵清风。在快速消费品领域,以可口可乐、麦当劳为代表的快速消费品在其广告宣传中大胆启用中国元素也明显加速了其融入中国的进程。

三、竞争关系转型

随着产品供应的转型,竞争关系也同时全面转型,主要有以下三个特征。

1. 竞争群落形成

面对中国这样一个急速扩张的市场,由于行业领域的不同和发展策略的不同,起初处于同一起跑线的参与者开始分化,形成领导者、竞争者、跟随者和补缺者等不同的竞争群落。例如,乳品市场中,伊利、蒙牛、光明、三元等强势品牌就形成了领导者群落。与此相应,各个行业的市场集中度明显提升,进入门槛明显加高。面对这样的竞争格局,不同角色和地位的品牌在进行品牌推广时就必须分而治之。作为市场领导者,其品牌推广必须通过诉求领导地位、强化原创概念、扩大品类需求和同业购并等手段维护自己的品牌地位;作为市场竞争者,则必须摆脱单纯的模仿战略,实施差异化竞争策略,方有可能超越领导者,颠覆市场格局。

2. **跨业竞争潮流兴起**

对于同一个行业的发展前景,行业内外都会有着不同的甚至截然相反的看法和判断。行内人看淡本行,想走出围城;行外人则看好该行,往往以大手笔切入,跨业竞争风行一时。传统的白酒业就是其中的一个明显例子,一方面是茅台、五粮液、剑南春的奋力突围;另一方面是在小糊涂仙、水井坊、金六福、黄金酒等新兴品牌的成功示范下众多外行的涌入。对于老的白酒品牌而言,其中蕴涵的危机不言而喻,它们在进行品牌推广时既要"攘外",又要"安内",如果漠视新的闯入者,采用习惯性的推广运作,必将受到致命的打击。

3. **竞争与合作并行不悖**

竞争激烈化的另一面,是行业内横向、纵向的合作浪潮的兴起,或表现为联合采购,或表现为联合推广,或表现为相互参股。这一浪潮的兴起,是在新的竞争环境下,品牌管理者不得不做出的适应性调整。通过对同业合作价值的再发现,不仅可以提高集体议价能力,规避市场风险,在更深的意义上,它可以增强组织的开放性、虚拟性,促进组织变革,适应新的竞争需求。能够顺应这一潮流,就会使其推广运作更开放性和攻击性的品牌,在新的竞争环境中的胜算更大。

四、渠道主权转型

随着渠道(也称通路)构成的变化和各种力量的博弈,渠道主权由制造商向零售商全面转型。

强势渠道的形成在分析渠道转型对于品牌推广的影响时是最值得注意的。原始的渠道只适应供不应求时代消费者的生存型消费阶段,当中国市场升级到供应过剩时代以及消费者的发展型消费阶段之时,要求渠道必须与时俱进,升级到更为现代的渠道形态。在这样的背景中,强势分销商和零售商开始大量涌现,不仅形成了更具现代分销特征的分销商群落,也形成了大卖场、连锁超市、专卖店和便利店等系列现代终端业态,如在家居建材销售领域,就有红星美凯龙、百安居、欧倍德、好美家、东方家园、居然之家等品牌占据着高端销售市场。面对日益强势的渠道,强势品牌必须通过设立大客户服务部形式维护自己与强势渠道的良好合作关系,防止竞争者的窥视和侵蚀。对于后继的弱势品牌而言,则可以通过倾斜投入、终端截客等方式迅速建立自己的市场根据地,进而与强势品牌分庭抗礼。在洗发水市场,舒蕾由一个区域性品牌跻身全国强势品牌行列,其中对于强势渠道的依靠和灵活利用功不可没。

渠道转型对于品牌推广影响的第二方面,是渠道业者更多地参与到品牌附加值的运动中。与原始的产品归产品、售卖归售卖不同,现代渠道业者通过信息共享、功能聚合、品牌展示、体验销售等方式更多地参与到品牌附加值的创造中来,不仅可以提升制造商品牌价值,更创造出影响广泛的零售商品牌。品牌管理者必须重视渠道业者对于品牌成长的特殊意义,选择适合本品牌的渠道业态、结构和零售空间组合方式,使渠道业者成为其品牌价值链上的重要贡献点。

第三方面是零售商话语权的增强。渠道的现代化升级、强势渠道的形成、渠道业者的附加值创造等变化,均使得零售商的话语权得到空前的强化,甚至出现几近泛滥的"超市黑幕"现象。话语权从品牌制造商向零售商的转移,使得品牌管理者在进行品牌推广运作时,必须走出习惯性的"以我为主"推广品牌的做法,抛弃对渠道业者的无效打压,本着联合推广、共同受益的设计品牌推广方案,方可能平衡价值链上各个角色的利益关系,为其品牌成长创造和维持适宜的渠道环境。

五、媒体构成转型

在渠道主权转型的同时,媒体转型的浪潮也在汹涌澎湃地展开,对品牌推广产生直接而巨大的影响。

媒体的细分化是媒体转型最显著的特征之一,在消费趣味的驱使下,在媒体竞争的压力下,尤其是在网络媒体的强势崛起中,传统体制下的媒体开始走出庇荫之地,重新定位自身的价值,以便获得参与竞争的资格。在这样的大环境下,媒体越来越细分化,行业细分、目标细分、主题细分不一而足,使得品牌推广获得了前所未有的定向推广、精确推广的可能性,投放更具效力,关系更可粘连。

单一的媒体在细分中赢得市场,媒体新势力的涌现不仅改变了媒体生态,同时也对媒体推广造成了极大的影响。媒体新势力的表现之一是新媒体——网络迅速壮大并成长为第五媒体;表现之二是传统媒体(如户外媒体)由于资本的进入和随之展开的行业性重组而获得新的市场空间;表现之三是随着国家管制政策的放松,一大批境外媒体(特别是电视媒体)获得落地权,它们以其雄厚的资本支持和娴熟的专业运作策略对薄弱的本地媒体形成严重的威胁,代表着现代媒体发展方向的媒体新势力的出现,同样使品牌推广拥有了更广阔的媒体空间和更为有效的媒体支援。

在媒体细分和媒体新势力涌现的同时,传统媒体的跨业态经营潮流暗涌。传统的媒体经营格局是电视、报纸和杂志等独立经营,楚河汉界,各不相干。但自21世纪初期以来,不同媒体业态之间的跨业经营蓄势待发,加上特有行政力量的强势推动,一大批已经有市场根基的强势品牌开始突破原有的媒体限制,通过行政划拨、媒体重组和媒体并购等多种方式野心勃勃地建立自己的媒体帝国。我们有理由相信,媒体的"宽带经营"时代必将到来,品牌经营者必须未雨绸缪。

品牌环境的大变局,意味着依靠自然积累形成品牌资产的时代已经过去,品牌推广的时代已经到来。

 小阅读

小糊涂仙之"糊涂"

卖白酒就是卖品牌文化,白酒的竞争实质上是品牌文化的竞争,因为白酒自身所具有的精神文化价值越来越突出。事实上也是如此,白酒的竞争已成为品牌力的竞争,品牌文化正在释放着更大的潜能,推动着产品的销售。

云峰酒业巧妙地将郑板桥"聪明难,糊涂更难"的名言与"小糊涂仙酒"联系起来,将传统文化与现代文化相交融,组成了新时代的"糊涂文化",从而形成了自己独特的品牌文化。

糊涂是一种境界,深谙糊涂之道是一种大境界,而把这种糊涂之道和解忧消愁的白酒结合在一起,则是更大的境界,这就是小糊涂仙"糊涂"的艺术。当年郑板桥先生的伤世感怀和现代人的疲于奔命的劳顿心理契合,"聪明难,糊涂难,由聪明转入糊涂更难",这也让云峰人心领神会,创意人员从"糊涂"中找到了切入点。"做什么样的神仙最洒脱?""小糊涂仙。""聪明!""聪明难,糊涂更难!"这就是云峰人对当年郑板桥先生"难得糊涂"的现代解释和演绎。

第二节　品牌推广使用同一个声音

一、使用同一个声音的价值

应该遵循怎样的运作准则才能够实现高效力的传播,达到预期的沟通效果呢?答案只有一个——使用同一个声音。从品牌传播的角度而言,所谓用同一个声音,就是指在明确传播环境的前提下,围绕传达品牌承诺、建立和维系品牌形象以及促进品牌资产增值的传播目标,整合运用各种传播工具,向目标消费者和其他利益相关者展开差异化传播的过程。在品牌传播中,"使用同一个声音"有三大显著价值。

1. 在与竞争品牌同等传播投入下获得更高的注意力

即使是国际性的强势品牌,其传播投入在一定时间内都是有限的,更不用说资金实力远逊于其的弱势品牌。坚持使用同一个声音,就意味着可以使有限的投入发挥相对集中的优势,从而在传播噪声中突围而出,获得目标消费者更高的注意力;反之,如果主题杂乱,风格繁多,不仅会使消费者产生认知混淆,更容易淹没在竞争对手的传播海洋中。因此,在制订品牌传播计划时,必须充分把握运用同一个声音,使自己的传播主题、传播风格等完全跳出竞争对手的包围圈。如在竞争激烈的啤酒市场,酒吧内"喜力""百威"电视广告的媚惑和不羁,郊野外"蓝带""嘉士伯"电视广告的阳光和纯净,都令人怦然心动,一次次期待,一遍遍欣赏。

2. 防止品牌形象的歧化

在品牌的成长历程中,只有坚持使用同一个声音,自始至终保持品牌形象的一致性,促进品牌的价值、主题和风格逐渐获得消费者的认同,才会有品牌资产的累积。如果此时古朴素雅,彼时雍容华贵,今天倡导本土特色,明天宣扬欧陆风情,变脸频频,则会使目标消费者摇摆不定,消费者无从认同,品牌资产的积累自然无从谈起。提起中国的知名品牌,如"露露",你会想起什么?应该是清新营养的杏仁露、蓝白色的易拉罐以及与家人分享的快乐。又如,提起"农夫山泉",你又会想起什么?应该是那明显的红色包装,"有点甜"的味道,常年助学支持贫困的行为和重新背上书包的孩子。这两个品牌由于出色地遵循了使用同一个声音的法则,因此有了"十年不坠"的出色表现。倘若这两个品牌缺乏定性,每年变一个说法,每年换一种"相貌",它们会有今天的知名度吗?

3.价值3:保证传播投入具有积累性

从传播效力来讲,有高效力和低效力之分;从传播收益来讲,有当前的一次性收益和中长期的递延性收益之别。围绕品牌价值和所设定的品牌形象,保持当前的宣传促销需求和长远的品牌形象传播需求的平衡,远离单纯的仅具有当前收益却损害品牌长远收益的传播行为,坚持使用同一个声音,可以保证传播投入在获得当前的一次性收益的同时,更具有获得递延性收益的可能性。在对市面上的强势品牌和弱势品牌过去的传播投入进行比较研究后我们发现,强弱品牌之间在历史传播投入总量上的区别远没有它们在市场表现上的区别大,甚至部分弱势品牌的传播投入还超过了对应的强势品牌。明显的策略性缺陷是造成这样迥然不同结果的主要原因,具体包括:一是预算管理缺乏,今天账上有钱就猛砸,明天资金紧张就卡住脖子,传播投入曲线变化很大;二是媒体策略不当,高空轰炸是一种偏好,终端截客是一种偏好,均违背目标消费者的信息接收和处理模式;三是内容策略频变,或借促销之需,或借时尚之口,随意改变传播的主题和风格,造成品牌认知的混淆和错乱。强势品牌有两大被公认的行为特征——高知名度和高可见度,在这里我们还可以加上第三个特征——使用同一种声音传播。

二、使用同一个声音的实现途径

简要剖析,实现使用同一个声音传播需要从以下三个方面着手:一是在传播结果上"己同他异";二是在传播内容上"大同小异";三是在传播时间上"长同短异"。

"己同他异"是指在传播计划的制订和执行过程中,一方面要始终保持品牌价值、形象和风格的一致性,令目标对象对品牌产生明确一致的认识和记忆;另一方面,又要保持品牌和主要竞争对手在各个方面,特别是主要评价项方面的差异性,以便目标对象把本品牌和其他品牌区别开来,防止形象的混淆和模糊,削弱传播效力。

"大同小异"是指在进行传播内容组合时,充分考虑和分解不同品牌成员(如企业品牌和产品品牌)之间不同的传播角色和传播目标,从而一方面充分照顾到不同品牌成员的特殊性需求;另一方面又在整体上保证了品牌传播用同一个声音,从而实现了品牌形象的丰富性和同一性的高度统一。

"长同短异"是指在传播时间曲线上,一方面可以看到品牌形象在长时间内保持着品牌的基本价值和核心形象;另一方面在特定的短时间内,又可能不断根据环境的变化而作出适应性的局部调整,从而保证品牌传播的长期效力和短期效力的协调统一,不至于产生相互伤害。

为了使品牌管理者能够更为恰当地运用"同一个声音"这一传播法则,我们更为精确地将其总结为这样的基本法则——洞察需求,准确定位,分解需求,坚持传播。

这是因为,缺乏对市场需求的洞察,就难以发现真正可以触动消费者的敏感点,在传播过程中即使是在形式上保证了传播声音的一致性,也会因为对实际需求的漠视或者错误理解而被遗忘。牛奶品质与源产地紧密相关,伊利牛奶就把自己与青青大草原紧密联系在一起,讲述"青青大草原,自然好牛奶"的故事,其品牌形象很快凸显于其他强势品牌之上。

还因为,即使是洞察了市场需求,但又缺乏准确定位,品牌形象就会模糊化和同质化,传播运作就失去了一击即中的靶心,有限的传播投入容易为周围的噪声所淹没。即使用了同一个声音,也仅仅是和别人雷同而已,难以使传播投入产生递延效应。在茶饮料、果汁饮料引领市场潮流之后,功能饮料又引起了众多强者的入场角逐,与这一市场的领导品牌"红牛"相比,后来者在传播中用同一声音并不难,难的是如何通过差异化定位,用"异样的声音"引发实在的消费。

即使是洞察需求和准确定位都做到了,如果没有明确未来不同品牌成员的角色定位和传播需求,以及相应的基本的传播主题和传播风格,品牌传播的一致性、有效性就难以谈及,创造持续收益更是痴人说梦。当然,坚持传播投入是一种最为基本的保证。

小阅读

欧洲某调查机构曾做过一个有趣的实验。他们把嘉士伯啤酒倒入一个普通品牌的啤酒瓶子里,再把普通品牌啤酒倒入嘉士伯啤酒瓶子里,然后让顾客品尝。令人啼笑皆非的是,所有人都认为装在嘉士伯瓶子里的普通品牌啤酒更好喝,而真正的装在普通品牌酒瓶子里的嘉士伯啤酒却被人认为口感不佳。这个例子说明,一个品牌的价值远远不止于它的物质层面,而更在于它所蕴涵的文化精神内涵。品牌文化触动着消费者的心灵,也创造了品牌价值。

第三节 在接触中创造价值

在产品过剩、传播繁杂的环境中进行品牌推广,一方面必须注重内容管理,使"说什么"具有策略优势,另一方面必须注重接触管理,使"怎么说"也具有策略优势,从而使推广内容与推广方式相匹配,才可能在新的环境中继续创造品牌价值,提高创造效力。

显而易见,目标消费者(当然也应该包括其他利益关系者)和品牌接触的方式是多种多样的:它既可以包括消费者看到的品牌广告,也可以包括消费者听到的品牌说法;既可以包括消费者在超市里看到的产品陈列,也可以包括消费者使用产品的体验;既可以包括消费者在电话咨询中听到的声音,也可以包括消费者获得额外奖励时的感受。正是在林林总总的接触中,消费者积累起对目标品牌的信息、体验、看法和关系认知,进而促成了强烈而整一的品牌体验,品牌资产得以生成。因此我们说,有效的接触管理可以显著提高品牌推广效力。

图3-1 品牌接触管理五步骤法

问题是,如何进行接触管理呢?根据我们的服务经验,有效的接触管理包括下列五个步骤,如图3-1所示。

1. 发现接触清单

我们相信,每一个消费者的头脑中都隐藏着这样一份接触清单,接触管理者的工作就是通过恰当的方式去发现它。通常采用的研究方法是一对一的深度访谈或者焦点座谈会,通过对那些有代表性的消费者的叙述和回忆的整理,自然可以形成生动鲜活的顾客的品牌接触清单。为了给未来的接触管理提供切实的优化建议,一般同时以内部员工为对象展开模拟接触联想,形成内部的品牌接触清单。为了使接触清单更为完整,通常会同时展开对员工、供应商、分销商、媒体、社区和其他利益相关者的研究,绘制出各类关系人的品牌接触清单。这样的全方位细分化的接触清单,是全面优化接触管理质量的基础。

2. 绘制接触路径图

在完成接触清单的基础上,应按照"信息接收—决策行为—消费行为—消费评价"的线索绘制完整闭合的接触路径图。通过这一路径图,接触管理者可以将纷乱复杂的接触点规整于系统有序的接触路径上。通过对每一个接触环节上所分布的接触点的重要性的评价,就可以在丰富而混杂的接触点中筛选出对品牌资产影响重大的接触点,从而使接触管理者在未来的管理中掌握重点,并通过对重点接触点的特别管理来有效传达品牌信息,提升品牌资产积累效力。需要提醒的是,接触管理者不能想当然地认为直接接触点比间接接触点更为重要,从而在接触管理中过于注重直接接触点的优化和完善,放弃对间接接触点的管理。例如,在住宅地产市场,作为间接接触点的口碑传播,在购房者进行购房决策时要远比一些直接接触点显得更为重要。

3. 制订接触管理计划

面对丰富的品牌接触清单以及清晰的接触路径图,制订接触管理计划的难度就小了很多。如果依从"全面监控,重点接触,分级设计,强化回应,注意控制,延伸管理"的基本法则制订接触管理计划,其现实性更会得到进一步的提高。在设定接触管理计划中的对象时,首先必须将目标消费者和其他利益相关者一并纳入,以便在未来运作中全面监控,同时应对目标消费者、目标消费者中的忠诚客户及其他重要利益相关者,准备进行重点接触和管理;其次,要按照不同接触点的重要性进行分级设计,强化免费咨询电话、跟踪服务卡、消费者俱乐部和互动网站等可回应接触点的主动建设;再次,由于许多接触点是不可控制的,接触管理者在制订接触计划时,必须尽可能将难以控制但非常重要的接触点(如口碑传播、团队倾向和第三方评价等)纳入考量的视野,注意收集和使用,实现延伸控制,防止接触管理系统中出现管理死角和盲区。

4. 实施推进接触

营销传播工具有内外之分。广告、促销和公关等构成外部接触的主要工具;内训、内刊和内部会议等构成内部接触的主要工具。有效利用这些工具推进品牌接触的前提是确认品牌的定位和愿景。如果没有品牌定位,品牌愿景模糊不清,品牌传播的主题和风格摇摆不定,有效推进品牌接触、提高接触效力是根本不可能的。定位于葡萄酒业新势力的印象酒业,对"印象系大联盟",如云南印象、西藏印象、青岛印象、燕京印象发展愿景的清晰表述,使得印象酒业不仅获得了资本方和产业界的认同,更提高了各个市场的新生饮酒消费者感应品牌的热情。苹果、三星和IBM等国际品牌的产品通过设计定位、设计语言和人机界面等方面的系统思考,在所有的战略产品中都表现出连续一致的设计风格,使消费者一眼就可以认出,认知障碍便能得以有效清除,明显提高了接触效力。

5. 评估接触效果

接触管理者会有一整套关于消费者应该怎样接触、应该获得怎样的接触效果的想法,它们可能是严谨、紧密闭合的,可能是轻重有别、循序渐进的,但对于消费者来说,他的实际接触则可能是散漫杂乱、无主题的。对理想的接触和实际的接触的比较研究,就构成评估接触效果的主要工作。通过这样的研究,可以从消费者角度发现哪些是正面接触,哪些是负面接触,哪些重要的接触建立了消费者的印象、令消费者清晰地感知到目标品牌的独特价值,哪些重要的接触感动了消费者、令消费者产生了品牌偏好,哪些关键的接触干扰了品牌认知、造成消费者的背离等。通过片段研究和全景研究、瞬间测量和长期追踪,可以为接触管理者打开一扇洞察消费者的窗户。透过这扇窗户,可以明确哪些接触是应该保持的,哪些接触是必须重点改进的,哪些接触是应该予以关注的,哪些接触是可以暂时忽略的,从而为接触系统的优化提供准确有效的决策支持。

与接触管理提升品牌推广效力、积累品牌资产的巨大作用相比较,即使是一些强势品牌,在它们的品牌推广运作中也多采取单向的广而告之方式,而很少发现规范系统的接触管理,更少有对接触效果的追踪研究。即使发现一些接触管理的印迹,究其原因也只是一些变形的宣传。重要的如顾客意见反馈卡,就常常被当作制造商重视顾客意见的一种证明,而不是增强顾客回应的有效组成,正因为有此错误的运作导向,一些品牌即使经年累月已经有数十万份反馈卡,也会被管理者无意遗忘或者有意毁弃,全然不顾其中蕴藏的巨大价值和对目标品牌的伤害。

牙膏是一种客户忠诚度极高的产品,一般顾客一旦习惯用某品牌牙膏,以后会一直购买和使用该品牌牙膏。

黑妹牙膏,原先只有薄荷香型,后来又陆续推出现代中药牙膏、儿童牙膏和木糖醇牙膏。

一位"黑妹"的忠实消费者带着自己的女儿来买牙膏,自己径直到陈列架上拿起一支黑妹薄荷香型牙膏后,又"建议"女儿拿一支黑妹牙膏。试想一下"黑妹"要是没有儿童牙膏,那小女孩只有在其他品牌儿童牙膏中作选择了,母亲也只有无奈地让其进行"品牌转换"。同样地,如果一位新潮的某品牌牙膏的忠实消费者,想试试木糖醇牙膏是什么样的感觉,却发现该品牌无此类牙膏,他将会自然而然地使用黑妹木糖醇牙膏。

第四节 快速建立品牌的可能性

在标准的教科书中,我们被告知,品牌建立是一个如同西天取经般漫长而艰辛的过程,只有坚持投入、耐心等待者才可能修成正果。至于快速建立品牌,只是一种美好的想象。那么,到底是否存在快速建立品牌的机会呢?如果存在,它们隐藏在哪个隐秘的入口呢?

一、快速建立品牌的障碍

在快速建立品牌的路途中,经常碰到的是以下一些"绊脚石"。

1. 先行占位

这块"绊脚石"意味着已有强势品牌抢先在消费者头脑中占位,如欲取而代之远非一朝一夕之功。面对这块"绊脚石",可以通过思考以下问题发现解决之道:这个领导者长盛不衰的秘诀是什么?它是不是已经老迈虚弱了?它是否显得有些土里土气?它有明显的自傲情绪吗?它是不是想讨好所有的人?它的软肋隐藏在哪里?跟它合作收益怎么样?它的跟随者是不是已经明显厌烦它了?它最令人讨厌的特征是什么?它近来的活动是否很庞杂?近来是否很少听见它的声音?……即便是在有绝对领先者的业务领域,由于消费者多元化选择的需要,以及零售商平衡供应关系的需要,依然存在快速建立品牌的契机。例如,饮料领域中的椰子汁、杏仁露,显然"椰岛""露露"占有了极高的市场份额,也因为这类产品属于低收益领域,它们凭借规模生产降低成本和排他性的终端封锁等手段严密保护着自己的市场,但由于第二品牌、第三品牌的明显缺失,导致这些产品的品牌关系并不合理。在这样的背景中,自然存在快速建立品牌的机会点,只是由于这类产品的低收益性,要求后进者必须拥有特别的资源优势、强大的资本支持和金牌运作团队才有可能快速成长为名副其实的市场竞争者。

2. 媒体分化

快速建立品牌,要求品牌经营者必须通过媒体投放或者其他的传播形式迅速提升目标品牌的知名度和认知度。在我国,新品牌可以通过"标王"之争一鸣惊人。如今传统媒体势力版图迅速分化,大众媒体正在向分众媒体全面转型,不仅传播成本高昂,而且已经难以通过传统的广告拉动一呼而天下应。面对这块"绊脚石",我们需要考虑的问题是:有没有超级媒体货架?有没有高注意力的媒体传播契机?能否利用媒体联动实现低成本的传播可能性?新兴的媒体只是补充媒体吗?在媒体之外,是否可能找到具有核爆炸效力的炒作点?……在媒体分化加剧的大背景下,单纯使用广告投入势必难以支持目标品牌的快速而持续的成长;相反,非媒体传播方式的选择不仅可以让新进入者避开先行者的围剿,更可以降低传播成本,迅即建立品牌生存空间,进而谋求与市场领导者分庭抗礼。作为饮用水市场的后来者,农夫山泉之所以能够后来居上,奠定强势品牌的地位,固然与其强有力的广告拉动相关但更为重要的是,它利用自己的产地优势,充分发挥了系统缜密的整合传播优势,吸引了无数消费者的注意力,从而借势攀升,迅速建立起品牌知名度和差异化的品牌形象。

3. 消费理性

随着产品供应相对过剩,消费教育持续进行,使得消费趋于理性,消费选购清单相对清晰,消费者对新产品诱惑的"免疫"水平提高,期望依靠习惯的概念包装或者时尚说辞远不足以吸引消费者。面对消费理性,我们需要积极思考以下一系列问题来求得新品牌的进阶之道的同伴的消费缺憾是什么?他的消费趋向是什么?在他的消费经验中,他最为称道哪些品牌?如果市场上要出现一个新品牌,他希望这个品牌会是什么样子?……在消费理性的同时,我们当然不要忘记消费感性的存在。理性和感性混杂在消费者的消费决策过程中,即使是像住房这样的重大消费品也莫不如此。认真研讨消费理性视角下的新品牌锻造之策,不忘运用感性销售术诱导消费者,自然可以赢得他们的厚爱。如万科地产在成功推出万科四季花城、万科城市花园和万科金色家园系列住宅地产后,面临着如何融合理性消费需求和感性消费需求,迅速创立高附加值的海景地产、湖景地产项目品牌的新压力。作为万科地产在深圳推出的第一个海景地产项目,地处深圳大梅沙的东海岸项目定位于"大型海岸生活社区",一方面发挥其独特的海滨资源优势,另一方面通过建筑产品及其形成的生活空间,表达对目标人群"崇尚自然,追求健康、休闲的生活方式,喜欢在郊区或海边居住,向往世外桃源的生活环境,尽情地拓展自我空间,强烈地追求个人品位"精神共性的尊重。

二、快速建立品牌的"秘道"

通过快速成长的品牌的发展轨迹,我们发现有以下八条"秘道",如图3-2所示。

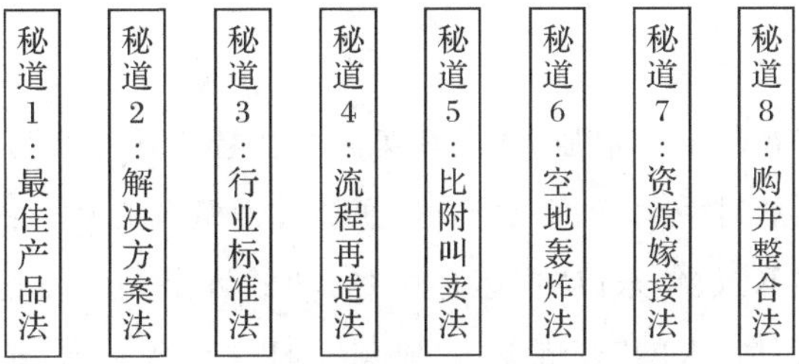

秘道1:最佳产品法	秘道2:解决方案法	秘道3:行业标准法	秘道4:流程再造法	秘道5:比附叫卖法	秘道6:空地轰炸法	秘道7:资源嫁接法	秘道8:购并整合法

图 3-2 快速建立品牌的八条秘道

1. 最佳产品法

该类产品面对的是大众性、紧要性且多年悬而未决的问题,却因新产品的问世而获得了突破性的解决,进而引发大量的媒体报道,很快建立起产品口碑,进而形成产品品牌。例如,特斯拉的电动汽车面对的是大众对于环保、节能以及高效出行方式的紧迫需求,这一问题多年来一直悬而未决。然而,随着特斯拉电动汽车的问世,这一难题获得了突破性的解决。特斯拉以其创新的技术、卓越的性能以及独特的设计理念,迅速吸引了国内外新闻媒体的广泛关注。特斯拉电动汽车的品类新颖性、技术的领先性、驾驶体验的优越性、环保理念的践行性以及对于传统汽车行业的颠覆性,都使得它成为新闻报道的热点。新闻媒体不仅为特斯拉进行了大量的免费宣传,还因其新闻报道的公信力,将消费者对电动汽车的期望调至了峰值。在短时间内,特斯拉电动汽车就凭借其出色的表现和广泛的口碑,迅速建立起了产品品牌。在世界汽车史上,特斯拉创造了一个产品品牌快速成长的奇迹,成为电动汽车领域的领军者,并引领了全球汽车行业的绿色转型。

2. 解决方案法

在许多领域,顾客的需求不仅仅是一种产品,其可能需要众多产品,也可能需要将产品和服务有机结合起来。如果针对顾客的这种需求,进行系统集成,为他提供全面的解决方案,不仅可以全面迅捷地解决顾客需求,而且可以获得附加收益。在大规模制造和小型化定制的间隙,存在着大规模定制的庞大需求,汉普咨询公司针对此类需求,结合IT技术提供全新的解决方案,使其获得了令众多国际品牌诧异的快速成长。

3. 行业标准法

无论是传统行业,还是新兴行业,其行业标准必然经历建立、升级、老化和替换的螺旋式发展过程。在这样的变化过程中及时掌握行业标准,就意味着标准制定者是该行业游戏规则的制定者,其间隐藏的巨大利益不言而喻。也正因如此,每一次行业标准变化,都会对整个行业格局和品牌群落造成重大的冲击,因而也孕育着新品牌快速成长的契机。

4. 流程再造法

围绕顾客需求的变化和消费习惯的变化,着眼于为顾客提供超值的产品和全新的消费体验,进行供应链流程再造,自然可以拥有传统品牌所不具有的供应优势和服务优势,从而实现快速集客,突破市场禁区,获得快速成长。在PC市场领域,戴尔公司通过革命性的流程再造,成功地实现了零库存生产和直接供应模式,为目标顾客提供个性化定制服务,从而在短短几年时间内一举超越传统领导者。

5. 比附叫卖法

先期成长起来的品牌看起来非常强大,但其实都存在着明显的软肋,以领导品牌的竞争者身份出现的新品牌如果能看准对手弱点,准确出击,便能在消费者心目中占据一个独特的位置。在补血营养品市场中,"红桃K"数年来以"快速补血"的功效诉求和农村包围城市的地面推动策略雄霸补血营养品市场。面对强大的"红桃K","血尔"则以"持久补血"的功效诉求和时尚化的广告拉动策略迅速成长为补血营养品市场的优势品牌。

6. 空地轰炸法

虽然从整体上看过去,我国市场已然是供过于求,产品同质化程度越来越高。但与欧美等发达市场的产品品类相比较,依然存在大量未被有效发掘或者未被有效满足的细分市场。发现这样的市场,集中资源进行先导轰炸,自然可以声名鹊起,快速成长为这些细分市场的强势品牌。

7. 资源嫁接法

老品牌异常成熟,但成长空间已经十分有限,而且在市场上面临众多后进者的侵蚀。大多数品牌经营者会推出战术性的品牌予以应对,但如若以创立新品牌的思路与已有的品牌资源相对接,将可以迅速造就新的强势品牌。在果冻产品领域,"喜之郎"在"果冻就是喜之郎"的基础上,更充分利用已有的优势资源推出"水晶之恋",使其迅速成长为果冻市场的优势产品,继而推出了"可以吸的果冻"系列,有效地阻击了竞争者的攻击,巩固了自己在果冻领域的领导地位。

8. 购并整合法

借助资本的力量闯入新领域的探险者,可以充分利用资本优势对目标领域的中小品牌进行全面的收购和合并,去芜存菁,迅速打造新的强势品牌。在中国的啤酒市场,华润集团就充分利用自己资本优势,通过购并整合的方式在全国攻城略地,布局落子,以雪花啤酒为全国性品牌全面扩张,与"青岛""燕京"分庭抗礼。

三、保持品牌常青的基本法则

在品牌的成长过程中,必然潜藏着很多的风险,一旦处理不当就会导致新生品牌过早夭折。为了保持品牌的常青,品牌经营者必须遵循以下五条基本运作法则。

1. 适时休整

快速成长的品牌,其发展曲线往往是直线上升的,但就是这令人目眩神迷的飞速发展,会使运作团队陷入"快乐的疲惫",一方面活力十足地投入工作,另一方面又会越来越习惯于运用已有的资源和经验,视野日渐狭窄,逐渐缺乏创造的弹性。此时,应选择放弃一些短期和局部的利益,选择一些标志性事件发生的契机,如年销售额突破 10 亿元大关、打下京沪广深等超级市场和进入行业前三位等借机进行整体性的休整,调整公司治理机制,优化公司管理流程,展开全员培训,使组织运营力与飞速发展的品牌要求相适应,摆脱"小马拉大车"的不配套局面,防止意外事件的发生。

2. 润滑供应链

快速成长品牌表面的风光,掩盖不住落后低效的供应链。在一片繁荣之时,品牌经营者往往安然于供应链表面的顺畅,依赖于对供应链资金和其他资源的借用,忽视供应链的封闭化所带来的寻租现象严重和供应成本高昂所带来的隐性损失。一旦在市场压力下对供应链展开优化整合,一方面会因为自己处于强势地位忽略合作伙伴的利益,另一方面会遭到组织内外既得利益者的阻挠,造成整个供应链关系紧张,严重者会造成原来的资金、资源链条断裂,导致品牌过早夭折。在品牌高速发展过程中,管理高层不能一味醉心于市场拓展,必须分出一些精力及时润滑和优化供应链,防止供应体系的崩盘及由此导致的品牌衰亡。

3. 飞行检查

在品牌的快速成长时,组织的管理半径不及管理需求,会造成许多管理盲区,管理"臭虫"(如分支机构亏空、人员构成混杂、宣传口径不一、媒体关系紧张等)频频飞舞,威胁品牌安全的事件随时都会出现。此时,被业界视为成功者的企业高管应走出自我陶醉的幻觉,调整自我价值放大带来的随意散漫的决策倾向,建立起一支严谨高效的监察队伍,对全国市场进行飞行检查,以便及时消灭管理盲区,识别危机预兆,防止致命性的品牌危机的爆发。

4. 财务控制

规范的财务管理、严谨的财务预算和适当的资金储备,是快速成长的品牌持续发展的基本保证。但大多数品牌经营者的做法却与此要求相反:要么贪图一时的收益,财务管理不规范,甚至有意欺瞒政府管理部门,从而引发政府的严厉惩罚,打乱企业正常经营秩序;要么缺乏基础的财务预算管理制度,或者只是制定形式化的预算草案但从来只"预"不"算",造成财务管理的混乱和失控;要么视财务部门为出纳部门,随意支取,在市场表现不佳需要强力资金支持时却无力应对,甚至因为缺乏适当的储备资金而迫使快速成长的品牌陷入困境。

5. 危机预警

灵敏的嗅觉和灵活的反应造就了目标品牌的高速成长,但当这一品牌成长为明星品牌时,对于系统管理的要求就会非常高,对于建立危机预警机制的要求就会非常迫切,以期防止千里之堤毁于蚁穴的悲剧发生。沉浸在成长快乐中的品牌经营者,如果能够围绕从产品供应到市场营销,从形象传播到组织运营建立起危机预警机制,自然可以防微杜渐,先知先觉,保护品牌之舟在颠簸起伏的海面上继续畅游。

一

当年澳柯玛进入电动车行业时,业内企业已有1500家,多是作坊式小企业,澳柯玛利用自己的品牌优势,斥巨资进入该行业,2002年投产,2003年实现销量6.8万辆、销售收入1.2亿元,同期销量最大的捷安特也不过才10多万台的销量。澳柯玛借此迅速跻身电动自行车行业前列,这全得益于其充分利用品牌延伸的策略。

二

"贴肚脐,治痔疮",荣昌制药厂的这则广告,人们早已熟到出口成诵的地步。随着这一广告的广泛传播与渗透,荣昌制药厂的企业形象得到了较好的确立和提升。后来,电视上又推出了这家制药厂的另一新产品甜梦口服液的广告,尽管启用了两位知名度较高的影视明星出镜,广告的制作也算精美,但其效果却是十分有限的。

这家企业一边向人们推销其治疗痔疮的肛泰,一边又要人们买它的甜梦口服液,由于不良联想,消费者很容易在心里产生排斥情绪,当然就难以激发他们的购买欲望。

三

1926年,宝洁公司为了与联合利华公司的"力士"品牌竞争,推出了"佳美"牌香皂,但同时这种香皂又不得不和宝洁公司原有的老牌当家产品"象牙"香皂产生竞争,从而使公司要面对自有品牌之间的竞争与协调发展的问题。

到1929年,"佳美"品牌一直未能取得成功,宝洁公司的高层经理将其原因归结于"佳美"广告内容让人容易将其与"象牙"牌香皂联系在一起,从而使得顾客宁愿选择"象牙"而不选择"佳美"。于是他们指定了另一家广告商来作为"佳美"的代理,请他们为"佳美"牌设计了全新的与"象牙"牌迥然不同的广告内容,最后终于取得了成功。

这一举动虽然在当时尚未引起太大的反响,但却使得品牌管理者第一次意识到管理自身品牌的最佳方法就是为它们设计能够相互区别的品牌战略,这是西方企业的品牌管理的发展历史中重要的一步,也直接促进了后来品牌经理制的诞生。

1. 如果你是企业负责人,请思考企业如何在大变革时期适应和生存。
2. 企业如何使用同一个声音做品牌推广?有何好处?
3. 如何进行接触管理?有哪些步骤?
4. 快速建立品牌的八大秘道是什么?
5. 如何保持品牌常青?

第四章 品牌整合传播

 学习提要

通过本章的学习要了解品牌推广和传播主要由哪些部分组成。本章学习的重点是掌握大众传播的困境及合理运用品牌推广的渠道和方法,以及如何撰写文案;难点在于理解品牌整合传播的合理性与掌握文案书写的技巧。

第一节 大众传播的困境

没有强有力的传播拉动就没有目标品牌的持续成长,但问题是现在还有大众传播的空间吗?在包括商业力量在内的多种因素影响下,在多种媒体力量角逐中,传播势力版图已经被重新划分,以"广告一响,黄金万两"为特征的大众传播陷入困境,而下列的七大变局势必对品牌营销和传播策略产生深远持续的影响。

1. 随着网络的兴起和消费环境的变化,新的媒体势力强势崛起

在以电视、报刊和广播为代表的传统媒体势力日渐衰落之时,新兴的媒体力量正在不断生成,如网络媒体、户外媒体、社区媒体和终端媒体。与传统媒体相比,新兴媒体以精准定向、小众传播、即时沟通等多种特性不断建立和提升自己的市场影响力和市场占有率。尤其是网络媒体的快速崛起,从根本上动摇了传统媒体的主导地位。

在已有的发展基础上,新兴的媒体势力还存在着广阔的发展空间。其中,网络媒体已经从初始阶段的简单的条幅广告发布进入到全面提供消费体验的新阶段。对于任何一个品牌传播者来说,网络媒体已经不再是一种新兴的补充性媒体,而是一个由搜索引擎、区域门户、专业网站和企业网站等多个角色形成的主流媒体群落,这一群落已经成为新生代消费者的工作和生活的一部分,显著影响着他们的消费观念、消费选择、消费偏好和消费体验。与网络媒体相比,户外媒体早已有之,正在形成一股不可小觑的力量。在中国,由公交车广告、候车亭广告、地铁广告、单立柱广告和大型广告牌等构成的户外广告市场虽然市场集中度低下,但跨业态重组和势力范围的重新划分将持续进行。在户外媒体引人注目的分化重组过程中,以电梯广告为代表的社区媒体也在不断涌现。由于社区媒体直接高频率地接触目标受众,而且具有良好的定向性和分散投放特

点,因此也获得了广告主的青睐。于是,我们看到了百事可乐已经把广告做到了中学的篮球架。与社区媒体相类似,看似散乱的终端媒体正在引起传播业者的注意,通过包装店头、买断货架、占领橱窗等多种方式,无不潜移默化地影响着消费选择。于是,我们看到了"动感地带"把广告做到了零售店铺的座椅。

2. 传统媒体势力大幅度重组,三种力量相互制衡

在 21 世纪之前,中国的电视、报刊和广播机构大多属于公办机构,享受事业单位待遇,加之管制政策异常严格,市场竞争不够激烈,各类媒体各安其位,各尽其责,媒体格局相对稳定。但随着媒体改革进程的加速,地方媒体中涌现出越来越多的像湖南卫视这样的媒体新贵,凤凰卫视、星空卫视、华娱卫视、ESPN 等媒体也纷纷加入竞争,它们对以中央电视台为代表的领导者发起了强有力的挑战,迫使它们也不断推进内部改革,原本稳定的媒体制衡局面被打破。

在这一前所未有的媒体变革浪潮中,正在持续发生三种显著影响未来媒体的格局交锋:一是新与旧的交锋。央视的领先地位受到以湖南卫视为代表的地方媒体的挑战。湖南卫视以其年轻、新锐、充满人文关怀的媒体形象与明星栏目、名牌主持、名人设计的操作手法,迅速在众多地方媒体中异军突起,形成"媒体湘军"现象。在地方媒体的压力下,中央级媒体开始全面自我革新,抛弃僵化的计划经济特征的运作习惯,逐渐适应不断变化的市场需求。二是内与外的交锋。中国媒体是在计划经济的大环境中成长起来的,一直以来以党和政府的喉舌为其基本使命,即使随着中国经济向市场经济转型,其经营压力依然不甚明显,自我革新意识和变革力度有限。但随着境外媒体的落地,现代媒体经营理念和运作手法开始在中国市场得到广大消费者的推崇,中国媒体开始受到前所未有的冲击,迫使它们不得不重视和策应。三是强与弱的交锋。在行政力量和市场力量的双重作用下,各地广电集团纷纷成立,在掌握区域市场上的主要媒体资源的基础上,它们加速内部资源优化,提升整合经营水平,逐渐形成了一些地方性的强势媒体,并努力突破地方限制,向全国化经营发展。相对而言,弱势媒体之间在调整自身定位的同时,也努力通过联合经营、联合推广的方式提升自己的议价能力和经营收益。

3. 参与式报道不断涌现,媒体越来越深地介入社会生活

从报刊到广播,从电视到网络,媒体版图的变化不仅意味着媒介力量的此消彼长,更意味着媒介开始不再是一个被动的观察者和报告者,而是越来越多地卷入事件之中,孕育、创造、推进着各种各样事件的发生和发展,全面渗透到社会生活的细节之中,对社会进程开始产生前所未有的影响力,而这种影响力似乎还正在加剧之中。

"以上嘉宾立场、观点与本台无关",这是我们经常看到的惯例式的节目说明。但是,在媒体已经对社会公众的思维、观念和行动造成显著影响的时代背景下,这样的声明其实只是媒体进行自我保护的一种技巧,并不能掩盖媒体参与甚至是干预事件进程的事实,因为大到国家政治和经济决策,小至民间习俗和风尚,媒体都在其中扮演着一个异常活跃的变革者的角色,在建设和破坏之间不断穿插前行。单纯从文化塑造的层面上讲,正是在媒体的不断演进和大力参与下,传统的精英文化显著消减,以电视文化为代表的大众主流文化大行其道,以网络文化为代表的小众庶民文化郁郁葱葱。在纸媒体兴盛的 20 世纪 80 年代,具有独立批判意识的个体开始形成,批判的

理性在"阅读的一代"的身上表征明显,社会文化趋向于在弘扬高雅文化、传播思想的精英和接受启蒙的大众身上形成有趣的二元构成。但在电视媒体快速扩张的20世纪90年代,媒体运行机制的改变和视觉文化的兴起,造成了所谓"电视的一代",不同的个体意识让位于取向一致的大众意识。随着互联网在21世纪初期的蓬勃兴起,社会大众开始分流,小众文化开始崛起,喜欢尝试、敢于创新和自我表达成为"网络一代"的基本特征。在对媒介与文化的粗略梳理中,我们看出媒介的变革不仅在重新定义着我们每个人的生活方式,更显著影响着整个社会的思维和理念。

4. 媒体的企业化经营趋势加速,背书价值显著下降

与计划经济时代作为纯粹事业单位的媒体不同,市场经济时代的媒体开始越来越多地遵循商业性企业的经营法则,走上企业化经营道路,娱乐功能开始大显其能。居高临下的权威视角转换为平等沟通的平民视角,高昂激越的语调转换为平和动感的语调,正襟危坐的讲授风格转换为闲坐散谈的研讨风格……但也正是在这种功能和风格的转换中,媒体越来越多地热衷于通过炒作、挖黑幕、探秘、布局、作秀等手法和技巧牟取商业利益,也因此快速丧失原本拥有的社会公信力,背书的价值明显下降。

我们需要思考的是,单一地固守教化之职固然已经不适应时代潮流,但在社会发展进程中承担着独特作用的媒体难道仅仅进行所谓的企业化经营就可以持续发展吗?当大量商业性组织也纷纷高擎企业公民的旗帜时,媒体的运营旗帜到底应该是什么?即使是一味坚持所谓股东回报和经营收益,我们的媒体在口头宣传的基础上,至少应该履行企业公民的职责。在一次次的媒体经营研修班上,在一次次的出国学习考察中,在沾沾自喜于新闻运作能力时,我们的媒体经营者还需要多一些基于媒体价值的其他思考。

5. 运营成本飙升,经营收益相对下降

在激烈的媒体竞争中,为了培育、提升和维系自身的竞争能力,媒体纷纷加大对节目开发、市场推广和人力资源方面的投入,运营成本显著提高。与此同时,由于媒体的经营收益依然停留在传统的以广告收益为主的初级阶段,而广告收益与收视率等关键经营指标呈现正向互动关系。随着媒体数量的快速增长和客户消费口味的多样化,收视率等关键经营指标上升空间有限,导致媒体经营收益苦乐不均,除去少数强势媒体外,大多数媒体的经营收益相对下降。

为了提高自己的经营收益,媒体经营者纷纷通过这样一些运作改善自己的经营表现:一是再定位,即在新的市场环境及其发展趋向中重新界定自己的角色和功能,或者着力于某一细分市场的深度发掘,或者专注于某一优势能力的建构。如海南卫视和云南卫视就选择了旅游这一细分市场作为自己的目标市场,星空卫视则选择年轻人作为自己的目标人群。二是重新设计利润区,即在传统的广告收益基础上寻找出其他的利润增长点。如《经济观察报》就学习国际同行的经验,不断培育出版、培训等新的利润来源。三是不断提升节目及栏目质量,通过收视率或阅读率的相对提高而提高自己的广告收益。四是密切与强势媒体代理商的合作关系,通过单位利润收益的调整提高他们的主动推荐率。五是优化运营管理,通过完善内部成本核算和部分业务外包的方式降低运营成本,提高单位投资收益,培育和催生专业的媒体内容供应商。六是合纵连横,通过资源共享、联合销售等方式提高自己的资源价值和议价能力,中国县市级电视广告商就是其中的一个代表。

6. 在广告主、媒体和媒介代理之间的三角博弈中,媒介代理商获得话语权

随着市场供需条件的变化,加之资源把握能力的差异,在媒体经营价值链上的各类别角色的作用和位置开始发生了显著的变化,原本拥有话语权的媒体除少数强势品牌外大多失势,可能拥有话语权的广告主也为了提高自己的投放收益而主动寻求媒介代理,于是一头联结广告主、一头联结媒介的代理商开始掌握整个价值链上的话语权,获得了高速发展。

很显然,媒介代理商的强势崛起改变的不仅仅是媒体,更明显波及作为广告主的品牌经营者。只是不同的品牌经营者的际遇是不同的,海量投放的经营者拥有相对较高的议价能力,投放有限的品牌经营者的议价能力则依旧十分有限。面对媒体价值链的重大变势,加之品牌环境的变化,品牌经营者应通过策略性调整冲破媒介代理商的防线,提升自己的投放收益。具体的运作方式大约沿着这样的线索展开:从注重品牌承诺向品牌承诺与品牌履行并重转型;从平面的理性的陈述说明向立体的感性的品牌体验转型;从单一的品牌传播向包括营销、传播和公关在内的整合营销传播转型;从对传统的单向告知大众媒体的倚重向对新兴的双向沟通的小众媒体的偏好转型。

7. 媒体经营转向以消费需求为导向,品牌经营运动风起云涌

消费趣味的不断转换,市场供需条件的变化,媒体角色和功能的全面转型,以网络为代表的媒体新势力的崛起,都驱使着媒体经营者摆脱传统体制下以自我为中心的产品经营导向,向以目标消费者的需求为经营导向转型。在这一转型过程中,即使是坚持传统价值观的媒体,也开始摆脱僵硬死板的说教语调,以一种全新的态度和理念展开运作。正是在传统的媒体观念逐渐被疏远的背景中,一种整个行业共同遵循的新的游戏规则开始浮现。

其中最为引人注目的规则之一,就是各个媒体不约而同发起的品牌经营运动。具有媒体特色的媒体品牌谱系,大略由频道品牌、节目品牌和主持人品牌三大系列构成。其中,频道品牌更多地承担着品牌定位、品牌使命、品牌价值、品牌文化等组织经营的内容;节目品牌承担着品牌功用、品牌联想、品牌风格等产品经营的内容;主持人品牌则承担着品牌原则、品牌个性、品牌精神等服务经营的内容。正是在以上三种经营的均衡支援下,媒体品牌才可以集合整个组织的资源,协调各项运作的行动,不断履行自己的品牌承诺,不断超越顾客期望,使消费者持续获得一致的品牌体验,从而保障目标品牌的持续成长。

第二节 品牌整合传播模型概述

所谓品牌传播策略,是指在品牌发展战略的指导下,接受品牌环境条件和市场竞争情境的约束,对包括面向消费者的传播、面向合作者的传播、面向投资者及内部员工的传播等运作在内的系统整合,从而使传播投入具有良好的和持续的累积产出性,使品牌价值得以持续提升。

一、品牌传播的特质

从产品传播和品牌传播的差异,可以看出品牌传播具有以下显著的特质。

1. 有一贯的品牌承诺

产品传播更多地着眼于当前销量的提升,传播策略及其行为均为此目的服务,因此产品传播中所作出的价值承诺经常处于变动状态中,随着时尚风潮变来变去,缺乏稳定性。品牌传播则不同,品牌传播旨在于深化品牌认知,强化品牌偏好,建立和维系品牌忠诚度。为此,品牌传播不仅在策略中明晰品牌承诺,而且在传播行为中也始终信守品牌承诺,表现出对品牌承诺的连续性和一贯性。"益力""怡宝"是饮用水市场的两大品牌,益力矿泉水的传播策略就坚持了"天然的平衡"的品牌承诺,怡宝饮用纯净水的传播组合贯彻了运动的品牌承诺。

2. 具有统一的传播创意

凡是成功的品牌,必定有基于品牌价值的核心创意。核心创意是品牌承诺的最佳表现路径,通过对消费需求、竞争局势和品牌价值的把握,创意将品牌承诺与实际表现形式有机连接起来,从而实现强烈、差异、持续、有效的品牌传播。作为品牌资产的重要组成部分,核心创意一经确定就应给予悉心的维护,不得随意变更,从而促成和维系品牌识别。恰如"联合利华优良广告原则"中所言,"广告要集中在一个大创意中"。品牌传播中的创意是品牌承诺和实际执行细节的独特方式,可以与品牌承诺有机衔接,为具体的传播执行细节提供基本的指导。在统一的传播创意约束下,传播信息得以保持集中,传播载体得以定向,传播效力得以提高。当大多数糖果制造商津津乐道自己的软糖品质时,"旺仔"创造了一个紧密连接网络时代的"QQ糖",迅速成为果汁软糖市场的领导品牌。在大多数饼干制造商沉浸于对绿色、健康的宣传时,华美推出了与高速成长的乳品市场相连接的"牛奶搭档",为自己的饼干找到了聚集消费者的最短路径。

3. 使用消费者的语言

产品传播是从制造商的角度出发的,使用深奥难懂的语言向消费者说明,偏重于介绍产品自身的功能、优势、特点等,容易漠视消费者的真正感受。品牌传播则从消费者的角度,挖掘产品的卖点,利用消费者的语言与其自由沟通,不会产生沟通障碍。例如,"中科暖卡"将来自中国科学院的保暖技术命名为"暖卡",使消费者可以直接感触到其内衣之温暖。

4. 传播风格一致

缺乏行为规范和识别规范的产品传播,其传播风格大多变幻无常,时而死板僵硬地大声叫卖,时而虚无缥缈地故弄玄虚,很难保持与其价值承诺相一致的传播风格。在品牌管理规范指导下展开的品牌传播,可以保持一贯的品牌风格,与品牌价值指向保持一致,有效建立和维系品牌传播识别。在强生婴幼儿护理用品系列的品牌传播中,贯彻着安全呵护、关爱无限的品牌承诺,传播风格偏于清新淡雅,洋溢着自然气息和浓厚的母爱情怀。在水芝澳的品牌传播中,围绕"水的精灵"的主题设计产品包装、终端识别及品牌代表行为管理系统,有效维护着自然、科技、时尚、雅致的品牌风格。

5. 传播媒体的复合性

对于产品传播而言,其传播媒体要么偏于一端,将所有传播投入集中在电视广告方面,或者将其转换为终端费用;要么宽泛无边,媒体选择缺乏方向感,媒体组合混杂多样,传播效力自然受到约束。品牌传播应从目标消费者的选购方便性和传播有效性出发,充分把握不断变化的媒介环境,对线上传播和线下传播统筹安排,以全方位、立体化、低成本的传播媒体组合进行传播,以达到传播目的。以新兴的网络媒体为例,产品传播的做法大多贫乏,表现为企业简介的网页化,而品牌传播则侧重于为消费者提供消费体验、互动沟通以及享受增值服务的新管道,并使之与其他传播管道相融合,形成全新的更具效力的传播网。

6. 传播效力的累积性

产品传播由于缺乏一致的价值承诺,传播创意驳杂不一,加之传播媒体组合的平泛和传播风格的不统一,或许会提升当次传播的效力,但难以使传播投入形成累积产出效应。品牌传播则因为在价值承诺、传播创意、媒体组合、传播风格等方面的综合优势,在同样投入的前提下获得明显的累积产出。

7. 传播资源的匹配性

产品传播做出的传播决策,可以不顾实际的产品供应资源,也可以不管市场营销资源的配合程度,一味向前冲杀,但由于对资源匹配的重要性认知不足,容易导致传播投入难以获取持续的传播收益。品牌传播在制订传播策略和执行计划时,则非常注重产品供应资源是否支持传播策略,市场营销资源是否能够与传播行为相配合,以便发挥资源协同运作效力,获得更高的传播收益,防止传播投入的浪费。三株、爱多、秦池等众多曾经光耀市场的知名品牌的夭折,与其品牌传播策略缺乏资源匹配性有密切关系,具体病症表现为:过度承诺抬升消费期望值,空中投放难以落地,传播投入断断续续等。

二、品牌传播的层次

品牌传播由低到高可以分为视觉传播、听觉传播、行为传播三个层次,如图4-1所示。

1. 视觉传播

视觉传播的整合核心是品牌视觉形象的一致性,解决的是"品牌怎么看"的问题,通常通过导入视觉形象识别系统、统一产品包装、统一广告设计风格等途径建立和维护差异化的品牌形象,防止品牌形象歧化。大多数包装产品在视觉整合

图4-1 品牌传播三层阶

方面的表现颇为出色。在视觉整合中,首先要避开的陷阱是缺乏差异性。相对自有品牌而言,视觉传播的整合当然要强调品牌形象的一致性,提高品牌传播投入的累积效力;但相对竞争品牌而言,就应该强化品牌形象的差异化,提高品牌传播的效力。

2. 听觉传播

这是一个浅层次的自我包装阶段,听觉传播的整合核心是品牌沟通内容的一致性,解决的是"品牌怎么说"的问题,通常会通过统筹和坚持品牌承诺、统一传播内容和制订统一的宣传口号等途径建立起品牌听觉形象,防止品牌说法和说辞"跑调"。在这一层次,虽然品牌经营者已经意识到双向沟通的价值,但在实际运作中却是零散的、不成系统的,即使有一些类似的运作也大多停

留在补充的角色上。一些品牌形象分裂的诱因正在于视觉整合和听觉整合的不统一,如在许可经营领域,一些人在受到招商广告的诱引后,必然会采用电话沟通和登门拜访的方式深入探讨。但一些品牌经营者由于不注重商洽现场的视觉管理,更缺乏对商洽人员形象和商洽口径的约定,从而造成潜在客户的流失。在听觉整合运作中,要注意避免对相关品牌的说法统得过死,缺乏应有的机动性和灵活性,使听觉传播的整合演变为恶劣的"销售话术",导致目标消费者的不信任和反感。

3. 第三层次:行为传播

行为传播的整合核心是保持品牌行为的一致性,即品牌承诺在产品品质、服务水平等方面的全面履行和兑现,解决的是"品牌怎么做"的问题。在这一层次,品牌经营者已经超越单纯的视觉和听觉的层面,建立起真正与消费者和其他利益相关者的双向沟通管道,他们不仅强调对同一价值链上不同角色的需求的平衡,更注意从消费者的需求出发定制产品和服务,并整合同一价值链上的合作伙伴,为目标消费者提供理想的产品和服务。在行为整合运作中,要注意跟踪研究和监测不同利益主体的需求的变化趋势,防止个别成员由于自我利益膨胀而做出一些不恰当的短期行为,引发目标品牌传播危机,损害整个合作链成员的利益。

从以上分析可以看出,支持目标品牌持续成长的品牌传播策略可以在品牌理念、个性和风格的约束下实现视觉、听觉和行为三者之间的共同整合,使品牌看起来一样,听起来一样,做起来一样,言行一致,表里如一,真正兑现品牌承诺,建立起牢固的品牌忠诚度。相反地,缺乏行为整合的视觉整合和听觉整合,会造成虚假承诺和过度包装,严重者会造成品牌欺诈。

 **小阅读**

七喜是一种柠檬口味的饮料,自1929年上市以来,产品定位一直摇摆不定。20世纪30年代的定位是"消除胃部不舒服的良药";1942年开始换成"清新的家庭饮料";1966年又推出新主题的系列广告。在这些混乱的宣传下,消费者对七喜到底是什么饮料一直没有一个统一的印象。有的消费者认为七喜是调酒用的饮料,有的消费者认为七喜是药水。1968年,七喜提出"非可乐"的定位,终于获得了很好的市场反响,使其知名度上升,销量一度跃居美国市场第三位,仅次于传统的可口可乐、百事可乐。

三、品牌传播的类型

从传播广度和传播深度分析,品牌传播有四种基本类型,如图4-2所示。

1. 航空母舰型

这是对既有传播广度,也具有传播深度的品牌传播类型的比拟。该类型的品牌传播者,具有良好的品牌传播策划能力和执行能力、明晰的品牌传播策略以及厚实的资金保障,能够均衡利用大众媒体和分众媒体,持续将品牌信息广泛而深入地传递给目标

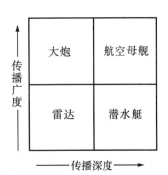

图4-2 品牌传播类型

消费者和其他利益关系者,在维系目标品牌的高可见度的同时,不断深化品牌认知,促成品牌认同,维护品牌忠诚度,形成显著的传播优势,获得持续产出收益。表现卓越的国际品牌大多可以归于此类型。

2. 大炮型

这是对那些只重视传播广度,但缺乏传播深度的品牌传播类型的比拟。该类型的品牌传播者,大多有一个基本的品牌传播策略框架,有一定的传播经验,但由于更为重视当前产出,偏好启用电视、报纸等大众媒体对目标市场进行持续轰炸,在较短时间内可以形成高露出度,快速提升品牌知名度,拉动市场消费,但由于传播深度不足,其业绩曲线与其广告投入曲线形成显著正相关关系,在航空母舰式的品牌传播打压下,大炮式的品牌传播非常容易失效。大量昙花一现的品牌,其传播运作大多可归于此类。

3. 潜水艇型

这是对具有传播深度,但缺乏传播广度的品牌传播类型的比拟。该类型的品牌传播者相对忽略传播广度,更为重视通过分众媒体精确锁定自己的目标消费者,与他们进行深度沟通,达成良好的品牌认知度,获得良好的持续产出收益。很显然,潜水艇式的品牌传播更适合于一些工业品领域,一些在稳定的行业环境中的领导品牌,在缺乏"鲶鱼"的情况下可能惯常选择潜水艇式的传播形式,但若市场后来者启用大炮式品牌传播强占自己的市场份额时,也需要及时启用大众媒体相抗衡。

4. 雷达型

这是对既不具有传播广度,也不具有传播深度的品牌传播类型的比拟。该类型的品牌传播者缺乏基于品牌的策略性传播规划,也缺乏持续的传播投入保障,其传播运作显示出明显的自然主义风格,资金充裕时无意大投特投,资金紧张时更是大力砍削,因此既难于抓住井喷式的市场发展行情,也容易在市场低迷时更为低迷,造成传播投入不强劲、不均衡、不连续,难以形成持续一致的品牌传播,缺乏持续产出收益。

四、品牌整合传播模型

在纷乱嘈杂的传播环境中,品牌整合传播是根据品牌环境的变化,以品牌资源为基础,接受品牌发展战略的约束而展开的品牌承诺和品牌体验的过程,由此建立品牌知名度,深化品牌认知,达成高度的品牌体验,建构品牌形象,维系品牌忠诚。具体而言,品牌传播包括消费传播、合作传播和内部传播三大运作板块,如图4-3所示。

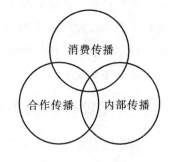

图4-3 品牌整合传播模型

1. **消费传播**

消费传播特指面向目标消费者展开的旨在深化品牌认知、丰富品牌联想、强化品牌偏好和提高品牌忠诚度的一系列传播运作。这里所指的目标消费者,既包括已有的消费者,也包括潜在消费者和社会大众。在已经拥有的消费者中,又包括忠诚消费者、游移消费者和偶然消费者。在此基础上,应制定细分性的传播策略,整合组织内外的各种资源,实现从不分对象的同一性传播向区别对象的差别化传播转型,在坚持同一的品牌承诺的基础上传递丰富的品牌信息,全面履行品牌承诺,创造品牌体验,促进潜在消费者转化为现实消费者,游移消费者转化为忠诚消费者,提高忠诚消费者的主动推荐率。

2. 合作传播

合作传播特指面向相关合作者的旨在密切合作、建立合作信誉、平衡合作利益、实现持续双赢共生的一系列传播运作。这里所指的相关合作者,既包括供应商、分销商、零售商、行业协会等直接性的合作伙伴,也包括政府、金融、媒体、社区、非营利组织等间接性的合作伙伴。根据客观的不同需要,可以展开有针对性的传播,以此防止合作传播失效。例如:面对上游的供应商,品牌经营者多希望通过沟通建立它们对于自己发展前景的信心,从而在采购成本、供应品质的稳定性和供应的灵活性等方面获得更大的空间;面对下游的分销商,品牌经营者关心的是如何让它们建立起市场信心,从而缩短合作洽谈周期,加快入货和分销速度。需要注意的是,在细分合作对象的基础上进行合作传播并不意味着品牌形象的分裂,传播成果的集合依然应符合目标品牌的基本价值观和品牌识别要求,保持一致的品牌形象。

3. 内部传播

内部传播特指面向投资人、代理人及组织内部员工的旨在达成品牌共识、消除合作分歧、提高组织凝聚力、提高协同运作效力的一系列传播运作。与消费传播和合作传播类似,内部传播同样存在着传达品牌承诺和全面履行品牌承诺的基本运作目的。为了达成这样的传播目的,内部传播同样需要区分传播对象的不同需求及其与品牌成长的关系,从而做出针对性筹划和安排。例如:投资者关注的是投资收益和投资安全性;代理人关注的是如何对股东负责;普通员工关注的是回报和成长。如果用对投资者的说辞方式与普通员工沟通,其效果自然会适得其反。另外需要说明的是,一些品牌经营者在品牌传播方式方面,无论是在策略的制定,还是在资源的分配上都过分弱化内部传播,但这样做显然容易使内部传播与消费传播和合作传播无法协调,从而降低传播效力。

制定完整的品牌传播策略,不仅需要明晰传播目的、传播成本、传播评估等要素的运作要求,更要对传播主体、传播对象、传播内容、传播时空、传播工具等要素进行一一解析,最终形成一个基于品牌成长的可持续使用的品牌传播策略。品牌传播策略思考框如图4-4所示。

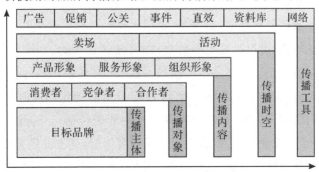

图4-4 品牌传播策略思考框

第三节 消费传播

如前所述,消费传播是指面向消费者展开的一系列传播运作。消费传播可以提升知名度,深化品牌认知,提升品牌差异化服务价值,丰富品牌联想,建立和维系一致的品牌形象,促进目标消费者的试购和持续购买,维系良好的顾客关系和品牌忠诚度。

一、消费传播的构成

从传播的路径分析,消费传播由广告传播、卖场传播和生活场传播三大运作板块构成。消费传播构成如图4-5所示。

在消费传播中,广告传播的价值主要体现在提升品牌知名度、深化品牌认知、丰富品牌联想、建立和维护品牌形象、提升品牌忠诚度等方面。基本的广告传播方式包括发散式、定向式、专一式三种基本类型。其中,发散式广告传播是指在未精确区分目标受众的基础上就选择电视广告、报纸广告、户外广告、车体广告等大众媒体展开的传播运作。对于希望快速建立品牌知名度的品牌来说,这是最为有效的一种传播方式,但由于精确性不足,容易造成传播投入的浪费。定向式广告传播是指在明晰目标受众特征的基础上,利用社区广告、网络广告等媒体展开的传播运作。与发散式广告传播相比,定向式广告传播的效力显然更高,对于希望深化目标受众的品牌认知的品牌而言,

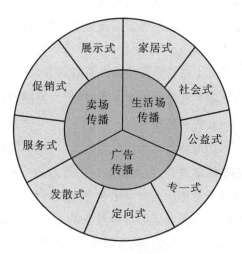

图4-5 消费传播构成

这是一项十分经济的选择。专一式广告传播是指利用电话访问、直邮信函、公关活动等形式,针对特定的个体受众展开的一对一沟通行为。这样的方式在增进品牌体验、密切消费关系、防止客户流失等方面具有独特的价值。

与广告传播不同,卖场传播的价值主要体现在深化品牌认知、传递服务信息、丰富品牌体验、提升品牌形象等方面。基本的卖场传播方式,包括展示式、促销式、服务式三种基本类型。其中,展示式卖场传播是利用卖场的货架、灯箱、广播等形式面向目标顾客展开的传播运作。与卖场类型相适应的展示式卖场传播,可以烘托卖场气氛,提升品牌动销力,利用卖场本身的吸引力提高目标顾客的选购率。促销式卖场传播是指利用堆头陈列、现场表演等方式展开的传播运作。直接与销售挂钩的促销式传播控制得好的话,能够在促进当前销量的同时建立和加深品牌偏好。服务式卖场传播是指利用特许陈列、销售竞赛等方式展开的传播运作,通过积极的服务态度、标准的陈列、清晰的价格等服务细节,可以有效地提升顾客体验,建立品牌偏好,提高顾客满意度。

面向消费者的生活场传播的价值,主要体现为深化品牌认知、增进品牌认同、建立和提升品牌好感、密切与消费者关系等方面。基本的生活场传播方式,包括有家居式、社区式、公益式三种

基本类型。其中,家居式生活场传播是指围绕目标受众在工作之外的生活空间展开的传播运作,由于采用的是渗透的手段和途径进入目标受众的生活空间,因此更容易不知不觉地使目标受众接收和接受所传播的信息。社区式生活场传播是指围绕目标受众所在的社区空间,利用赞助社区活动等方式展开的传播运作。公益式生活场传播是指选择解决就业、发展教育、促进环保等方式展开的传播运作。与前两者相比,公益式生活场传播的效力滞后,但容易促成社会公众对目标品牌的普遍认同,建立品牌声望。

二、消费传播的法则

在进行面向消费者的传播运作时,应依从整合、体验、关联、积累四大基本运作法则。

1. 整合法则

在嘈杂的传播环境中,消费传播必须将高度差异化的品牌信息持续一致地传递给目标消费者,才有可能替代掉消费者脑海中已有的竞争者信息,占据最佳的阶梯,使消费者对目标品牌的产品代表性、品牌归属性和竞争合作关系十分清晰,使目标品牌成为消费者选购清单上的首选品牌;相反,散乱变动的消费传播,即使在一时的大量投放中硬性闯入消费者的眼帘,也非常容易如朝露般快速消逝。

2. 体验法则

任何一次面向消费者的传播,都不应仅仅是简单的品牌信息的传递,更应该是郑重的品牌承诺,抑或有效的品牌履行。在这样的消费传播中,消费者的品牌认知不断深化,品牌体验不断丰富,与消费者的关系不断密切,目标品牌因此获得消费者持续的偏爱和赞誉,从而将其他竞争者挡在门外。单纯从理性逻辑的物质性需求出发的消费传播,由于远未顾及消费者的精神性需求以及相应的愉悦、归属、自我实现等体验价值的缺乏,会使消费者缺乏品牌忠诚度。

3. 关联法则

消费者只关注与自己的利益、兴趣、爱好相关的信息,因此,消费传播必须放弃品牌制造商的视角,从消费者的角度遴选、组织、传递与消费者密切相关的信息,并根据消费需求的变化不断更新关于品类、品牌的信息,放弃已经老化的、消费者已经漠然的信息,以便持续提高传播效力及其动销力。

4. 累积法则

在同样的投入前提下,为什么起点大约相同的品牌在数年之后品牌价值却产生了巨大的差异?因为落后的品牌只关注到当时当地的一次性传播收益,而领先的品牌虽然也关注当时当地的品牌认知和销售指标,但更在意是否能够在持续的消费传播投入中建立起不可磨灭的品牌形象和牢固的品牌忠诚度,并因此而获得持续的传播收益。大凡卓越的品牌,无不是因为坚持投入而最终胜出。

三、消费传播的禁忌

在进行面向消费者的传播运作时,应注意以下基本运作禁忌。

1. 无中生有

品牌传播非常忌讳偏离基本的资源条件的约束，随意编造富有市场吸引力的品牌历史、品牌产地、品牌资源、品牌声望、品牌资历、品牌业绩等。这种品牌承诺与品牌履行之间的极端背离，虽然可以在短时期内获得一些利益，但在错误的土壤上成长的所谓明星品牌难以阻挡"突然的袭击"，很容易在品牌危机中使社会公众产生严重的不信任，最终导致品牌的衰亡。

2. 晦涩难懂

既然是面向消费者的传播，就应该考虑消费者的基本知识结构，采用消费者熟悉的可以引起消费者共鸣的语言陈述和说明，放弃那些深奥复杂的术语，就像巴黎音乐技术学院教授帕列尼切克所表述的音乐思想："无论现代音乐变得多么复杂，也不能把它排斥在广大听众的理解范围之外；无论演奏技巧多么完善，也不能把艺术家的感情、服务于人类的真与善的思想从音乐中排挤出去。"

3. 途径单一

单一依赖广告进行消费传播不仅未能区分不同的消费类型而进行针对性传播，也难以形成全面的品牌体验，还存在着明显的传播风险。"史克的广告，杨森的会"，与中美史克公司不同，以"会"著称的杨森公司，就不仅注意通过宣传提高品牌可见度，还注意与政府合作面向大众开展健康教育，履行企业公民责任，而且拥有数百个医学院本科学历以上的医药代表队伍，通过他们的上门拜访、临床推广、医学培训等学术性推广活动深化品牌认知，培育用药偏好。

4. 调适迟缓

在进行消费传播时，传播内容要接受目标市场的法律、法规、条例的制约，传播形式也要契合特定市场的文化、风俗、习惯、价值观、美学追求等方面约束，更为重要的是要实时监测品牌环境的变化，做出预应性的调整，防止由于管制政策等条件的变化影响品牌传播，造成经营业绩的大幅度变动。

5. 缺乏节制

我们见到IT服务领域的一些知名品牌，经常发布多个整版的形象广告，但是否大广告就是大气势呢？即使是大气势，是否一定就需要大广告呢？如果这些品牌的管理者做一个广告测试，他们就会知道这种明显的自大式的投放方式是在损害而不是提升品牌的形象。其中传达出的一个信息就是"这个企业真有钱""真敢花钱"，但随之而来的联想是："它的这些钱是从哪里来的呢？难道它不是将这些传播成本转嫁给顾客吗？"

 小阅读

我国汽车品牌忠诚度的现状

根据"中国汽车行业研究"结果显示，中国的消费者普遍缺乏对汽车品牌的忠诚度，价格是影响购车行为的主要因素。调查显示，消费者在购车时主要通过媒体渠道获取有关购车信息。54%、16%和19%的购买者分别将传统媒体、朋友和广告作为主要信息来源。16%的人会通过

互联网获取购车信息。但是仅有8%的人称他们会去汽车经销商的产品展示厅获取相关资料。同理,价格仍是决定购车意向的关键。关于购车时首要考虑的因素,选择"物有所值"的为36%,选择"品牌"的仅占17%,而汽车的性能、设计、安全性和舒适性目前也不是消费者最关心的因素,这与国外主要汽车市场有着很大的区别。中国的汽车经销商尚未树立起足够强大的影响力,或者说还没有与潜在的消费者建立起足够紧密的关系。虽然个别汽车品牌已经占有国内市场主导地位,但是其品牌尚未树立起竞争优势。中国消费者不习惯通过汽车经销商购车,原因在于:可供选择的汽车型号尚不丰富,经销商提供的服务水准也有待提高。汽车厂商在中国建立品牌忠诚度还有很长的路要走。

第四节　合作传播

如前所述,合作传播特指面向相关合作者的一系列传播运作。合作传播可以深化品牌认知,密切合作关系,降低合作分歧,建立合作信任度,维系一致的品牌形象,提升目标品牌的合作价值和合作地位,平衡合作利益,促进合作资源的优化整合和合作关系的持续稳定,为目标消费者提供超越消费期望的产品和服务,从而提升目标品牌的相对竞争力和合作价值链的整体收益。

一、合作传播的构成

从传播的路径分析,合作传播由广告传播、接触传播、联合传播三大运作板块构成,如图4-6所示。

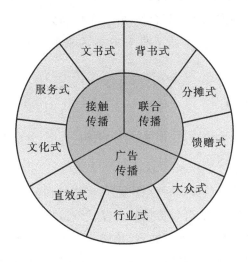

图4-6　合作传播构成

在合作传播中,广告传播的价值主要体现在深化品牌认知、建立合作期望、争取合作资源、建立和维护品牌形象等方面。基本的广告传播方式包括直效式、行业式、大众式三种基本类型。其中,直效式广告传播属于小众传播范畴,大多采用直邮信函的方式展开,传播对象清晰,可以将合作信息全面、完整、持续地传递给合作组织中的动议者、决策者、影响者和行驶者;行业式广告传播多选取专业媒体或者公关活动的方式展开,可以深化品牌认知,提高品牌地位,防止传播投入的浪费;大众式广告传播则不同,其传播目的更在于提升品牌的知名度和品牌声望,建立品牌影响力,进而影响合作伙伴的决策,但此种方式的定向传播力弱,投入产出比相对较低,相对适合于在品牌创立初期运用。

与广告传播不同,接触传播的价值主要体现在传播合作信息、深化品牌认知、消除合作分歧、密切合作关系、建立和提升企业品牌的行业声望等方面。基本的接触传播方式包括文书式、服务式、文化式三种基本类型。其中,文书式接触传播是通过法律文书及其他合作文件、通知、便签等方式达成的传播运作,这种接触传播主要传递合作双方的价值观、运作法则、专业素质等方面的品牌信息,有助于提高企业品牌形象的专业性特征;服务式接触传播是通过合作会议、电话协调和网络沟通等方式达成的传播运作,主要传递的是合作双方的职业性、敬业精神、基本素养、服务水平等方面的品牌信息,有助于提高企业品牌形象的职业性特征;文化式接触传播是通过公司内刊、网站建设、联谊活动等方式达成的传播运作,主要传递的是合作双方的价值理念、发展愿景、企业文化等方面的品牌信息,有助于提高企业的品牌影响力和文化感染力。

面向合作者的联合传播的价值,主要体现为协同拓展客户、节约传播成本、密切合作关系和增进合作收益等方面。基本的联合传播方式包括背书式、分摊式和馈赠式三种基本类型。其中,背书式联合传播是由合作关系中力量较弱的一方发起的,在传播运作中合作伙伴起到背书的作用,被使用者无须为此支付传播费用;分摊式联合传播是由合作双方共同发起的,双方可以有效利用双方品牌资源和品牌资产优势,提高传播效力,节省传播费用,其传播费用或者采用预分摊方式,或者采用后分摊方式;馈赠式联合传播是由合作关系中力量较强的一方发起的,在传播运作中它以明确列出合作伙伴的方式标示其合作地位、角色和分工,在提升合作伙伴的生意流量的同时有效突显了自己的主导价值,弥补了自身业务的资源缺憾,可以提高自身业务的市场吸引力。

二、合作传播的法则

在进行面向合作者的传播运作时,应依从共生、结构、平衡、分享四大基本运作法则。

1. 共生法则

作为整个合作链条上的核心成员,品牌组织进行合作传播时必须时刻牢记与合作伙伴长期共生的基本理念,从此来指导和约束合作传播的内容、形式,并评估合作传播的效力。只有这样,合作传播才可能促使合作各方端正合作的态度,增进合作共识,密切合作关系,提高协同运作效力,从而保障和提升整个价值链的相对竞争力,使合作各方因为这样的持续合作关系降低合作风险,获得持续的合作收益。

2. 结构法则

消费传播、内部传播的广泛研讨和大量的市场实践,已经使大多数品牌经营者能够正确建构消费传播和内部传播管道系统,但提及一向被遗忘在传播角落里的合作传播,却少有人能够有效地建起全面的合作传播管道,而这样的传播管道的缺失势必影响合作传播效力。认识到合作传播的价值并建构起正式的多接口的合作传播管道,才可以有效抵制负面"放大效应"(品牌组织的合作行为被合作伙伴自动放大的效应),预防和及时消除合作分歧,巩固合作关系,建立良好的行业口碑,获得稳定的合作收益。

3. 平衡法则

在合作传播中所谓的传播平衡,主要是指导传播层阶、传播内容及传播方式的多样化。具体而言,遵循平衡法则的合作传播不仅应包括合作伙伴之间关于相关合作部分的商业化沟通,也应包括非合作部分的协作性研讨;不仅应包括高层与高层之间的商务互动,也应包括员工与员工之间的感性交流;不仅应包括合作伙伴之间的相互沟通,也应包括合作伙伴一起向消费者和其他合作者展开的联合传播。

4. 分享法则

合作传播不仅仅意味着传播意义上的告知,也意味着营销阶层上的助益和合作利益上的分享。为了拉动市场需求,刺激一个优质硬件平台的产生,英特尔本着不投资、不分红的基本法则,从2002年开始启动"英特尔授权精英网吧"计划,利用自己的经验为一些采用自己的硬件和技术的网吧提供差异化的服务和技术支持,联合当地的网络运营商为网吧经营者举办经营研讨会,内容包括全球及中国的互联网发展趋势、网吧的经营环境与盈利空间、网吧的下一步收益如何创造等七项内容,还联合它们开展一系列市场推广行动。

三、合作传播的禁忌

在进行面向合作者的传播运作时,应注意以下基本运作禁忌。

1. 范围狭窄

在市场竞争已经从封闭的单一组织之间的竞争阶段转型为开放的价值链之间的竞争阶段时,合作传播变得更为重要。但是,合作传播必须突破狭窄的紧密性合作伙伴的范围,将政府、金融、媒体、社区和非营利组织等囊括进来,在明晰它们的角色、功用、影响力及其合作需求、信息管道构成、运作思维与习惯等因素的基础上,从全域传播的角度制定合作传播策略,并在管道建设、人力配置和财务预算等方面予以持续的资源保障,才可能真正落实合作传播策略,使其做出与消费传播、内部传播一样出色的贡献。

2. 缺乏定制

合作传播效力的提高,有赖于在细分传播对象、理解它们的需求、界定它们与目标品牌的关系状态的基础上,做出定制性的传播组合。从合作者与目标品牌的关系而言,有战略性合作者和战术性合作者之分,有紧密性合作者与松散性合作者之分,有老合作伙伴和新合作伙伴之分,它们对于目标品牌的认知不同,品牌体验也不尽相同,合作传播必须能够明确这些显著的差别,持续做出动态的响应。如若不加区分地进行合作传播运作,就会浪费有效的传播资源,削弱合作者的品牌体验,强化品牌认同、密切合作关系、提升协同运作能力等传播目的也容易落空。

3. 策略多变

虽然说随着品牌环境、资源条件以及品牌策略调整等方面的变化,合作传播策略应该及时予以调适,但这并不意味着传播策略应该因人而异,频繁变动。在市场实践中,所有卓越的品牌都是在统一的传播策略指导下,通过多种营销传播方式,经年累月地传递一致的品牌信息才得以成长和壮大的。即使是像澳大利亚、英国、加拿大及新西兰等拥有强大品牌计划的国家,它们也会通过发牌机制和公司化运作模式,严格控制国家品牌的使用。加拿大的国家品牌计划在1970年制定后至今仍在继续推行。

4. 过度承诺

在夸饰性的言行中传达出来的过度承诺,容易促生过高的合作期望,而外在的行业环境、竞争局势以及内在的资源条件、服务体系与管理机制等难以全面支持合作期望的实现时,势必会形成合作缺憾,损害品牌价值。恰当的传播口径,应当是在识别合作需求、了解竞争者表现、分析目标品牌履行能力的基础上,有选择地做出适当的品牌承诺,并全面满足这种承诺,从而形成超越竞争者的合作价值,提高合作满意度,提升自己的资源整合能力,建构和维系品牌忠诚。

5. 缺乏协同

品牌传播由消费传播、合作传播和内部传播构成,合作传播又由广告传播、接触传播和联合传播构成,很显然,不同的传播板块承担着不同的传播目的。拥有不同的传播内容,要求遵循不同的传播形式,但无论是传达一致的品牌承诺、建构统一的品牌形象,还是协调运作、全面履行品牌承诺,品牌传播运作依然需要全面地协同消费传播、合作传播和内部传播等一系列运作,只有这样,才能够用同一个声音、同一种步伐深化品牌认知,强化品牌认同,丰富品牌体验,提升品牌传播效力。

第五节 内部传播

如前所述,内部传播特指面向投资人、代理人及组织内部员工的一系列传播运作。内部传播可以深化品牌认知,传递品牌愿景,达成品牌共识,提高品牌认同,建立和维系良好的雇员品牌形象,使员工言行自觉符合品牌管理规范和品牌识别规范,降低和消除组织内耗,提升整个组织的品牌化经营水平,为目标消费者提供超越消费期望的产品和服务,从而提升组织运营力和品牌竞争力。

一、内部传播的构成

从传播的路径分析,内部传播由制度传播、文化传播、环境传播三大运作板块构成,如图4-7所示。

在内部传播中,面向内部员工的制度传播的价值主要体现在贯彻品牌法则、促成品牌共识、协同品牌运作、履行品牌承诺等方面。具体的制度传播方式包括结构式、流程式、机制式三种基本类型。其中,结构式制度传播主要是通过组织结构设计传达品牌经营理念,强化品牌战略,推进品牌战略。例如,一个以产品创新为核心竞争力的组织,在组织内部不仅设置有研发总裁职位,还应该设置设计总裁职位。流程式制度传播主要是通过组织运营流程传递品牌信息,监控品

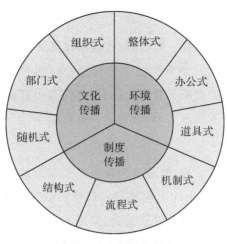

图 4-7 内部传播构成

牌履行质量。一个以"尊重事实"为基本价值观的组织,其所有运作都应该坚持基于好奇心、专注听取和谦虚为基础的程序。机制式制度传播主要是通过考核和激励等管理制度和条例将员工行为与其薪资报酬和附加福利相挂钩,以强化品牌理念,推进品牌认同,提高员工的品牌经营意识。一个倡导为顾客提供激情体验的组织,会及时表彰那些表现优异的员工。

与潜隐的制度传播不同,面向内部员工的文化传播是显露的,其价值主要体现在更新品牌信息、强化品牌认同、提高组织凝聚力和员工自豪感等方面。具体的文化传播方式包括组织式、部门式、随机式三种基本类型。其中,组织式文化传播主要利用内部刊物、企业网站、视频会议、全员培训等组织层阶的沟通管道,传递品牌信息,推进品牌运作。《万科周刊》就是利用内部刊物推进品牌建设、提升品牌价值的一个明显例子。部门式文化传播主要利用部门例会、电子邮件、工作备忘录等部门层阶的沟通管道,促进同一部门内部以及不同部门之间的品牌信息的传递,提升协同运作效力。随机式文化传播是通过非正式的小组沟通、聚餐、出游等小规模、非正式性的交流活动,密切成员关系,增进成员情感,提升运作团队的凝聚力和向心力。

面向内部员工的环境传播是内部传播的第三大类型,其价值主要体现为优化运作环境、丰富品牌体验、提升雇主形象等方面。具体的环境传播方式包括整体式、办公式、道具式三种基本类型。其中,整体式环境传播主要是通过公司总部的制造基地、办公大楼的造型设计以及相应的声、光、色设计,传播组织经营理念,建构品牌识别,强化组织成员的品牌认同感。办公式环境传播主要是通过企业组织运营过程中经常使用的车体、文具等载体统一品牌形象,深化品牌认知,约束组织成员言行。道具式环境传播主要通过标志、标牌、象征物、辅助图形等基本识别要素的创新性运用,品牌信息会因此渗透到整个组织的每一个细胞、每一个运作中,营造出丰润细致的品牌经营氛围。

二、内部传播的法则

在进行面向投资人、代理人及组织内部员工的内部传播运作时,应依从以下四大基本运作法则。

1. 双向法则

与外向性的消费传播和合作传播一样,内部传播同样要依从沟通的基本要求,建立和维护双向多维的传播管道:有正式的管道,也有非正式的管道;有自上而下的管道,也有自下而上的管道;有部门内部的管道,也有部门之间的管道……只有这样,内部传播才会突破单向教育和训诫的局限,真正深化品牌认知,促成品牌共识,密切成员关系,消除合作分歧,协同品牌运作。

2. 认同法则

内部传播的目的不是简单的告知,而是使全体员工达成对目标品牌的品牌愿景、品牌价值、品牌风格的全面认知和深刻认同,由此主动按照品牌管理规范的要求约束自己的言行,各个岗位、各个部门、各个组织的运作由此得到有效整合,共同推进目标品牌的持续成长。要想实现这一传播目的,就必须将制度传播、文化传播和环境传播全面整合起来,使它们持续不断地向员工及其他内部利益关系者发出强烈的品牌信息。

3. 示范法则

大量的口头宣传也抵不过一次代表性的示范。进行内部传播时,必须充分发掘和利用出色的品牌运作向全体员工示范品牌的要求是什么,什么是允许的,什么是禁止的,应该怎样做才能获得组织认可。在员工普遍的认同和连续的运作示范下,整个组织内部就会形成浓郁的品牌运作环境和氛围,在实现内部传播目的的同时,使内部传播运作有效支持外向性的合作传播和消费传播,共同维护和提升品牌形象,创造和强化品牌体验,增进品牌忠诚,提升品牌声望。

4. 约束法则

品牌认同很重要,运作示范也很重要,但这些显然远远不足以保证组织成员及其他内部关系者的言行与内部传播的要求相一致,只有在制度层面上将绩效考核指标和奖惩激励机制与员工的表现挂起钩来,约束他们的言行,才能够使内部传播从软弱的宣传落实到强力的行动,统一员工言行,使之持续符合品牌运作规范的要求,不合格者得到应有的惩戒甚至淘汰,保障整个组织按照品牌化经营的要求顺利运营。

三、内部传播的禁忌

在进行内部传播运作时,应注意以下基本运作禁忌。

1. 地位弱化

在品牌传播中,面向组织内部员工、投资者和其他捐赠者的内部传播是与消费传播、合作传播同样重要的组成部分,只有它们协同运作才能够真正达成深化品牌认知、强化品牌认同、丰富品牌体验、提高品牌忠诚度等一系列基本传播目的。因此,品牌经营者必须将内部传播纳入整个品牌传播战略中,从支持品牌战略发展目标的目的出发,推进内部传播管道的构建和管理,并及时进行传播绩效评估,控制、修正、优化内部传播策略,保障内部传播的顺畅、有序和高效。但在市场实践中,即使是一些强势品牌,也会表现出消费传播强劲、合作传播平淡、内部传播缺失的传播异象。

2. 规划缺失

作为品牌传播的重要构成之一，内部传播并非简单地通过编制内部刊物、建设企业网站就能够顺利进行。内部传播目的之实现，要求从整个组织的品牌化经营战略出发，围绕制度、文化、环境等多个方面进行全面的策略规划、文本撰写，以及持续的宣传、执行和评估。运作之首要者，当是展开全面的内部传播规划。2003 年初，米其林公司发布了"米其林绩效与责任宪章"，回顾并精确地定义了米其林的核心价值观——尊重客户、尊重他人、尊重股东、尊重环境、尊重事实。这一宪章定义了品牌愿景，规定了如何将价值观应用到实际工作中的原则和方法，指出米其林经营业绩的衡量指标既包括经济绩效，也包括员工的运作，这些都要与公司的价值观联系在一起，权衡利弊，审慎行事。

3. 结构失衡

如前所述，全面均衡的内部传播包括制度传播、文化传播和环境传播，它们或者从组织结构、运营机制、管理规则的层面，或者从正式的组织管道、部门管道、非正式交流管道的层面，或者从营运环境、公务设施、办公用品、特别道具的层面，为内部传播提供了制度、结构、管道、载体等多方面的保障和支援，从而使内部传播保持系统、弹性、高效的运作。但大多数组织现有的内部传播结构明显失衡，呈现出制度传播表面化、文化传播形式化、环境传播程式化的基本特征，严重削弱了内部传播效力，对于整体的品牌传播效力也产生了消极影响。

4. 内外有别

在习惯性的管理思维中，"内外有别"这一术语是被经常引用的，但在品牌传播中，这一有着保护商业机密、防止品牌受损等合理价值的术语却成为一些品牌经营者的借口，于是出现了大量品牌传播的怪现象：消费者对某一品牌的印象很好，但员工对它的评价却很差；消费者兴冲冲地参加活动，但员工却报之以冷脸；内部培训上说要以顾客利益为上，产品研发时却偷工减料；与供应商沟通时口口声声要共同分享，合约条款中却有意设置了合作陷阱……发生大量不一致的品牌传播行为的根源，就在于其品牌经营者的"内外有别"的传播理念。

5. 形式僵化

刻板的讲授、死板的训诫是提升内部传播效力的大忌。为了强化公司治理，营造组织内部良好的道德氛围，一度被丑闻缠身的美国泰科公司编写了《道德行为指南》，全面陈述公司在处理各类骚扰、利益冲突、欺诈等不当行为和遵纪守法方面的规定。该文件没有一味罗列烦琐的规范，而是用各种小故事和录像短片的形式说明该公司倡导的和反对的，指导员工行为。2003 年 5 月起，泰科召开全球性电视会议，郑重推出该指南。该公司的员工在全球数千个办公室里观看了录像片，每个人都领取了一本，并展开了深入而持久的讨论，加之公司高管进行全面的走访和推动，该指南开始得到了有效落实。

小阅读

六西格玛是企事业单位开展全面质量管理过程中实现最佳绩效的一种质量观念和方法，也是企业在新经济条件下获取竞争力和持续发展能力的一种有效经营战略。六西格玛的含义是指通过设计、监督每一道生产工序和业务流程，以最少的投入和损耗赢得最高的顾客满意度，从而增加企业的利润。六西格玛意味着每百万次动作中只有3.4个错误或故障，即合格率达到99.99966％。六西格玛与传统的质量改进方法最明显的区别在于认知方面，它是一种经营过程全面改进的方法，尽管它测量的是单位产品的缺陷和每百万次运行所存在的缺陷，但它强调在提高顾客满意度的同时降低经营成本和缩短循环周期，通过提高核心过程的运行质量，进而提升企业整体赢利能力。作为一种高度有效的业务流程设计、改进和优化技术，六西格玛已成为企业追求卓越的重要战略举措。国际上许多著名的大公司，如摩托罗拉、通用电气等，通过引进、推广六西格玛取得了极大成功。

第六节　做好金牌文案

即使在曾经笼罩在文案头顶的灵光已经迅速散失的读图时代，文案依然是品牌传播运作过程中不可或缺的角色，扮演着深化品牌认知、诠释品牌承诺、传达品牌价值、表现品牌精神、维护品牌风格等多重图画等其他表达方式所难以替代的作用。

一、文案的类别

在面向消费者的品牌传播运作中，经常使用到的文案类型包括包装文案、终端文案、广告文案、软性文案和新闻通稿五大基本类型，它们在品牌传播中承担着不同的角色和功用，也因此有着不同的撰写要求和行文法则。本节先就前述三类文案进行简要说明。

1. 包装文案

包装文案是在产品包装及其使用说明书上的说明文字，是对产品的品名、成分、功用、特点、使用步骤、特别禁忌及其他法定的产品事项的详细说明。作为向消费者进行产品说明的文案，其撰写要点是从制造厂商和专家权威的角度出发，保持文案的清晰、平实、全面、简洁，切忌夸饰性的、摘录性的文案，防止因此引发不必要的消费诉讼和品牌危机。

2. 终端文案

终端文案是在零售终端的柜台上和货架上的说明文字，是对产品的类别、优势和特点，以及服务的特点、活动内容的简要说明。在拥挤的渠道和纷杂的终端里，只有用异常简洁、近乎短语式的文案才可能引起潜在消费者的注意，引发他们继续探究的兴趣。因此，终端文案的撰写应从促销员的角色出发，采用新闻短消息的写法，或者直陈产品优势引人注意，或者委婉提出建议发人深省，与产品、陈列、图画一起向消费者发出邀约。

3. 广告文案

广告文案是在电视、报纸、刊物等媒体上的说明文字，是对产品的阐释、活动的告知或者形象的全面表述。在庞杂的传播环境中要想引起消费者注意，唯一的方法是从消费者的角色出发不拘于形，采用消费者的语言，显示消费者关心的敏感问题，在尖锐的直入人心的文字冲击下将品牌的声音传达给消费者,同时保持文案风格与品牌形象的一致性。

无论是包装文案还是终端文案,也无论是广告文案还是软性文案,首先要围绕文眼、文理、文脉和文风四种风格特性,界定目标品牌文案的基本风格特性趋向,以此指导繁杂的文案撰写,并以此审核相关文案,使之保持与品牌定位、品牌形象和品牌风格的一致性。文案风格特性四要素如图4-8所示。

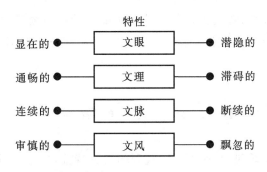

图4-8 文案风格特性四要素

二、文案撰写的法则

在品牌传播运作中,文案撰写应依从以下四大基本法则。

1. 文眼宜显

什么是文眼?在品牌传播中,文眼就是在整篇文案中显露出来的最能抓住消费者的词语或者短语,常常以标题的形式浮现出来。正是有了文眼的存在,整篇文案才有了生发铺陈的灵魂,才变得生机勃勃,才能够淹没、屏蔽掉竞争者的信息,激发消费者继续深入探究的兴趣。具体的文眼,来源于文案人员对目标品牌与主要竞争对手的竞争优势的认识,而这种优势又指向消费者决策因素中的首要决策因素或者潜在杠杆因素。经由创意性表达,文眼就浮现出来了。

2. 文理宜通

通畅的文理,就是在尊重消费者基本认识的基础上,秉持不伪饰的基本观念,使用消费者的语言说明产品价值,陈述活动利益,展示品牌形象。但在短期利益的诱惑下,可以看到很多文案根本不讲文理,或者在招商文案中肆意夸大投资收益,或者在新产品文案中摘取有利的精华片段,或者在形象文案中捏造原产地、国际机构的光环⋯⋯饮鸩止渴式的文案或许可以为始作俑者提供些许当前的利益,但对品牌经营者而言却意味着辉煌的品牌愿景将永远只是幻象而已。

3. 文脉宜续

品牌的精神流动于文字之上,品牌的风格延展于文字之间,于品牌传播而言,文案不仅是理念、价值、理解、认同的载体,也是品牌精神和品牌风格的传达物。在品牌传播的旗帜下,文案无论长短,文风无论雅俗,其中的文脉却应该是一脉相承的。目标品牌的文脉,既需要接受特定事业领域潜在规则的约束,也来自目标品牌的历史故事、价值定位、品牌愿景及基本的经营理念。在文案撰写过程中,必须依从延续文脉的基本要求。

4. 文风宜慎

不同的传播目的要求有不同的文案写法,但这并不意味着目标品牌的文风应该随意游走、飘忽不定。定位清晰、愿景明了的品牌同时意味着已经确立起明晰的风格要素和一致的风格特性,在后继的文案撰写中自然应该选择与品牌风格同向的基本文风,维护品牌形象的整体性和品牌风格的一致性。由此认识出发,高科技领域的国际品牌的文风就应该始终坚持穿越疆域的国际语言,拥有宏大的视野和气势,普遍消费领域的本土品牌的文风就应该不断透露浓厚的本土色彩,显示成长的激情和活力……若文风错位,不仅容易导致当前传播效力不佳,更会连累到品牌形象的建立和维护效力。

第七节　炒作与造势

从词源分析,"炒作"有暴烈、快速、利己、现利的行为特征,属于一种战术性的传播方法。在这里,"炒作"一词并无贬义。作为一种特别的事件传播形式,炒作往往通过制造、扩大一些具有明显差别价值、容易吸引公众广泛注意的事件,借助媒体的报道迅速引起公众注意,快速提高知名度,营造有利于自己的声势和舆论,传递有利于自身的信息,从而有效打击竞争对手,获得较高的传播效力。

一、炒作的价值

在炒作的发起者中,我们既可以看到市场领导者的身影,也可以见到竞争者的身影,还可以发现"初生牛犊"。由于品牌地位的不同,不同品牌的炒作目的也是不同的。归结之,炒作有以下六种基本价值。

1. 迅速提高知名度

入市初期的品牌,最为紧要的是快速提高品牌知名度,而要实现这一目标,要么需要投入巨资进行广告轰炸,要么需要发掘或者营造投入成本相对低的事件进行新闻炒作。在广告投放资源有限的情况下,品牌经营者就开始根据自己的差别化优势寻找特别的事件原型,并利用出乎意料的方式把它表现出来,从而获得大量的媒体曝光机会,产生眼球效应。

2. 强化优势认知

令大多数品牌经营者苦恼的是,自己的产品具有明显的差异性价值,但消费者感受不到,或者自己的服务已经升级换代,但消费者远未知晓。如何强化和更新目标消费者的品牌认知呢?炒作显然是一条捷径。农夫山泉在入市之初,为了突破同质化竞争的重围,就通过宣传"天然水"概念而构建起自己与普通纯净饮用水的品牌区别。波司登羽绒服升级换代时,及时利用了"鸭鹅大战",迅速将有利于自己的信息传递给分销商、零售商和目标消费者,巩固了自己的领导地位。

3. 迅速扭转消费观念

面对强有力的市场领导者,后来的竞争者常常喜欢抓住领导者的软肋制造新闻事件,扭转消费者的固有观念。葡萄酒市场的竞争更多是基于产地资源和文化资源的竞争,以 2003 年因某品牌制造商进口葡萄原酒泄漏事件为契机,以新疆为代表的新兴的西部产区和以烟台为代表的传统的东部产区开始大力宣传,西部酒业宣传新疆、法国波尔多和美国加州是世界公认的三大葡萄酒产区,而东部酒业则宣传地中海气候是最适合葡萄生长的。

4. 积极阻击竞争者

进攻是最好的防守,面对强大的竞争压力,市场领导者常常会利用自己的资源优势进行炒作,掌握市场主动权,保护自己的市场地位。例如,面对即时通信市场的激烈竞争,腾讯微信作为市场领导者,采取了积极阻击竞争者的策略。2017年,微信在其核心市场推出了"小程序+支付"的创新功能战略,以进一步巩固其市场地位。其支持条件有三:一是市面上存在多款功能类似的即时通信应用,但用户体验和生态系统完善度不及微信;二是监管部门对互联网平台的合规性要求日益严格,微信凭借其强大的合规能力和用户基础,更容易获得政策支持;三是微信作为腾讯旗下的明星产品,拥有庞大的研发团队和丰富的资源,能够快速响应市场变化,推出创新功能。通过这一战略,微信不仅提升了用户体验,还进一步拓展了其支付和生态系统,成功抵挡了竞争者的进攻,巩固了其在即时通信市场的领先地位。

5. 提高议价能力

无论是新品入市,还是老牌再造,都需要争取最佳的供应资源、分销资源、服务资源和其他合作资源,才可能建构起自己的相对竞争优势。但如何在合作洽谈中获得更高的议价能力呢?炒作与造势显然是不可或缺的。革命性创新成果的有限披露,关于市场前景的权威预测,合作进程和接洽现场的适时播放……凡此种种看似不起眼的炒作却可以吸引潜在合作者的眼球,提高他们的合作兴趣,促使他们降低合作条件。

6. 支持院外游说

举例来说,面对不利的成本竞争劣势和转基因进口大豆的冲击,东北大豆应当如何应对?我们提出的建议是四点:一是种子优化,培育、改良和推广含油高的品种,适应大豆加工市场的需求;二是产地机械化,提高机械化规模种植比例,形成强势产区;三是推进转基因产品标识管理,阻击进口转基因大豆;四是联合下游加工商推广"东北大豆"原产地品牌,突出自己的非转基因特征,形成消费者的购买偏好,变劣势为优势。

由上述说明可以看出,出色的炒作遵从这样一些基本运作法则:实事求是,理有所依,市有所需,自有所借,克制自己,不伤自身。

二、炒作的方法

如图4-9所示,常见的炒作方法包括以下六种基本方法。

1. 揭示行业黑幕

从消费者利益出发,结合自身资源优势,揭示行业潜规则,不仅容易激发媒体跟踪报道的兴趣,也可以有效构建差异化的品牌形象,提升品牌偏好。作为空调市场的后来者,奥克斯公司于2002年推出"成本白皮书",大揭空调价格虚高的内幕,同时宣布10款主力机型全线降价,2003年又推出"技术白皮书",揭示空调高科技的面纱,为自己的"优质平价空调"助威。在对高价品牌的连续打击中,奥克斯迅即晋升主流品牌方阵。

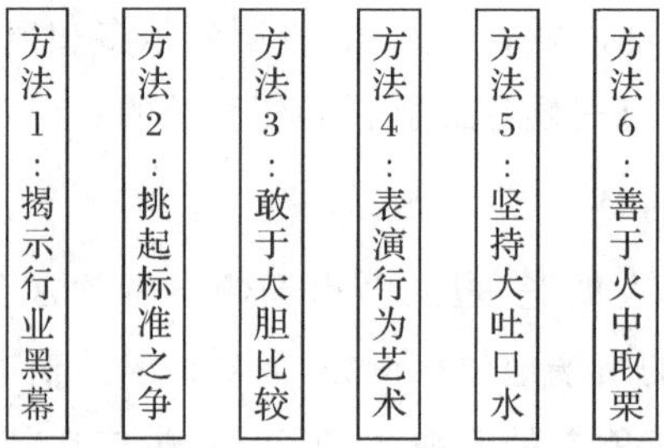

| 方法1:揭示行业黑幕 | 方法2:挑起标准之争 | 方法3:敢于大胆比较 | 方法4:表演行为艺术 | 方法5:坚持大吐口水 | 方法6:善于火中取栗 |

图 4-9 炒作的 6 种方法

2. 挑起标准之争

从消费者利益出发,因应消费需求、行业趋向及国际市场趋势等方面的要求,推进旧有的行业标准升级换代,虽然容易引起"公愤",但却是切实维护行业利益、推进行业进步、赢得消费者青睐的必然选择。光明乳业于 2002 年公开承诺推行"无抗奶",达到牛奶不含抗生素的国际标准,积极推广"无抗奶"概念和宣传有关知识。这一举动虽然遭到中小业者以影响行业发展为名的质疑,但却受到广大消费者的一致欢迎。

3. 敢于大胆比较

所谓比较,要么是产地比较,要么是品质比较,要么是地位比较,但其运作要点显然是以己之长攻人之短,以便显露自己的差异化价值。从保暖内衣市场向羽绒服市场延伸的北极绒,紧紧抓住"鹅绒比鸭绒好"(与鸭绒相比较而言,鹅绒的绒朵大,中空度高,蓬松性好,回弹性优异,保暖性更强,而且没有腥臊味,绿色环保)这一公开的行业秘密,于 2001 年采用了差异化的鹅绒奇袭羽绒市场,以"鸭鹅之争"不仅迅即确立了自己的品牌地位,更改变了整个羽绒行业的格局。

4. 表演行为艺术

行为艺术的表演者,可以是公众明星,可以是企业中人,可以是潜在顾客,但他们的行为表现一定称得上是标准的行为艺术,因为他们在用一种难以理喻、实则发人深省的表现方式展示产品价值的同时,有力地冲击着传统的价值观念,十分容易摄取公众的眼球,引发媒体争议。于是,就有彩绘模特坐橱窗、网络化生存大挑战、韩国整容师操刀中国内地第一例人造美女等一系列事件的诞生。

5. 坚持大吐口水

面对竞争对手的大肆炒作,如果市场领导者无法置身事外,应该如何反应?适应它,反击它,利用它。因为市场领导者对热点问题的看法和做法具有新闻价值,更容易引起媒体的广泛报道,吸引公众讨论和参与,也容易因此将社会舆论导向有利于自己的方向。2000 年,在"农夫山泉"依托其"千岛湖源头活水"的水源优势,向媒体宣布喝天然水更有益于身体健康的紧急情势下,"娃哈哈"引领众纯净水品牌就很快发起了有针对性的反击。

6. 善于火中取栗

在整个行业、部分区域市场或者市场领导者遭遇普遍的公众信任危机甚至是严重的退市危机时,作为其中的一分子应该如何应对?必须大胆向媒体和公众及时反复地称述自己的清白,敏捷地占领空出来的市场。2000年11月中美史克PPA事件发生后,"康泰克"等强势品牌的被迫退市,留出巨大的市场真空,"感康""白加黑""三九感冒灵"等品牌就迅速以"不含PPA"为卖点抢占突然空出来的感冒药市场。

三、品牌炒作的方法

品牌炒作的方法如图4-10所示,基本的炒作流程包括以下七个步骤。

1. 发现炒点

发现有价值的炒点,炒作就成功了一半。富有潜质的炒点的特征包括与公众利益相关、容易引起争论、与特点时事合拍、有新闻价值等。这些炒点,有的需要揭露,比如行业潜规则;有的需要聚焦,比如产品优势;有的需要等待,比如社会热点。

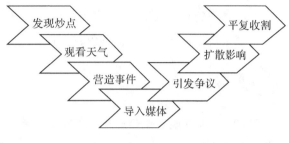

图4-10 品牌炒作七步法

2. 观看天气

有了基本的炒点并不意味着就可以开始炒作了,相反还需要对这些炒点进行全面评估,从中遴选出性价比最佳的可以撬动的炒点。由于不同的炒点有不同的炒作内容、价值取向、运作风格、延续时间,需要从整合品牌传播的角度系统地予以分析,而不仅仅是追求一时的炒作快感。

3. 营造事件

面对既定的炒点,需要依从基本的新闻事件要求,从敏感人物、敏感商品、敏感话题等方面系统周密地安排每一个运作环节,保持运作的流畅性和整合性,并选择恰当的时间和方式全面启动。视炒点类型和炒作目的之不同,启动方式可以分别选取广告告示、现场表演、独家专访、新闻发布会等。

4. 导入媒体

在进行炒作时,从炒作事件中提炼精当的主题是发掘该次事件的新闻价值、提高媒体报道量、维护恰当的报道方向最为重要的运作之一。只有具有高度专业性的事件标题,才有可能吸引新闻媒体从事件导入期就开始密切关注,并提供足够大的版面和报道时间。

5. 引发争议

没有广泛的争议就没有成功的炒作,为此,炒作者必须有效承接炒作起点,从多个角度不断爆料,持续推进事件进程,在短时间内引起社会公众、政府主管、主要竞争者等利益关系人的普遍关注和广泛争议。需要提醒的是,炒作者必须即时监控运作流程,保证争议方向与自己的预期相一致。在引起争议的过程中,炒作者应注意通过及时的监测和主动的沟通,正确处理不利报道,控制负面传播的数量和范围。

6. 扩散影响

在已经赢得高度的关注和广泛认知的基础上,炒作者依然应该充分利用已经生成的新闻资料和其他成果，通过补充、回应等方式增添一些新的炒作点，有计划有目标地扩大报道的广度和深度，扩散事件影响。光明乳业在"无抗奶"概念深入人心之时，就通过引进防奶牛乳腺炎的疫苗减少抗生素用量，降低奶制品中的抗生素残留的方式，有效履行了"无抗奶"承诺，进一步扩大了该事件的市场影响力。

7. 平复收割

文章有起承转合，炒作也同样如此。在炒作的收尾阶段，可以从推出新产品、发布新宣言、推出新广告、委托综合评述等方式对整个事件进行总结，淡化可能存在的负面印象，固化社会公众对于该次炒作的正面认知，实现完美收场。在这一阶段，当然应该从品牌收益、财务收益等多个方面对整个炒作运作进行全面的效益评估。

1970年，正当威尔士亲王出席东京国际展览会之际，索尼公司在英国大使馆威尔士亲王的下榻处安装了索尼电视。这样，索尼便与威尔士亲王建立了某种关系。后来，亲王在一次招待酒会的致词中还特意向索尼表示了感谢，并邀请索尼公司去英国投资建厂。从那以后，在威尔士商务发展委员会的许多文件里可以看到，威尔士与索尼的合作一直很愉快。

第八节　拓展品牌传播新空间

品牌的价值在很多地方为终端消费品制造商所认识，所以品牌传播也更多地发生在这一领域，但随着各行各业竞争压力的加大，品牌的建设和传播已经突破原有的限域，进入到工业品领域，也开始突破传统的产品品牌、企业品牌的限域，进入到原产地品牌、新行业品牌、行业联盟品牌、城市品牌、非营利组织和本土品牌国际化等新的传播领域。品牌传播的新空间豁然开朗，也为品牌传播的创新提供了可能性。

1. 原产地品牌推广提速

随着国家原产地保护政策的实施，自然山水和历史人文孕育的大量特殊产品，如茅台、杭白菊、西湖龙井……正在建立起严格的准入制度和认证体系，相关的品牌传播正在起步之中。与其他类型的品牌相比，原产地品牌传播习惯性依赖于在获得许可的制造商的产品包装上的认证标志，独立的品牌传播还存在缺位现象，消费者认知模糊，这就给原产地产品被盗用提供了很大的空间。

"沧海月明珠有泪，蓝田日暖玉生烟。"作为中国四大名玉之一，陕西蓝田玉一向以色泽佳、花纹奇称誉世间，2001年4月更取得原产地域保护标志，但蓝田玉如何获得应有的市场礼遇呢？素来就有"天上取样人间织"的南京云锦，织造工艺独特，具有挑花结木、通经继纬、夹金织银等特点，织物金碧辉煌，雍容华贵，曾为皇室贡品，如今又如何重放异彩呢？仅仅取得原产地保护标志显然是远远不够的，更为重要的是结合现代市场需求特征，在调整产品结构、优化产品设计的同时加大品牌推广力度，使之晋级为中国风格的奢华品牌行列。

2. 新行业品牌推广提速

这里所谓的"新行业"是相对运用品牌传播较早较广泛的快速消费品行业而言的。随着众多行业市场的开,大量原本不重视品牌建设的行业领域开始展现出打造品牌的无限热情,其中尤以一些成长性行业为代表,如农业、教育、传媒、地产、旅游等。新的行业领域的特殊性,决定了它们对于品牌传播有着与传统行业完全不同的要求,加之实践成果的不断积累,推进着品牌传播生态的多元化进程。

美国加州西梅协会是一个由 14 位种植业者、7 家包装厂、1 位公众代表以及 1 位专业的行政人员所组成的自主管理的非营利组织。这一协会的宗旨是在加州农业部的指导下负责管理加州西梅的市场推广,并制定和执行各种广告宣传、产品推广、市场研究及培训指导。一份由该协会编制的《美国加州西梅采购指南》的目录是这样的:西梅的定义和历史;西梅的生长、收获和加工;西梅的采购指南;西梅的加工和分类;罐装西梅和西梅丁的采购指南;西梅糕、西梅酱、西梅脯及西梅粉;西梅汁和西梅浓缩汁;西梅的营养成分和对人类健康的益处;等等。

3. 行业联盟品牌推广提速

在激烈的竞争压力下,同行之间加大合纵连横力度,共同研发、共同采购、共同营销、共同传播、共同保护的现象日益普遍。从深邃蔚蓝的天空到灯火辉煌的酒店,从旅游休闲到文化娱乐,从行业用户市场到个人用品市场,越来越多的联盟品牌通过水平联盟、垂直联盟或者混合联盟的方式涌现出来,以期在改善当前业绩表现的同时,稳固提升自己的市场竞争力。

在蓝色的天空中,以寰宇之家和星空联盟为代表的航空联盟正在全面覆盖空中客运市场,联盟伙伴们通过代码共享、航线共享、机场设施共享等方式有效地节约了营运开支,提高了资源利用率,经营收益得以稳定提升,经营风险显著降低。在蓝色的天空下,我们还可以看到这样一些陌生而矫健的身影。Aeroxchange 是什么?它是由国泰航空、新加坡航空、日本航空、枫叶航空、美国西部航空、联邦快递、德国汉莎、西北航空、新西兰航空、奥地利航空、荷兰航空等公司联合组成的电子交易中心。Zuji 是什么?它是由国泰航空、澳大利亚航空、皇家文莱航空、新加坡航空、新西兰航空、澳洲安捷航空等公司组成的亚太旅游门户网站。

4. 城市品牌传播提速

品牌的力量不仅仅体现在产品和企业上,也体现在城市、区域和国家等更大的主体上。就城市而言,我们既可以看到"亚洲都会,动感之都"的香港,也可以看到"水天堂,梦工厂"的苏州,城市品牌传播正在与新一轮的城市规划热一起牵动着城市管理者和市民们的心弦。伴随 2009 年世界城市论坛的召开,世界各地锐意革新的国家与市政府领导正在明确城市形象定位,制定城市形象传播策略,以建立起差异性的城市形象,改善政府管理形象,提高市民和其他利益关系人的满意度,提高城市对相关运营资源的吸附和聚合能力,特别是招商引资能力,调高城市竞争力排序,保证城市的可持续性发展。与此相类似,国家品牌塑造工程已经在许多国家开展了,如英国政府,它在国际社会和国内政治的重压下,推出了题为"创意英国"的全球推广活动,试图摆脱由赛马、雾都伦敦和绅士等元素构成的国家形象,塑造出充满活力的新英国形象。

5. 非营利组织品牌推广提速

在中国经济市场化转型的过程中,"小政府,大社会"的宏观管理导向使得非营利组织必须肩负起更为重大的社会责任,也对这些组织的管理者提出了更高的品牌推广和管理要求。但是,与中国蓬勃发展的商业组织品牌推广相比,非营利组织品牌推广却显得异常落寞和孤寂,只有少数组织的运作可圈可点,但若与海外的非营利组织的运作相比较,依然有着相当大的差距。

在需要非营利组织更为广泛、有效地解决众多社会问题的时代背景下,非营利组织应该在专业服务商的协助下提高自己的品牌推广和管理能力,为自己赢得更多的运作资源,全面提升自己的运作质量。它们首先必须抛弃非营利组织不需要品牌经营的旧观念,明晰自己必须通过系统持续的品牌推广提升知名度,深化公众认知,获得社会公众的广泛认同,同时还必须经过整合设计的品牌履行自己的品牌承诺,给予代理人、受益人和组织员工全面强烈的品牌体验,使之协同运作,合力推进组织目标的实现。

6. 本土品牌国际化推广提速

经过数十年的积累后,本土品牌国际化进程正在加快,以突破本土市场,真正加入国际市场竞争的洪流中,向成为国际品牌的目标前进。在这一新的发展要求驱动下,不少在本地市场已经卓有成效的品牌,已经开始从品牌识别、产品策略和传播策略等方面进行重组和调适。联想的换标、明基的分立、TCL的收购可以视为本土品牌国际化推广进程的揭幕。这对企业管理团队及其服务机构提出了更高的要求,能适应这一大变局者将获得长足的发展。

品牌国际化经营若要取得真正的进展,恐怕需要放弃在国内市场打拼的习惯性思维,扎扎实实从战略规划准备、产品研发与设计、整合品牌推广和组织运营支援等多个方面循序渐进地予以推进。韩国三星在国际市场的快速崛起,首先得益于其管理层对数字消费时代的审慎把握以及在此基础上做出以数字技术为中心、转向自有品牌建设的战略决策;其次得益于它在产品研发和设计上以数码引领全线产品,坚持锁定索尼寻求突破和创新,实现"出彩、简约、全面"的产品价值承诺;再次得益于它在品牌推广上坚持启用体育营销的利器,通过一次次的全球性推广活动向年轻、富有、时尚的新兴中产阶级传达"惊叹、简单、亲和力"的品牌理念。

什么样的品牌适合企业收购?如何操作品牌收购?这是一个理性的思考与决策过程,品牌收购是战略思想指导下的理性行为。品牌作为"猎物"是否可口,这要考虑很多因素,而不是把猎物"生吞活剥",结果导致梗阻。2000年以来,雅诗兰黛在世界各地连连发起品牌收购,旗下18个品牌中有13个是通过收购获得的。其全球总裁连翰墨依然认为,品牌收购是一件很谨慎的事情。他说:"我们只收购对公司具有战略意义的品牌,收购的品牌必须与公司现有品牌形成互补而不是相互削弱的关系,并给公司带来独特的商业机会。"

思考题

1. 大众传播的困境有哪些?如何解决?

2. 简述品牌整合传播模型。
3. 试举例分别说明消费传播、合作传播、内部传播的方法和原则。
4. 如何书写传播文案？有哪些具体要求？
5. 炒作的好处有哪些？

第五章 品牌整合营销

学习提要

通过本章学习,要了解营销渠道的几大变局和品牌整合营销模型,重点掌握市场开发策略、产品营销、渠道营销、终端营销等相关几种方法,难点在于如何掌握招商管理、大卖场管理及品牌营销新的发展趋势。

提到市场竞争,人们会说竞争是与对手展开的全方位的较量,有产品的竞争、渠道的竞争、形象的竞争、组织的竞争。但是,试想一下,有几个品牌在其策略规划和实际经营过程中真正贯彻了全方位竞争这一常识呢?有专项研究指出,在欧美制造商的利润贡献表中,产品占12%,品牌占38%,而分销网络的贡献则高达50%。分销网络的高贡献率,恰如其分地说明了网络建设的重要性。作为市场推广力的重要组成部分,有效的分销和零售网络不仅可以使目标消费者便利地共享降低的供应成本,保持目标品牌对市场需求的灵敏反应,增强品牌竞争力,及时发现和解决品牌危机,防止品牌形象受损。

本章在对渠道变局全景扫描的基础上,分别对品牌营销中的重大问题,即产品策略、价格策略、市场开发策略以及渠道和终端的建设、管理和促进等分别予以详细的阐述。之后,围绕困扰品牌经营者的招商管理、大卖场建设与管理问题展开深入探讨。最后,得出品牌营销新的发展趋势。

第一节 营销渠道的七大变局

虽然"网络是金,终端为王"依然被众多的品牌经营者奉若神明,但以21世纪初期为分水岭,回望过去中国市场的渠道变迁,我们可以看到渠道格局已经发生了极大的变化。而这些变化,深刻地影响着消费行为,影响着制造商、分销商和零售商的砍价能力和市场地位,影响着品牌竞争格局,影响着品牌营销和传播策略。

1. 传统业态没落,新兴业态强势崛起

所谓新兴业态,是指大卖场、连锁超市、专卖店和便利店等四种现代主流业态。在中国零售市场不断开放的过程中,不仅外来零售品牌获得了空前的发展和极大的品牌声誉,也同时使本土零售业者获得了学习、借鉴、创新和同台竞技的机会。在中国零售市场全面开放之际,国际品牌摆脱政策限制后开始加速度扩张,本土零售品牌正在感受着前所未有的竞争压力。

就四种主流的新兴业态而言,大卖场和连锁超市领域的竞争已经由先前的跑马圈地进入到战略相持阶段,本土零售品牌正在受到更大的竞争挤压。相信在这一战略相持阶段,品牌之间的并购案将会大幅度增加,以便应对"郁闷而漫长的夏季";连锁超市仍然拥有足够的发展空间,相对大卖场而言,在广大的中小城市里,连锁超市具有更大的发展可能性,超大规模的连锁超市将会在中国的三大经济带(以广深为中心的华南经济圈,以沪苏杭为中心的华东经济圈,以京津唐为中心的华北经济圈)现身,其分店数量将远远突破限制。现今的专卖店发展明显不足,除了家电、家居、医药和餐饮等少数几个领域有一定的表现外,更多的领域内依然看不到像屈臣氏那样强有力的专卖店,这一业态的发展空间巨大,其未来的参与主力,一是品牌制造商发展自有的专卖店系统,二是战略投资者强势进入值得发展的细分市场,如个人护理用品、玩具和鲜花等主题店铺。便利店以其深入社区和便利服务而独立其他三大业态之外,但其市场潜力远未发挥出来,仅仅在高端市场有知名品牌,在中低端市场还欠缺有效的市场整合。展望未来业态之间的此消彼长,有两个趋势值得重点关注和评估:一是高端零售品牌的跨业态竞争将带来的新冲击;二是零售业内部的并购风潮将带来新影响。

2. 专业市场由原来的单级分布转变为双极分布,由原来的固化分布转变为流动分布

在2000年之前的20余年,零售业基本处于由计划经济时代向市场经济时代的转型期,制造商处于生产导向管理时期,零售业相对落后,区域分布特征鲜明的专业批发市场有效地架构起了制造商和零售商之间的桥梁,也因此迎来了自己的黄金发展时代。但在2000年前后,市场供应的过剩化,制造商营销意识的觉醒,零售业的快速现代化,使这些区域性专业市场的发展陷入了低谷期。但与此形成鲜明对照的是,因为区域产业结构的调整和优化,在产品供应地又形成了新的专业市场群,如东莞虎门服装批发市场、顺德家具批发市场、浙江义乌小商品城、海宁皮革城等,它们以强大的产地化、集群化供应优势和相对的成本竞争优势赢得了市场的欢迎,驱使专业市场由原来的单极分布向双极分布转型。

专业市场的另一种转型是在传统的固化分布外,流动分布的专业市场(更常用的说法是专业展会)的蓬勃发展。从其主要功能的实质来看,专业展会其实是一种流动的专业市场,如在化妆品行业,既有广州兴发市场、浙江义乌市场等固化的专业市场,又有上海美博会、广州美博会和武汉美博会等流动的专业市场。它们之间最大的差异是,前者更多是以分销商为主体;它们之间最大的相同点是,品牌意识弱,主动的品牌建设运作罕见,这也给它们的发展带来了极大的隐忧。

3. 传统分销商两极分化

传统的分销商包括三大组成部分:一是国有的面向城市的商业系统,以糖烟酒公司系统为代表;二是国有的深入乡镇的商业系统,以供销社系统为代表;三是遍布各地的专业市场,以武汉汉正街为代表。其中,尤以专业市场的分销商最具有代表性。虽然分销业在中国市场经济的发展中有相当大的贡献,但由于在分销业发展的早期,要么是行政命令性的排他性专营,要么进入门槛极低,其构成主体或受制于体制约束,普遍僵化保守,缺乏危机变革意识和应对能力,或者素质普遍低下,多为家族管理体制,缺乏现代分销意识,致使它们没有像零售商那样拥有与其相应的社会地位和声誉。如"大户毒瘤"这一明显带有贬斥性的词语,虽然更多的是一些品牌制造商对于一些分销大户破坏性分销行为的不满之词,但这一词语的广泛流传,特别是在品牌制造商中间的广泛流传,也从另一方面说明了分销业者的尴尬处境。品牌的成长,既有制造商的贡献,也凝聚着分销商的心血,但是在品牌发展为强势品牌后,品牌制造商就要求分销商与其一起实现管理转型,方便自己进行延伸管理,以适应品牌成长的需要。如若制造商成功转型,而分销商却停留在原地,议价能力已经显著提升的品牌制造商必然施以杀手,抛出"杀大户"的极端运作计划,如通过缩小其分销区域、盘剥分销利润、新品不进入分销清单等挤压性的经营政策,使分销商不断被边缘化,直至被完全清盘出局。

市场供应的过剩化、品牌制造商向扁平化努力和零售商的强势崛起……在这样的情势挤压下,传统分销商的分化在所难免:一部分实现原始积累后间接退出,向上游的品牌制造商转型,五粮液旗下的京酒就是一个显例,或者完全退出,寻找新的事业领域;另有一部分因市场需要撤出专业市场,租用写字楼办公,直接面向零售商分销,实现向专业营销公司转型;还有更大的一部分分销商则依然留守在专业市场内,保持原有的运作习惯。在市场环境的大变迁中,不同的策略应对也昭示着分销商们不同的发展前景。

4. 在制造商、分销商和零售商之间的三角博弈中,零售商掌握话语权

渠道是金,终端为王,各种甘苦唯有品牌制造商才能真正体会,"超市黑幕"不断被媒体揭开,不但显示着终端竞争的紧张程度,更揭示出制造商和零售商合作关系近乎断裂的扭曲。话语权的转移,不仅仅意味着博弈者地位的变化,制造商、分销商的所有运作都必须充分考虑到零售商的需求,如品种供应、产品包装、价格管理和广告组合等;还意味着议价能力的变化,如零售商提出的名目繁多的费用清单,比如一次性进场费、特别陈列费、店庆费和联合宣传费等;在更深的层次上,话语权的转移是市场制空权之争,是直接的利润之争,因为零售商必会将自有产品比例放大到足够影响制造商的程度。

那么,在零售商越来越拥有绝对话语权的背景中,制造商应当如何应对呢?一方面,制造商将会进一步强化品牌建设力度,通过产品的细分和创新、形象的时尚化和个性化、无微不至的系统服务和大量持续的广告宣传等方式建立品牌,以品牌的强大磁力吸附大量消费者,以此使自己在与零售商的博弈中更为主动一些。另一方面,制造商将进一步寻求拥有独占性的专卖网络,主要的行动方案包括:自建专卖系统,完全掌握销售网络;与主要竞争品牌或者互补性品牌联建销售网络;向下游零售领域投资整合产业价值链,获得相对安全的协同运作收益;买断战略性的终端或者与主要零售商达成排他性合作关系,如"百事可乐"和"肯德基"就建立了战略性伙伴关系;开辟网上销售管道或者向无店铺销售模式转型,如戴尔、安利的直销等。

5. 市场集中度的相对提高

随着分销商的转型和零售商的强势崛起,市场集中度得以相对大幅度提高。分销市场的集中度视行业领域的不同而具有明显的两面性。在专业特征鲜明、供应有限和产品创新性高的领域,分销市场集中度高,如 IT 分销领域,就有和光、神州等大型分销商摄取着相当大的市场份额;而在供应明显过剩的常规性产品领域,分销市场的集中度相对低下,如在普通的食品饮料领域,其分销市场集中度就很低。相对分销市场集中度的差别,零售市场集中度的表现恰恰相反,在创新性产品领域,零售市场集中度相对较低,而在常规性产品领域,零售市场集中度相对较高。其中以国际品牌的高速扩张最为引人注目。比如"家乐福",该集团旗下的家乐福大卖场、冠军生鲜标准超市和迪亚折扣店三大业态在中国市场已经完全亮相,这标志着原来泾渭分明的零售业态竞争正在进入复合竞争的新阶段。

对于品牌制造商而言,市场集中度的提高有着怎样的影响呢? 负面的影响是自身议价能力的相对下降,强势的分销商、零售商议价能力提高,合作门槛加高;而正面的影响则是使品牌经营者从原本散乱繁杂的渠道中抽身出来,集中精力和资源进行重点建设,培育明星产区,改善品牌形象。渠道角度的市场集中度的提高,要求品牌经营者在制定营销策略时,必须注意对于战略性的分销网络和战略性终端的管理和控制,即使是成本高昂。经由这样的运作保证,主要有以下优点:一是提高品牌的可见度,保证品牌晋升到主流品牌群中;二是通过倾斜性的支持政策,这些战略性分销点或零售终端会成为黄金产区,保证市场业绩。在强势品牌的大力围剿中,一些弱势品牌的经营者通过设立大客户管理部,有选择地进入新兴的大卖场和连锁超市,使自己成功地由一个渠道分销品牌转型为一个超市零售品牌,从而获得持续的收益,稳住了慌乱退缩的阵脚,争取到了继续参与竞争的机会。

6. 渠道的扁平化

在通常的理解中,一般都会把渠道的扁平化视作品牌经营者出于自身发展战略和管理模式角度的封闭性考虑,而它在更大程度上是内生性需求与外生性条件相碰撞的结晶。与传统过长的渠道相比较,渠道扁平化却意味着不同的价值、收益及对其行动策略的影响。

实现渠道的扁平化,原本是品牌制造商在供应过剩的竞争环境中降低流通费用、贴近消费者、为消费者提供定制化服务和实现快速反应的内生性需求,但由于渠道的大变革(如新兴业态的兴起、专业分销商的成型及其零售化、零售商的规模化扩张、市场集中度的提升等)而得到了适合的发育土壤。这是品牌制造商在渠道扁平化中获得的收益。品牌经营者必须适应这样的渠道变局,如果仅仅将渠道扁平化视为独立于渠道之外的自身策略选择,则会使其渠道设计脱离实际的渠道环境,造成品牌的不适应,严重者会被迫退场。对于专业的分销商来讲,渠道扁平化虽然给自己带来了极大的生存压力,但在这种压力之下分销商开始被迫转型,一方面通过减少二级分销层次,更直接面向零售商,为它们提供诸如快速进场、规范上架、陈列优化、销售分析和市场监测等多种增值服务,从而给自己创造出新的分销利润区。对于零售商而言,渠道扁平化则意味着可以更多地获得制造商的第一手信息和更多的终端推广支持,提高自己的吸客能力和服务竞争力,意味着它可以享有与制造商更直接的沟通、协调的机会,吸收制造商的推广经验,从而优化零售空间,提高单位零售面积的利润贡献率。

7. 管理的现代化

在传统的渠道管理中,从制造商到分销商,从分销商到零售商,其管理是封闭的自我管理,大多割裂了应保持连续性的管理价值链,也因此难以得到协同管理的收益。在这样的封闭式管理背景下,制造商无法从渠道中及时得到自己的新品销售信息和推广效果反馈,只能依靠对消费者的研究获得相关信息,影响决策效率,也无法及时获知产品销售情况,只能依从经验判断设置安全库存量,从而提高了产品成本,降低了灵活反应速度。同样地,在零售商那一端,弱小的零售商受到销售规模的限制,不可能在销售信息收集、零售价值分析等方面做系统的设备投资和人才培育,即使有一些粗浅的销售分析也仅仅供内部采购部门参考使用,不可能提供给上游的制造商及其分销商,当其面临恶性竞争时,就会单方面采取价格战策略予以回应,损害上游从业者的利益,导致客户关系不断恶化,供应链趋于紧张。

但在新的市场发展阶段,由于新业态的兴起和角力各方的资金实力和管理水平的提高,管理现代化已经成为渠道大变局中的又一引人注目的亮点,信息收集的即时性、信息成果的共享化、产品开发的定制化和零售管理的协同化成为渠道管理现代化的主要特征。即时的信息收集、回流及共享,可以为零售商的产品组合优化提供有信服力的依据。上游的品牌制造商亦可以通过这样的延伸管理模式管理自己的品牌形象,并为零售商提供定制化产品,提高产品的适销对路性,改善自己和零售商的收益,使双方的合作实现双赢。而下游的零售商亦可以因此获得更具竞争力的产品供应,及时获得制造商或者分销商的销售促进支持,使自己的单位零售面积产出保持在一个合理的水平上,防止业绩的大幅度波动。经由以上的分析可以得知,渠道管理的现代化与渠道建设的扁平化既是制造商或者下游分销商、零售商的内生性需求,又是渠道变局中必然出现的一种市场现实。无论处于供应链上的哪一个节点,也无论是着眼于当前收益的产品营销,还是志在长远收益的品牌营销,企业高管都必须对渠道的大变局予以有效响应。

 **小阅读**

杭州政府出资为著名景观和百年老店注册商标

"清河坊""城隍阁""万松书院"……日前,杭州上城区商贸旅游局将一批杭州的著名景观与百年老店注册成了商标。有关负责人表示,希望通过此举加强对这些老字号和老景点商标和知识产权的保护。

杭州市上城区商贸旅游局招商办主任介绍说,杭州市特别是上城区历史人文积淀深厚,到处都是"老字号""百年老店"和著名人文景观。几年前,知名百年老店"西乐园"的商标一夜之间被他人恶意抢注,引发了社会各界的关注,一些人大代表呼吁,应该通过抢注商标等有效手段,对这些著名景观和老字号给予及时保护。

听取了人大代表的建议之后,一项名为"百年老店、著名景观保护性注册"的工程随后展开。"3年来,我们共投入30多万元资金,涉及2000多种产品类别,注册了清河坊、城隍阁、大井巷、糖人朱、相国井等136个商标。现在,这些注册商标已经被我们无偿交付给老字号。"据悉,在对百年老店进行保护性商标注册的基础上,该机构目前又将工作重心转移到对辖区著名景观的保护性商标注册上来。

第二节　品牌整合营销模型概述

作为品牌推广的重要构成之一,品牌营销策略是在品牌发展战略的指导下,接受品牌环境条件和市场竞争情境的约束,对市场开发、产品供应、网络建设、销售管理与销售促进等各类别运作的系统整合,从而保证营销投入具有良好的动销性和持续的累积产出性,使品牌价值得以持续提升。

一、品牌营销的特质

与产品营销相比,品牌营销具有以下基本特质。

1. 关注消费者的收益

产品营销关注的是制造商的收益,并以此为出发点设计渠道和终端,以获得自己的最佳投资回报,至于是不是方便目标消费者选购,或者消费者的选购成本是否适当,并不在产品营销者的考虑范围。品牌营销则不同,它关注的首先是消费者的利益,从消费者的选购方便性、选购成本及其他选购需求安排自己的渠道结构,从而有效地满足目标消费者的需求,获得他们的钟爱,由此也获得自身的持续发展。正是由于对消费者利益的强烈关注,品牌营销不像产品营销一样起始于现成的产品,而是起始于对消费者需求的了解和持续不断的满足。

2. 承载品牌的核心价值

如果说品牌传播是对品牌核心价值的传递,那么品牌营销则是对品牌核心价值的承载。从产品更新速度的精心编排到产品价格的不断调整,从分销层级的选择到零售空间的管理,我们都可以看出营销运作是如何有效持续地承载着目标品牌核心价值的。以中国的移动通信市场为例,当市场需求由简单的通话业务需求向多样化的彩信、彩铃、上网等增值性业务需求转向时,营业厅应该做如何调整呢?其中一家运营商提出的基本策略是进行体验式服务,从店面的名称、店面的设计到店面的服务及其人员的表现都应该围绕"体验"的核心概念展开,从而创造出与主要竞争者完全不一样的服务空间,并经由差异化的空间酝酿品牌的张力,形成对目标消费者的强力吸引。

3. 营销渠道的复合性

产品营销者很少对营销渠道做出明晰的设计,最终的渠道结构要么单薄化,无法充分释放自身产品的市场能量,要么没有任何限制,任由其自然发展,导致分销和零售行为混乱,消费者无从辨识。品牌营销则十分注重从满足消费者需求、提升竞争对抗能力的角度设计营销渠道,保证自己为消费者提供便捷的服务,也因此建构起独特的相对竞争力。当移动通信市场进入细分化竞争阶段时,低端市场成为电信运营商争夺的焦点。针对低端市场的顾客支付能力低,大多采用预付费方式的消费行为,其中的一家运营商提出了强化多店线建设的主张,在低端市场进行海量竞争的策略。

4. 有持续的动销能力

这是一个物质异常丰腴、供应相对过剩的消费时代,在这样的时代里,产品营销可以凭借一时的产品创新迎来消费者的青睐,但在新的跟风者、创新者的竞争中很快归于沉寂。品牌营销则由于对消费者需求的持续理解及相应的营销分解,可以在众多产品的围追堵截中前行。在广告投入资源丰沛的情况下,产品营销的效果似乎还不错,但如若广告投入极其有限,品牌营销的动销能力就会令产品营销者羡慕不已。做成彩色的巧克力豆、随心而变的冰淇淋和只在药店有售的洗发水等,都是在同质化的产品世界中通过品牌营销有效突围的特例。

5. 有严格的接触管理

产品营销以把产品卖给经销商和零售商为旨归,围绕此一营销重点的营销组合自然会趋于短利化,或者无端地夸大经销商未来的收益,或者故意地承诺自己的市场支援,营销运作表现出斑驳陆离的景象。品牌营销则显然不同,为将自己的产品和服务通过下游合作伙伴持续地提供给目标消费者,它有着严格的接触管理系统。在特许经营市场中,洗衣业保持着对中小投资者的吸引力,"福奈特"获得了投资者的青睐。

6. 营销效力的累积性

由于对等值交换法则的不理解、不执行,使得产品营销者经常陷入年年招商年年留不住商的尴尬境地,每年不菲的营销投入除去可能的当前产出外,很难获得累积性的产出。品牌营销与产品营销完全不同,在对合作价值的正确理解中,在对消费者需求的持续响应中,品牌营销者得以与它们建立起稳定持续的合作关系,营销投入也在获得当前产出的同时,有了获得累积性产出的可能。

7. 营销资源的匹配性

营销资源的匹配性主要有两个方面的含义:一是指市场营销资源内各类别资源之间的匹配性;二是市场营销资源与产品供应资源、形象传播资源等其他资源的匹配性。营销资源是否匹配不仅关系到营销投入的当前产出效力,也直接制约着营销投入能否获得持续累积性的产出。仍然以中国的移动通信市场为例,集团用户市场的快速扩容使运营商们无不趋之若鹜,但它们对于这一市场的开发基本都停留在单薄的直销推动层级上,缺少有效的市场拉动,对于将此视为重要增收市场的运营商来说,营销资源明显的不匹配性显然制约着其营销目标的实现。

"同仁堂"商标被抢注

"同仁堂"这个传诵了300多年的老品牌,正是借助其"驰名商标"这一金字招牌使其将日本市场失而复得。"同仁堂"同世于1669年,以"同修仁德"的理念从事药品经营,塑造了良好的品牌形象。

"同仁堂"是消费者有口皆碑的真正名牌,享誉海内外,也可以说,"同仁堂"是中华民族文化遗产的重要组成部分。就是这样的品牌,在受中华文化影响至深、颇信中医的日本却无法打开销路,原因是"同仁堂"品牌在日本已被他人抢先注册。中国的"同仁堂"欲进军日本市场,要么用重金收回本该属于自己的商标权,要么更易其名,否则,即侵犯他人商标权。不幸中的万幸是,"同仁堂"被国家商标局认定为驰名商标,拥有金护身符的"同仁堂"依据《巴黎公约》中有关驰名商标可受到特殊保护的规定,对"同仁堂"被抢注事件向日本商标主管机关提出争议裁定申请,使得"同仁堂"商标失而复得。

二、品牌营销的层次

如图5-1所示,品牌营销由低到高可以划分为三个层次:产品营销、服务营销和体验营销。

1. 产品营销

在所有的营销层次中,产品营销是最为基础的。差异化的产品品质、优势化的产品成本和与市场需求相适应的供应能力等,均可以迅速建构目标品牌的营销优势。作为一个简单满足顾客需求的营销层次,产品营销从产品的视角出发,围绕"如何提高产品性价比"的核心目标而展开,通过产品结构的建构、产品包装的优化、产品价格的组合和产品成本的控制等途径建构和提高自己的产品性价比,使顾客觉得物有所值。

图5-1 品牌营销的三个层次

2. 服务营销

在产品同质化的市场环境中,简单的产品创新已经难以突显营销优势时,服务营销开始粉墨登场。作为一个迎合潜在顾客需求的营销层次,服务营销围绕"如何提高服务满意度"的核心目标展开,通过对渠道的建设和管理、终端的建设和管理以及消费过程的服务设计和管理等途径,在接触顾客过程中为顾客提供在保障产品品质基础上的超值服务,使顾客觉得物超所值,降低顾客消费风险,从而提高顾客满意度。

3. 体验营销

在快速转换的营销运作中,无论是产品的差异化,还是服务的差异化都是极其短暂的,竞争者很容易通过仿制和跟风消解目标品牌的竞争优势,品牌经营者必须摆脱单调的产品营销或者服务营销的运作思维,进入体验营销的新层次。作为一个创造性发掘和引导顾客需求的营销层次,体验营销围绕"如何强化品牌关联和感应"的核心目标展开,通过全面整合产品、价格、渠道和终端运作,为目标消费者提供超越其消费期望的全新感受,令他们感到惊奇、欣喜、激动和震撼,促使他们将目标品牌视为他们生活方式的一部分,从而建构起紧密关联的品牌关系。

从以上分析可以看出,支持品牌持续成长的品牌营销策略可以在品牌定位和发展战略的指导下协调产品、服务和体验运作,使品牌产品超值、服务超值、体验超值,全面履行品牌承诺,生成强烈的品牌体验,建立和维系品牌忠诚度。

三、品牌整合营销模型

在复杂多变的营销环境中,品牌整合营销是根据品牌环境的变化,接受品牌发展战略的约束而展开的全面履行品牌承诺、增进品牌体验的过程,由此深化品牌认知,提供品牌服务,方便消费选择,达成高度的品牌体验,密切品牌关系,维系品牌忠诚。具体而言,品牌营销包括产品营销、渠道营销和终端营销三大运作板块,如图5-2所示。

图5-2 品牌整合营销模型

1. 产品营销

产品营销特指围绕产品和价格等两个方面展开的营销运作。全面的产品营销,首先是依从消费需求、竞争情境的约束,构建产品结构,明晰产品角色,保障产品研发和设计投入,不断提升产品品质。同时,产品营销还需要在品牌价值与定位的指导下,制定可以充分反映产品价值和成本的产品价格,协调价值链上的合作者之间的关系,保证产品以合理的成本持续供应给目标消费者,使终端价格表现不仅符合目标消费者的可支付水平,也与品牌价值定位保持一致,从而获得消费者的广泛认可和持续选购。

2. 渠道营销

渠道营销特指围绕渠道的渠道建设、渠道管理和渠道促进等三个方面的营销运作。全面的渠道营销,首先在明晰渠道建设的方向、途径、方法和法则的基础上,摆脱普泛的不加控制的渠道建设模式,有计划有步骤地构建与产品资源相匹配的高效分销网络,在此基础上展开系统的渠道管理运作,固化分销网络,维护良好的分销秩序,提升分销效能。在进行渠道管理的同时,还应该展开渠道促进运作,以此来密切分销关系,推进网络分销。

3. 终端营销

终端营销特指围绕终端建设、终端管理和终端促进等三个方面的营销运作。终端营销首先需要逐步构建起与渠道营销网络相匹配的高效零售网络,在此基础上展开系统的终端管理运作,固化零售网络,维护良好的零售秩序,提升零售效能。与渠道促进相类似,在进行终端管理的同时也应该展开终端促进运作,以此来密切零售关系,提升零售业绩。

小阅读

景泰蓝失密

日本某首饰厂想要仿造中国的景泰蓝,始终没有成功。最后他们用重金收买了一个华侨,让他到中国去偷景泰蓝的制作工艺技术。那个华侨回到中国,以代理商的身份要求参观景泰蓝的制作过程。接待部门替他做了安排,厂方殷勤接待了这位"代理商",让他参观了工厂,把工艺制作的全过程拍了照片。这个华侨顺利地完成了日本人交给的任务,那家日本工厂不久就制造出标上"日本制造"的景泰蓝,在国际市场上和中国产品竞争。景泰蓝制作工艺的泄密,给中国造成了难以估量的损失。

第三节 市场开发策略

面对广阔的全国市场,应该选择什么样的开发策略更为有效呢?是自然化开发还是计划性开发呢?怎样的开发路线更适合产品品类和产品特征?应该怎样开发才能避开市场开发中的雷区?市场开发如何促进品牌资源的累积和品牌资产的增值?在进行市场开发决策时,品牌经营者必须澄清并清晰回答这些基本问题,才有可能保证市场开发的成功。

一、市场开发的道路

如图5-3所示,市场开发常见的道路包括空中拉动式、堡垒推进式和由点及面式。

1. 空中拉动式

这是一种最常见的市场开发路径选择。它的好处在于可以通过强势的广告拉动,吸引全国各地的经销商进货,快速构筑起粗放型的销售网络,将其产品迅速铺向全国市场,并上架销售,引起消费者试购,缩短入市期。但是,这种市场开发路径选择具有明显的粗放管理特征,使其对各地分销商依赖严重,对各个区域市场难以有效管理,不仅容易导致串货倒货,使产

图5-3 市场开发的三条渠道

品飘在渠道上,而且在进入零售场所后,也容易被竞争者在终端截客,消减其广告效应,对于可能发生的市场危机,也难以及时得到信息,做出恰当的反应和处理。

选择空中拉动式的品牌,必须拥有强有力的、持续的广告支持,而且在依赖广告的招商效应,完成全国市场的初步开发后,必须有计划、有重点地向市场的精细化管理转型,通过设立省级销售公司、办事处或者联合经营部的形式,加大对区域市场的深度开发和必需的助销服务、管理和监控,只有这样,才不会陷入"成也广告,败也广告"的怪圈。

2. 堡垒推进式

相对自然化开发特征鲜明的广告拉动式市场开发,堡垒推进式道路是一种更为积极主动的计划性开发路径选择。开发哪个区域市场?在什么时候开发?必须具备怎样的条件后开发?开发的目标是什么?这是选择堡垒推进式道路的品牌经营者在实际运作前必须思考清楚的基本问题。作为一种计划性的市场开发路径,堡垒推进式的优点在于它是一种更为安全和稳健的市场开发选择,它可以根据产品的特性、品牌发展的需求和市场竞争环境的差异等影响因素排定目标市场开发时间表,有效地控制市场开发的节奏,提供系统的区域市场助销服务和管理,对区域市场进行深度开发,做深做透,拓实市场基础,提升与经销商的议价能力,防止破坏性开发,从而使品牌形象也得到良好的维护。

选择堡垒推进式的市场开发路径,意味着高管选择了降低市场开发风险、保证持续发展的经营思路,接受较长时间内建立起全国性的销售网络的策略安排。值得注意的是,堡垒推进式的市

场开发道路并不适合产品创新性极强但"保鲜期"极短、容易很快丧失其产品领先优势的产品类型。

3. 由点及面式

空中拉动式的市场开发选择虽然快速但风险较大,容易欲速而不达,堡垒推进式的市场开发选择虽然安全稳健但速度较慢,而且还受到产品类型等多方面因素的影响和制约。有没有第三条道路选择呢?由点及面式的市场开发模式就掺揉了前两条道路的优势。由点及面式市场开发模式的主要做法是:先选择一个或两个具有广泛代表性的区域市场进行开发试验,一是可以从中检出推广计划中存在的瑕疵,校正推广计划,为全国性市场开发提供优良的运作系统,二是可以通过集中资源对部分区域进行试验性开发,打造出颇具吸引力的市场样板,从而为后继的全国市场开发提供一个鲜活的业绩证明,提高目标品牌对各地分销商的吸引力和自己在商务谈判时的议价能力。

与广告拉动式的开发模式相比,由点及面式的市场开发道路更为安全;与堡垒推进式的开发模式相比,由点及面式的市场开发道路更为快速。对于一些受推广预算限制而产品本身具有一定创新性,需要较为快速地实现全国性销售的品牌而言,由点及面式的市场开发道路是一种合适、实效的选择。

需要说明的是,对于力所不及的弱势品牌来说,集中有限的资源,采用大分销、深度分销和终端建设三管齐下的方法打造样板市场,获得区域领先,建立起自己的市场根据地不失为现实主义的选择。这里所谓的区域领先,是指新创品牌将有限的资源集中到某一区域市场,通过资源的集中利用,在分销网络建设、终端管理控制和广告促销投入等方面的运作,深化顾客关系,提高市场响应速度和客户忠诚度,形成相对竞争优势,获得市场领先地位,建立起牢固的市场根据地的竞争策略。这里的"区域",可指称一个市(如大连),一个地区(如辽南),一个省(如辽宁),一个大区(如东北)。

但在市场实践中,很多品牌经营者忘记市场的广阔性和复杂性,往往还没有在市场潜力巨大的区域市场建立起自己的根据地,就不管自身品牌的实际发展阶段和现实资源的限制,盲目冲向全国市场,结果常常是广种薄收。如若在全国市场建立起一些品牌声誉,就赫然宣称向国际市场进军,全然不顾自身对国际市场的陌生和抵抗风险的能力,结果是表面上的潇洒走一回后,转过身却独自神伤。在这一点上,品牌经营者不妨学习"爱茉莉"的做法,这一品牌"蜗居"东北数年精耕细作,编制起强大的市场网络,培育出忠实的消费者,建立起均衡的品牌声誉,不妨听听该品牌经营者的生意经:"东北三省就相当于一个韩国,我没有理由贪图一个大中国。"

二、区域市场开发运作流程

区域市场开发运作流程,包括以下运作步骤。

1. 市场选择与目标设定

在品牌经营者进行市场选择时,通常会从市场潜力、区域影响力和市场进入障碍等要素进行综合评测,并进而展开实地市场考察,从而排定区域市场优先开发时间表。

市场潜力要素会从市场规模、市场成长阶段、市场成长速度、细分市场有效性和产品的区域适销性等指标予以测定。区域影响力是基于品牌发展需要，对各区域市场在推动品牌成长过程中可能担当的角色（如产出型市场、形象型市场和辐射型市场等）的判定和预设，通过对区域市场影响力的分析，可以更为有效地优化区域市场开发次序，使其更为符合品牌发展的需要。市场进入障碍的评测主要包括市场集中度、主要竞争者优势、卖场进入门槛、区域性特别管治和管理成本等评价指标，面对进入障碍过多、过强的区域性市场，有的品牌敬而远之，有的品牌则会全力以赴。在开发意向明确后，就应对目标市场进行实地考察，更为审慎者还会进一步委托第三方建立区域市场研究档案，以备未来管理回溯。开发任一区域市场都会有一个阶段性的开发目标和达标时间表，其中开发目标的设定既包括市场销售额、市场净利润和投入产出比等财务性指标，又包括总体铺市率、战略性终端铺市率、品牌知名度、品牌认知度等品牌资源和资产指标，均衡的目标指标体系的设置是区域市场健康成长的基本保证。

2. 设立区域经销商

确定区域市场开发目标后，接下来的运作就是寻找和设立区域经销商，包括制定选择标准、制作商洽工具箱、征召与商洽、签署合约等。

一份标准的区域经销商选择标准，包括资金实力、行业商誉、分销网络、配送能力和管理水平五类。完整规范的商洽工具箱使品牌优势可视化，品牌形象得以维护，提高了对目标经销商的吸引力，其具体构成为产品型录、分销政策、标准合约、推广资料集和商洽行为准则等。在制定合约时，同样需要设置与市场开发目标一致的分销合作目标，并特别注意设置市场考察期和终止条款，防止市场开发成效不佳时受到恶意破坏。区域经销商的征召和商洽包括广告招商、会议招商和定向拜访等运作方式，结合使用的效果最佳。分销合约的签署意味着区域经销商的正式设立，之后可以进入分销网络建设、管理与促进，以及零售网络建设、管理与促进等后继运作程序。

三、市场开发运作的禁忌

无论选择哪一条市场道路，都应避免基本的市场开发禁忌。以下所列举的就是在市场开发策略制定和执行中应该注意的基本禁忌。

1. 遍地开花，广种薄收

在既定的产品资源和广告投入的前提下，许多品牌经营者在年度业绩指标的压力下，希望通过对全国市场虽然粗放但却不乏覆盖面的开发，获得集腋成裘的收益，提升总体销售量和利润。在这样的市场开发思路指导下，就会无视品牌发展阶段的制约和品牌资源的限制，抛弃市场开发计划，一有分销机会就入市，遍地开花，在热闹的表面、繁荣的假象背后，是由于资源配置不当和市场支持不力带来的市场收益的贫瘠。更为严重的后果是，由于市场跨度远远超越其实际管理能力，使其难以控制分销商的破坏性行为，造成市场和品牌形象的损伤，严重者不得不全面退出。

2. 龟缩一角，失去先机

在同等的资源条件下，在同一时间点上，由于品牌经营者对于风险和收益的不同取向，也使得它们在后来的市场实践中的表现截然不同。在特定行业的发展过程中，必然存在一个跳跃性的发展机会,而这一机会是稍纵即逝的,如果品牌经营者的触觉迟钝,在市场开发决策和执行过程中过于求稳求全,就很容易与市场机会擦肩而过,失去发展先机。在主要竞争对手大肆跑马圈地时,兢兢业业于某一区域市场稳扎稳打,精耕细作,虽然看似安全,实则使整个品牌失去了跳跃式发展的最佳起跳点。

3. 游击战法,没有根据地

在一个强势品牌的背后,是一个又一个牢固的市场根据地,而弱势品牌的经营者却常常因为缺乏市场开发的计划性安排和过分逐利而行,习惯于采用游击战法,在产品开发上无主题追求,在市场开发上同样无主题变奏,今天在这个市场试探一下,明天在那个市场挖掘一番,其结果是在多年之后,虽然总体市场投入异常可观,但依然没能建立起自己的市场,自己的品牌依然挣扎在主流市场的边缘,强势品牌之梦变得愈发迷离而遥远。

4. 看重当前,缩手缩脚

对于新进入者而言,具体的区域市场开发必然会经历投入期、成长期和成熟期,品牌经营者必须根据这一基本规律,做出合理的投入预算和回报预期。但许多品牌经营者在进行区域市场的开发时,往往过分看重当前市场产出,将市场投入期误作为市场成长期或成熟期,卡死市场投入期必需的开发预算,这样的经营管理导向使得实际运作者在市场开发时缩手缩脚,不能根据市场开发的需要编制运作计划,不仅将市场进入期人为拉长,而且容易导致市场消费倦怠,失去高速成长的可能性。

5. 大鸣大放,空中飘动

如何让飘在空中的广告落到地面,转化为实际的市场产出?选择空中拉动式开发道路的品牌经营者,最为忌讳的就是难以安全落地,致使其市场开发目标也被空置。为了更为有效地利用广告投入效应,防止广告费用被浪费,品牌经营者一般采取三种变通的方式:一是先拉后推,先行拉动分销商,通过利用优秀的分销商资源进行市场深度开发;二是先推后拉,通过前期大量的地面运作,将自己的产品先送上货架,然后再展开面向消费者的广告和促销运作;三是边推边拉,依照拉动分销商—推动零售商入货—拉动消费者—推动终端消费的脉络展开运作。

6. 封闭开发,不假外求

在制定市场开发策略时,有一些品牌经营者常常夸大自主开发的好处,如拥有更为宽裕的利润空间,销售政策可以保持全面贯彻,品牌形象容易维护,可以掌握市场主动权,可以提高市场反应速度等。在这样的运作思路指导下,以及一些特殊时间点、特殊产品领域的品牌成功的刺激,使得不少经营者偏好于选择自建销售队伍进行封闭性的市场开发和管理,不假外求。在对于封闭开发前景的美好想象的另一面,则可能是由于市场的隔膜和经验不足导致区域市场开发成本高昂,可能是产品的不匹配带来的销售成本的大幅上扬,可能使明星产品进入衰退期或者偶然的公关危机来临时整个自有销售网络的崩盘。

7. 依赖他人,受制于人

市场供应关系的变化,产品导向向市场导向的转型,都要求品牌经营者的市场开发运作更为积极主动,但一些企业高管依然停留在生产线一开工就可以就地收银的美好回忆中,他们依然迷信过去那种简单、懒惰而直效的分销模式,依赖各个专业市场里的多层次分销,不讲求主动的市场开发,不讲求市场服务,在越来越多的品牌制造商致力于渠道重组和对终端的建设和把控时,这样的因循守旧的市场开发和管理模式明显缺乏竞争力,即使是过去已经积累的看似庞大的分销网络,也在环境的变化和习惯性的应对中被逐渐侵蚀和失效,成长空间狭窄化,市场安全性变得可疑。

1995年,春兰空调的销售以超过同行几倍的优势雄踞全国第一。之后,春兰集团实行品牌延伸策略,大举进入摩托车制造业及电冰箱等行业,削减了春兰在消费者心目中的魅力。1996年和1997年度,春兰空调销售连续大幅度下降,行业地位明显受到了威胁。

第四节 产品营销

产品营销指在品牌目标的约束下,对产品组合、产品更新和产品价格等方面的统筹谋划和安排。在既有的产品资源和成本条件下,针对特定市场需求组合产品,确认与其市场定位相匹配的价格策略,及时进行产品更新是产品营销成功的基本保证。

一、产品营销的法则

论及品牌营销,有人就会将它与产品营销对立起来,认为它们之间存在着不可调和的矛盾。其实,有效的产品营销必然是着眼于品牌成长、促进品牌建设的,可以使其营销投入产出持续化,使产品营销与品牌营销的利益一致化。要实现这样的营销愿望,经营者应依从以下三个基本运作法则。

1. 创造产品的差异化

这是一个人所共知的策略,但很多品牌经营者仍会漠视它的价值,多加搪塞应付,使市面上充斥了大量的同质化产品。在既有的资源约束下,产品差异化的实现途径包括以下四种:一是产品的专业化。如"邦迪"创可贴的胜出,就与其产品专业化策略密不可分。在小小的黏性绷带市场,根据消费者的需求,"邦迪"就推出了防水型、运动型和卡通型等不同功能的创可贴,充分满足了消费者的不同需求。二是产品的权威化。如在电子词典市场的竞争中,内置词典的权威性就成为构筑产品竞争优势的基石。有市场研究报告披露,2002年度电子词典前三大品牌分别是"文曲星""快译通"和"好易通"。其中,"文曲星"内置有剑桥英语词典,"快译通"内置有牛津英语词典,"好易通"内置有牛津和剑桥英语词典。三是产品的高端化。如在不起眼的鼠标垫领域,竟然诞生了世界著名的鼠标垫专业品牌ICEMAT,它的一款由玻璃制成的鼠标垫的价格竟然高达300元,高出普通产品数十倍。四是产品的关联化。在饼干市场的一片混战中,东莞华美将自己的产品与牛奶联系起来,推出了"牛奶搭档"系列产品,加之关联感极强的产品设计、卖场陈列及市场推广,大大提升了产品的差异化水平,拥有了良好的动销能力。

2. 分配产品角色,明确主打产品

面对众多的产品,经营者应该如何根据品牌成长的需要进行差别化的营销运作呢?从市场需求、竞争局势和产品潜质等三个方面分析所有产品,并由此导出主打产品线和主打产品,视产品的成熟程度和市场需求的变化不断调整黄金品种和黄金规格,不仅可以防止产品角色的混乱,保证产品之间良好的协同关系,而且可以更为有效地创立明星产品或者明星产品品牌,使主打产品投入产出持续化,将产品营销阶段有效地转化为品牌营销的高级阶段。如图5-4所示的就是一个良好的主打产品循环链,在一个个明星产品、一条条明星产品线前仆后继的支持中,目标品牌得到稳定持续的成长。相反地,对所有产品一视同仁,不加区别地分配推广资源,或者随意拣选主打产品进行重点推广,则会明显降低产品营销效力,败坏品牌产品形象。

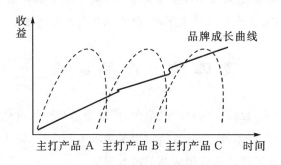

图5-4 产品组合与品牌成长的关系

3. 根据产品生命周期进行产品更新

产品生命周期是指新产品从导入市场到退出市场被完全废止的时间,可以明确划分为投入期、成长期、成熟期和衰退期,如图5-5所示。产品生命周期受到产品领域的特性和品牌策略的影响。在常规情况下,产品领域的技术革新速度越快,产品的贬值速度越快,产品生命周期就会越短;同样地,在品牌策略的支持下,对具体产品的市场推广投入越大,维护效果越好,产品生命周期也会越长。因此,从品牌的持续成长需要出发的产品营销,必须充分监测明星产品或者明星产品线的生命周期,一方面延长明星产品的生命周期,另一方面积极培育具有明星产品潜质的种子产品,促进产品更新,为目标品牌的成长提供源源不断的产品支持。许多本土品牌中广泛存在的流星现象,就是其经营者无视产品生命周期而招致的残酷报复。

二、产品差异化的路径

产品的同质化程度越高,产品的差别性就越小,产品竞争力就越低。如何实现产品的差异化?产品差异化运作是依循定位策略差异化、单一产品差异化和产品组合差异化三个方面展开的,具体包括以下六条路径。

1. 定位策略的差异性

对于目标品牌而言,产品的差异化首选建构于整体的产品策略和产品定位的基础上,包括产

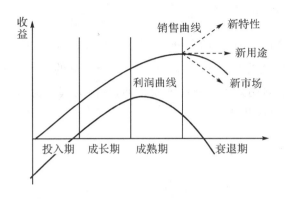

图 5-5 产品生命周期

品价值的差异化策略、产品品类的差异化策略和单一产品定位的差异化策略三个部分。同样是进军中医药领域,"桂林天和"选择了中药贴膏,集中资源打造自己丰富的贴膏系列产品,从而在众多的本土医药品牌中脱颖而出。

2. 产品功效的差异化

产品功效的差异化既可能因革命性的技术变革而产生,又可能因渐进性的技术改良而产生,前者如辉瑞公司的"万艾可",后者如 TCL 的钻石手机。在革命性的技术革新成果研发门槛越来越高的背景下,经由技术改良获得相对的产品功效差异成为众多中小品牌的选择,它们惯常使用的具体方法有功能集成(如多效合一的沐浴露)、功能简化(如突出优势的深度保湿露)和殊途同归(如相对于胶囊剂型的减肥口服液)等。

3. 产品包装的差异化

相对于产品功效的差异化,产品包装的差异化更容易获得。通过造型、体量和色彩等方面的变化,产品包装就可以与主要竞争品牌相区别,帮助提升产品功效的差异性,形成独特的产品竞争优势。景田桶装纯净水的便携式瓶装型设计,为家庭用户带来了方便;"水井坊"将贴花工艺用在酒瓶包装上,有效链接了老成都风情,彰显出独特的酒文化魅力;艾诗沐浴露典雅时尚的淑女瓶型设计和以花为主的柔美色调,为它赢得了许多女性的青睐。

4. 产品证明的权威化

即使是同一种功效的产品,当它来自特色化的国度,富有独特的文化色彩、拥有外观设计专利等知识产权,并通过权威机构的验证,贯彻实施质量保证体系,获得行业性荣誉称号时,就赋予了自己与众不同的品质保证。获准使用原产地标志的茅台酒,通过权威机构认证的佳洁士牙膏,都特别采用了这条路径。

5. 产品品类的深度化

细分目标消费者的不同需求,并通过同一产品线或者多条产品线予以全类覆盖,自然可以提升产品的专业性特征,增强信服力。补血领域的品牌"红桃 K",就依据不同年龄段消费者的需求丰富其产品线,相比"单骑闯天下"的跟进者,产品差异性明显;"小护士"的防晒系列,就针对不同环境下的防晒需求构建其防晒产品线,防晒指数全面精当,维系了其专业防晒的品牌形象。

6. 产品关系的互补性

面对同一消费需求或者同一消费群,充分考虑消费效果和消费的关联性,在同一产品线内或者不同产品线之间做出对应性的互补组合,同样可以提升产品的差异性和品牌形象的专业性。"李宁"从运动服装到运动鞋再到运动器械的不断延伸,是因为其行为具有明显的价值一致性和消费关联性,有力地提升着品牌价值。

三、基于价值的定价策略

适合的产品定价,可以充分反映产品成本,协调价值链上合作者之间的利益关系,保证产品如期面市,价格表现与品牌价值一致,符合品牌定位,获得消费者的认可。影响价格制定的因素如图 5-6 所示。

图 5-6 产品价格影响因素

产品的外部影响因素主要包括市场结构、供求关系、产品性质、竞争状态、消费水平和价格管制。在常规情况下,市场结构趋于完全竞争一端,产品价格就会趋于公平和透明,市场结构越趋于垄断竞争一端,产品价格就会趋于不公平。供应与需求以反向关系共同影响着产品价格,供不应求,产品价格自然偏高,供过于求,产品价格自然走低。产品性质不同,需求的价格弹性相对较大。竞争状态也明显制约着定价,随着竞争的激烈化,整个行业内的产品价格也会走低,家电领域的价格战极为明显。消费水平也是直接影响价格制定的基本因素,在通常情况下,目标消费者的消费水平越高,可支付能力越高,价格敏感性就越低,产品价格走高后也不会对销售量造成明显的影响。在一些特殊的产品领域,如烟酒、医药、公共交通领域,政府的特别管制和必要的补贴等因素也显著影响着产品的价格。

定价的内部影响因素包括品牌定位、品牌目标、供应成本、产品性能、品牌地位和合作关系。毫无疑问,品牌定位显著影响着产品价格,在同一产品或者服务领域内,相对于低端的品牌,定位于高端市场的品牌,其消费规模虽然偏小,但支付能力却更高,价格敏感性相对较低,显然拥有更为广阔的定价空间。如在美发服务领域,有的美发室的理发价格低廉至每位 5 元,有的则高达数百元。品牌发展目标及相应的竞争策略、利润区设计同样影响着具体的产品价格,有的品牌的发展目标是迅速提升市场占有率,保证市场份额最大化,从而获得规模利润,其产品价格就会偏低;有的品牌则重在占领高端市场,追求单位利润,确保预期利润率,其产品价格就会偏高。供应成本显然是影响价格制定的最重要因素,供应成本与产品价格呈现正向相关关系,但因品牌定位的不同,供应成本的影响也有明显差异,如在奢侈品领域,产品成本对于价格的影响力就明显偏低。与产品成本一样,产品性能同样是影响产品价格的重要因素,产品的差异性越强,功效越卓越,可替代性越小,产品价格就越高。在空调大战中,"海尔"的氧吧空调系列就借助特别的产品功能维持着较高的价格。品牌地位的不同,也会导致产品定价的不同,在同质化的产品领域,领导者、竞争者和跟随者的产品价格会逐次走低。产品定价还会受到合作关系的影响,制造商在制定产品价格时,一方面要接受上游供应成本的约束,另一方面还要注意保障下游流通环节上合作者的收益,保证渠道的畅通和高效运行。

产品定价必须综合考虑成本、需求和竞争三大方面的制约,选择与品牌定位和品牌价值相一致的产品价格。具体而言,主要的定价方法包括本导向定价法、竞争导向定价法和需求导向定价法。在"索芙特"投入大量广告推出"十大美女"洗面奶后,"香雪兰"迅速以"十全十美"洗面奶系列产品跟进,考虑到渠道动销的因素,它采取了竞争性定价法,为渠道留出了充足的利润空间,由于没有高额的广告投入,它就在部分重点市场加强了终端促销运作,有效地抵消了"索芙特"的品牌广告影响,实现了与分销商、零售商的多赢。

定价之后,产品价格并不是一成不变的,始终处于提价还是降价的动态变化过程中。在进行日常的价格管理时,一方面要根据渠道、终端及自身的获利期望,以及竞争对手的价值、综合产品成本等多种因素设置价格梯度,控制分销价格和零售价格,防止渠道窜货和终端甩卖,在保持产品价格稳定性的同时维护良好的品牌形象,同时应注意根据产品生命周期、品牌竞争策略、市场竞争状况和消费需求趋势等影响因素适时调整产品价格,使产品价格策略支持品牌战略目标的实现。

第五节 渠道营销

作为产品从制造商到分销商、零售商的物流、资金流和信息流流经的管道,渠道从属于品牌资源,是市场营销资源的主要构成之一。合理的渠道建设、高效的渠道管理和适当的渠道促进是目标品牌市场得以拓展、销售目标得以实现的基本支持。在品牌推广中,必须规划建设并维护好渠道系统,并在品牌成长和变化着的渠道之间取得平衡,方有可能达成市场目标和其他的品牌推广目标。完整的渠道营销,包括渠道建设、渠道管理和渠道促进等三个运作模块。渠道营销模式如图5-7所示。

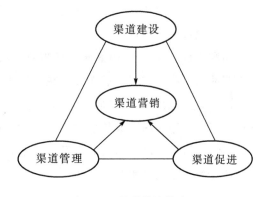

图 5-7 渠道营销模式

一、渠道策略的影响因素

渠道策略是指为了实现品牌营销目标,对产品分销渠道的建设、管理和促进所进行的统筹谋划和安排。渠道策略显然受到多种因素的影响,可以将之归结为以下几个方面:相关行业法规与政策管制,分销业状态与发展趋势,零售业状态与发展趋势,竞争品牌渠道策略及其表现,消费习惯及其选购需求,产品功效、物理属性与价值属性,品牌定位与发展战略,企业组织与运营。以品牌定位与发展战略对渠道策略的影响而论,又可以细分为以下几个方面:品牌领域、品牌定位、品牌战略、品牌成长阶段、品牌资源和品牌形象。

由于品牌领域的不同,不同品牌所需要的渠道是明显不同的,即使是归属于同一业务领域,也会因目标细分市场的不同,形成不同的渠道建设要求。比如饮用纯净水领域有瓶装水市场和桶装水市场之分。前者以个人消费为主,其选购特征是随时随地购买瓶装水解渴,因此大多数的瓶装水品牌着力通过深度分销争夺街头的便利店;后者以公司用户和家庭用户为主,消费持续性强,品牌忠诚度高,要求快速补水,因此桶装水品牌大多会选择在目标市场内设立特约经销商或者采用厂家直销的方式为这些消费者提供稳定快捷的送水服务。前者以全国性品牌"娃哈哈"为例,后者以华南区域品牌"大峡谷"为例。

  品牌定位对于渠道策略的影响是非常显著的。定位于流通市场的品牌习惯于依赖批发大户进行多层次分销,定位于终端市场的品牌习惯于依靠终端型经销商进行直接分销。与此相类似,定位于高端市场的品牌不仅需要严格保护品牌,防止品牌形象被损害,更需要通过体验型的渠道建设和管理体现品牌价值,满足目标顾客的品位化需求,其渠道建设和管理要求相对苛刻,多采用专卖专销的方式。定位于低端市场的品牌,需要通过广泛而深入的分销,最大可能地接触目标顾客,方便他们随时随地购买,其渠道建设要求相对宽容,多采用多层分销的方式。

  业务策略是为发展战略服务的,品牌发展战略同样影响到渠道策略。以此观之,我们可以看到,以技术驱动发展的品牌更多地选择了委托分销的方式,以营销驱动发展的品牌更多地选择了自我建设的方式。同样地,需要在品牌扩张过程中严格保护自己的品牌更青睐于专卖渠道建设模式,需要满足顾客随时随地购买需求的品牌更青睐于复合渠道建设模式。那些选择快速催化道路的品牌,大多选择通过广告快速拉网的渠道建设方式;而选择市场推动战略的品牌,则无疑倾心于自主建设渠道,通过持续的渠道建设积累起厚实的分销网络,在建构起分销优势的同时也开始拥有独特的营销资源。

  品牌成长阶段的不同,意味着所需要的渠道也是不同的。一般的快速消费品的渠道建设呈现出明显的三段论式的发展轨迹。在品牌初创时期,目标品牌对市场相对陌生,渠道资源极其缺乏,希望迅速缩短产品上市周期,扩大产品覆盖面,做大市场盘子,此时会倾向于选择大户分销的方式。当品牌进入高速成长期后,粗放的渠道建设由于产品价格的透明化,容易发生窜货、杀价行为,阻碍目标品牌的成长,品牌经营者则会转而执行"削藩"政策,消除大户隐患,转向选择省级经销商作为主体的分销合作伙伴。随着目标品牌的进一步高速成长,已有的省级分销体制不能满足精耕细作的市场需求时,品牌经营者则会转向建设小区域的扁平分销网络。

  渠道策略最终运作的成果不仅是保证目标品牌的产品以合理的成本持续送达消费者手中,更为重要的是累积厚实的分销网络资源,使之内化为品牌资源的一部分。以此观之,渠道策略显然受到产品供应资源、营销传播资源和组织运营资源等品牌资源的约束。以组织运营资源为例,人力资源丰沛者进行渠道大跃进不必忌惮人才匮乏,人力资源匮乏者却不得不接受人力资源的限制缓步推进网络建设。同样地,资金实力雄厚者可以忍受漫长的投入期,按照预定计划从容推进战略性渠道建设,支持品牌的长久发展,而资金实力薄弱者需要通过灵活的、实用的渠道政策迅速扩大销售额,获得利润回报,解决品牌生存问题。

  在渠道策略和终端策略指导下展开的网络建设、管理和促进均与品牌形象相关联。不同的是,朝向分销商和零售商的渠道形象更多地涉及企业品牌形象,而朝向普通消费者的终端形象则更多地涉及企业品牌形象。面向分销商、零售商的渠道建设和终端管理,运作重点在于争夺有限的分销资源,通过合理的产品供应、价格组合和服务支持等建立和维系分销伙伴关系,其中传达出的是企业品牌的经营理念和基本价值观;面向普通消费者的终端管理,其管理重点在于争夺有限的零售空间,通过货架选择、陈列管理和现场促进等推动顾客选购,其中传达出的是产品品牌的形象特质和风格。

二、渠道建设策略

渠道建设策略是在接受相关影响因素的约束下,对目标品牌的渠道建设的方向、途径、方法和法则的基本规范和原则性说明,渠道建设策略指导着渠道的建设方向,影响着渠道管理行为,制约着渠道促进组合。渠道建设策略需要回答以下基本问题:目标品牌最终形成的渠道是怎样的?分销成员如何甄选?

渠道建设策略首先需要对渠道建设成果的差异性做出恰当的选择。依照渠道的差异性大小,渠道建设可分为完全差异化渠道、比较差异化渠道和无差异化渠道等基本类型。

选择完全差异化渠道的品牌大多是建立在市场细分和品牌定位的差异化基础上的。与竞争对手相比,完全差异化的渠道显然具有排他性的竞争力和很高的安全性,有助于塑造和维护品牌形象,但由于摒弃了传统的大众渠道,完全差异化的渠道的流量会受到一定局限,不适于海量分销的品牌。与完全差异化渠道相比,比较差异化渠道是强势品牌们的心仪之选。品牌经营者出于建构分销优势的目的,多会在保留和稳固传统的渠道基础上选择一些适合其产品销售特征、容易接触到目标消费者的渠道。此举不仅可以与主要对手在传统渠道里竞争,更可以通过新开辟的渠道获得更广泛、更直接的分销机会,从而建构起自己的分销优势。可口可乐与麦当劳的结盟、百事可乐与肯德基的结盟,就是比较差异化渠道的明显例子。

渠道建设策略需要明晰渠道建设的方法。依照渠道的专有性,渠道建设可分为自建渠道、共建渠道和委建渠道等基本类型。

所谓自建渠道,是指通过设立区域销售公司和办事处,由它们主理产品分销运作。很显然,自建渠道的优势和劣势都是异常明显的。优势在于可以保证渠道政策的有效贯彻,防止恶性分销行为,维护市场形象;劣势在于需要担负高昂的渠道维护费用,容易导致机构膨胀,管控难度加大。选择自建渠道的品牌如若能够有效控制分销成本,保持各类别品牌资源投入的均衡性,防止大马拉小车现象的发生,可以建构起明显的竞争优势。保健品领域的"三株"和"脑白金"均为显例。与自建渠道不同,共建渠道旨在于充分利用分销商的分销优势,有效降低分销成本。视业务特性和竞争策略的不同,共建渠道有多种营建方式,如与分销商成立合资销售公司、设立联合经营部、派驻业务代表等。委建渠道方式充分借助分销商进行渠道建设,制造商的职责主要在于划分分销区域、制定渠道政策,以及规范与指导产品价格和形象。与自建渠道和共建渠道相比,委建渠道的运作成本最低,但由于分销主动权掌握在分销商手里,制造商调整分销政策、进行渠道变革时会受到明显的制约。

渠道建设策略还需要对分销商的权赋进行清晰的约定。依照分销商的权赋差异,渠道建设可以划分为全国总代理制、省级总代理制和小区域总代理制等不同模式。

其中,全国总代理制适用于以下三种情况:一是目标品牌正处于孵化期,虽然具有一定资源优势,但明显缺乏分销能力,需要借助有实力的分销商的网络快速入市,将产品资源优势变现,缩短孵化周期;二是目标品牌为外来品牌,正在试探性进入市场,需要通过全国总代理的方式培育市场,了解市场,规避进入新兴市场的风险;三是目标品牌虽然有意愿自主分销,但受限于政策限制,必须经由与目标市场的分销商的合作方可进行分销。对于有一定资源支持、志在拓展全国市场的品牌来说,省级总代理制是更为恰当的选择,通过与具有省级销售网络的分销商合作,销售量可以快速上涨,但由于大多数省级总代理依然更多地依赖在专业市场进行分销的经营手段,他们对于市场的管控难以深入,但目标品牌进入成长后期,需要通过深耕市场扩大和巩固自己的分销优势时,省级总代理制可能已经严重制约其分销策略,就会转而采用小区域代理制,以便建构起厚实绵密的分销网络,夯实分销基础,充分挖掘市场潜力。

渠道建设策略需要明晰渠道架构。常见的渠道架构设计从渠道广度设计、渠道长度设计和渠道深度设计三个方面展开。渠道架构三要素如图5-8所示。

渠道广度是对分销渠道类型数量及其构成的预置和说明,有单一渠道、双重渠道和复合渠道之分,常见的渠道由主道、辅道和快速通道构成。渠道长度是对分销渠道内的中间商数量及其构成的预置和说明,有零阶渠道、扁平渠道和金字塔渠道之分。渠道深度是对同一分销层级中所选用的中间商数量及其构成的预置和说明,有独家分销、选择分销和密集分销之分。需要提醒的是,在进行渠道架构设计

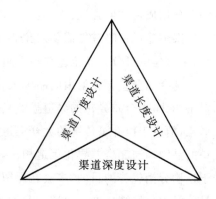

图5-8　渠道架构三要素

时应摒弃习惯性思维,注意从上述三个方面进行创新性设计,以此提高目标品牌对品牌环境的适应能力,降低分销成本,建构起目标品牌的相对分销优势。例如,戴尔公司通过产品定制直销模式将渠道由长变短,迅速超越了传统的电脑制造商;安利公司在中国将原有的渠道由短变长,通过开设专卖店铺的方式继续征战。同样地,可口可乐通过密集分销,其产品进入零售商店、餐馆和自动售货机等,保证了消费者随处可买。定位于专治头皮屑的"采乐"洗发水在强势品牌的压力下通过药店这一单一渠道分销,建构起独特的品牌价值和品牌形象。

渠道建设策略需要明晰分销关系。常见的分销关系设计从制造商与分销商关系设计、分销商与分销商关系设计、分销商与零售商关系设计三个方面展开。

制造商与分销商关系设计是对合作双方责任与权利的约定。这种约定应在满足营销战略目标和区分分销商类型的基础上展开,如在对以终端建设型分销商的责任条款中,就应与更多承担销量任务的渠道分销型分销商有所区别,将终端建设、销售管理、队伍建设和信息管理等涉及终端销售业绩和品牌形象规范的内容一并列入。分销商与分销商关系设定可以细分为同阶异域分销商关系、同域异阶分销商关系两个方面。前者主要是对分销区域的划定,防止杀价、窜货等损害市场秩序的事件发生;后者是对渠道分销进度和质量的控制,由此可以保证销售网络纵向贯通、横向衔接,形成一个高效、集约和有序的销售网络。分销商与零售商关系约定的不只是分销商与零售商的关系,同时也对制造商和零售商的关系做出约定,以便防止制造商、分销商在与零售商上关系处理失当。为了提高对整个网络的管控能力,有不少品牌不仅保留约定了自行设立

大客户部,开发战略性客户的权利,还在建立包括低阶分销商和零售商合作档案等方面与分销商达成一致,使自己的网络管理能够直接通达终端,提升整个分销网络的运作效力,建立起网络防护墙。

渠道建设策略需要明晰分销成员甄选条件。常例的分销成员甄选从高阶分销商甄选、低阶分销商甄选和终端分销商甄选三个方面展开。

高阶分销商甄选是由制造商直接完成的,不仅需要考察分销商的资金实力、网络实力和配送能力等硬件要素,也需要考察其经销商誉、经营品类与代理品牌、经营管理模式和未来成长潜力等软件要素,以便所甄选的分销商符合品牌营销策略的需要,降低合作风险及相应的市场开发风险。对于低阶分销商甄选有三种基本样式:一是由高阶分销商径直甄选,制造商不干涉;二是由高阶分销商甄选,但需征得制造商的许可;三是制造商协助高阶分销商甄选。为了提升网络分销能力,越来越多的制造商开始参与对低阶分销商的甄选。终端分销商甄选与流通分销商甄选有一定差异,对于以流通市场为主业的分销商只展开对战略性终端的甄选和控制,对于以零售市场为主业的分销商则提供更为系统的支援,推进终端建设,充实零售网络。在进行渠道成员甄选时,视品牌发展战略和营销策略的需要,有的品牌采取挖墙脚法,抢夺竞争品牌的渠道成员,有的品牌采取对立法,以期与竞争品牌渠道有效对抗,有的品牌采取跟随法,渗透进竞争品牌的分销网络,但无论采取何种甄选方法,都不应一味贪大求全,以选择到适合目标品牌发展的渠道成员为运作要务,以便建构起关系密切、富有效力的分销链条。

具体的渠道建设流程大约包括七个步骤:分析渠道局势、评价竞争品牌、确认品牌需求、界定分销角色与功能、制作目标渠道地图、明晰开发序列、分销接洽和签约。

三、渠道管理规范

如果说渠道建设是一个选网和织网的过程,渠道管理就是一个固网、理网和护网的过程。系统的渠道管理可以使目标品牌摆脱粗放的分销模式,固化分销网络,密切分销关系,维护渠道秩序,提升分销效能,维护良好的渠道形象。基本的渠道管理规范,包括组织架构与职责、管理内容规范和管理行为法则三大方面。以渠道管理行为法则论,主要包括以下五个基本法则:战略赋合化法则、渠道细分化法则、建构弹性化法则、成本合理化法则和管控系统化法则。

1. **战略赋合化法则**

战略赋合化法则是指保持分销网络架构及分销商行为与品牌战略的一致性。以实施多元化品牌战略的企业组织为例,当它推出新品牌时,就面临着是选择已有网络还是建构新网的问题,如果这一新品牌是一个在原有领域内的品牌,就应更多地利用已有分销网络;如果这一新品牌是一个新领域的品牌,则应考虑新建分销网络。即使是启用老网,由于分销商大多会将资源配置到提高已有品牌销量上,就应通过调整分销政策和考核指标的方式保证新品牌上市目标的实现。

2. **渠道细分化法则**

它强调渠道建设和管理必须接受产品组合、竞争环境和客户需求等多种因素的制约,深化渠道,精细管理,以此提升分销网络的差异性和分销管理的针对性。以微软为例,为加强对合作伙伴的支持和提升合作伙伴的能力，微软中国曾经推出名为"春耕计划"的渠道投资发展计划，旨在通过全面招募渠道伙伴加盟"微软经销联盟"，实现对目标市场的全面覆盖。在该运作计划中，微软就依据业务模式将微软经销联盟的成员划分为分销合作伙伴、增值合作伙伴和培训合作伙伴等不同类型，配以不同的管理措施和服务支援。

3. **建构弹性化法则**

它说明渠道建设与管理是一个连续的系统运作过程，需要在综合分析产品条件、竞争格局、渠道结构、市场周期，以及品牌战略的变化和营销策略的调整等影响因素的基础上，持续进行渠道再设计，在金字塔形和扁平化的渠道长度之间，在独家分销、选择分销和密集分销之间，在单一渠道和复合渠道之间，在水平系统和垂直系统之间做出再选择，保证目标品牌的渠道能够始终根据市场环境的变化，满足品牌自身不断变化的分销需求，保持相对的分销优势。

4. **成本合理化法则**

它强调分销网络建设与管理必须注意控制分销成本，建构和提升目标品牌的分销成本优势。进行分销成本分析时，不仅要将显在的交易成本、物流成本和库存成本等考虑进去，还应注意识别和控制隐藏的分销成本，包括事前的搜索、议价、谈判和保障契约等交易成本和事后的分销管控所产生的成本。由于分销成本产生和贯穿于整个分销环节中，因此协助分销商优化分销结构、提升分销效率成为越来越多的品牌经营者的选择，因为只有通过延伸管理才真正可能建构起持续的分销成本优势。

5. **管控系统化法则**

它提请品牌经营者注意将渠道建设、管理和促进等相关运作的主动权掌握在自己手上，以便在提高分销商网络安全性、降低分销风险的同时有效提高分销效率，实现合作双赢，助力品牌战略目标的实现。为此，渠道管理不仅需要将产品组合、物流仓储、网络建设、销售促进、分销团队、分销信息、分销关系和分销绩效等一并纳入渠道管理系统，还应随着市场发育阶段的不同和品牌营销策略的变化控制市场开发节奏，调整分销利润区，防止起自厂家的砸货和调价或者出自商家的窜货和封货等恶意分销行为的发生。

四、渠道促进路径

所谓渠道促进，是指品牌制造商推进网络分销、提升销售业绩、密切分销关系和维护分销秩序的一系列运作。渠道促进是品牌制造商及其分销商、零售商的共同需要。就制造商而言，产品由制造商流向分销商和零售商只是一种库存的转移，产品远未与消费者见面，经过主动的渠道促进，不仅可以推进分销商和零售商进货，还可以经由协助分销商分销，扩大市场覆盖面，缩短产品面市的时间，实现产品的最终销售。就分销商而言，必须通过持续优化品牌组合，争取品牌制造商的分销促进支援，为下游的低阶分销商和零售商争取更佳的商业机会，维护自己的区域市场的分销竞争力，实现自己的经营目标。

如图5-9所示，渠道促进呈现四个递进性的层阶：网络的促进、销售的促进、效能的促进和关系的促进。渠道促进首先致力于提高销售网络的建设速度，聚合优质分销商和零售商，形成立体化的复合销售网络,在推进网络建设的基础上,渠道促进朝向提升当前销售数量和利润的经营目标,而对于分销效能的关注和对分销关系的促进,显然有利于稳定销售网络,密切合作关系,对网络建设和渠道管理形成有力的支援,维护品牌形象。

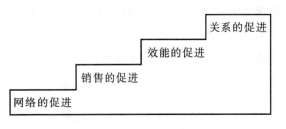

图 5-9 渠道促进四层阶

从渠道促进的对象分析,渠道促进包括面向高阶分销商的促进组合、面向低阶分销商的促进组合和面向终端零售商的促进组合三大运作板块。具体的促进方法包括有:基于网络建设的铺市奖励、陈列奖励和配送奖励等,基于分销关系的专销奖励、守约奖励和续约奖励等,以及信息支援、管理支援、培训支援和公关支援等。

在传统的渠道促进中,大多数品牌制造商是以销售促进为核心展开运作的。也正因为如此,才有了所谓抢仓、锁仓、清仓、斩仓和倒仓等一系列以品牌制造商当前利益为宗旨的渠道促进做法。以抢仓为例,作为在销售旺季到来前品牌制造商以特别的分销促进手段获得经销商订单的分销行为,抢仓可以使品牌制造商一方面获得经销商的资金,抢占经销商的仓库,即使是竞争品牌鼓动经销商进货,经销商也会因为资金和仓库已经占用而无法进货;另一方面,也起到良好的融资作用,缓解了品牌制造商在销售旺季时的资金压力。

根据具体竞争局势的变化,抢仓又可以衍生出挤仓、围仓和逼仓等不同表现形式。其中,挤仓是指品牌制造商在竞争对手已经抢先占仓的情况下,以更优厚的分销政策和合作支持赢得经销商后续订单,将先行入仓者挤出去;围仓是指品牌制造商为了预防竞争对手的抢仓,提前与经销商达成特别约定,从而保证经销商在竞争对手的利诱前依然能够将资金投向自己,从而达到护仓的目的;逼仓是指在竞争对手已经抢仓的前提下,品牌制造商利用自己的品牌力量向经销商施压,逼其调整或者停止与竞争对手的合作关系,从而达到护仓的目的。对于经销商而言,与抢仓相对应的行为就是跟仓,以便自己从对制造商的资金支持和其他分配配合中获得额外的分销利润。

很显然,在分销环境的大变革中,传统的基于当前销量和利润的销售促进的弊端已成难以克服的痼疾,过度的销售促进不仅容易引发窜货、挑价等不良分销行为,而且必然破坏市场生态,损害目标品牌的行业形象及长期收益。为此,越来越多的品牌经营者开始将渠道促进的注意力转移到协助分销商提升分销竞争力、持续赢利能力和增值服务能力上,以便形成符合自己利益的分销网络和分销关系,建构分销网络防火墙,提高分销转移成本。

第六节 终端营销

所谓终端,是对产品与消费者见面、实现最终销售的场所的统称。与渠道资源一样,终端资源从属于品牌资源,是市场营销资源的主要构成之一。健全的终端建设、系统的终端管理和持续的终端促进可以有效建构起终端竞争优势,不仅可以使产品与消费者见面,实现最终销售,使空中的广告落地,兑现为现实的销售业绩,更可以使品牌制造商依据终端销售统计调整生产计划,保持合理库存,还可以及时反馈信息,调整产品结构和设计,提高产品竞争力。完整的终端营销,包括终端建设、终端管理和终端促进三个运作模块,终端营销模型如图5-10所示。

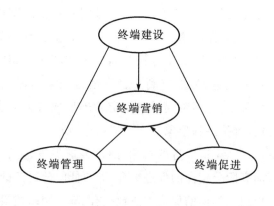

图5-10 终端营销模型

一、终端策略的影响因素

终端策略是指为实现品牌营销目标,对产品的零售渠道的建设、管理和促进进行的统筹谋划和安排。与渠道策略一样,终端策略同样受到多种因素的影响,主要包括以下方面。

1. 消费行为的影响

无论是渠道的建设,还是终端的布局,其立意都是以经济的成本保证目标消费者能够方便地选购到产品。因此,从消费行为出发可以寻找出适合目标品牌的最佳终端组合。以饮用纯净水品牌的终端策略来说,首先,由于经济条件的影响,个人收入较高的大城市和较为发达的中小城镇有能力消费饮用纯净水,因此,其终端建设的重心应该放在城市市场。其次,饮用纯净水的消费者有个人用户、家庭用户和公司用户之分,其中,个人用户的消费明显属于一种随机性消费,大多会在感到口渴时顺便买瓶水,因此,遍布大街小巷的便利店就成为抓住这群消费者的战略性终端。与个人用户不同,公司用户和家庭用户绝大多数情况下对于饮用纯净水的需要是相对固定的,而且是对桶装水的需求,因此,便捷的供水点就成为桶装水的战略性终端。

2. 竞争格局的影响

在相同或者不同的业务领域里,不同的品牌拥挤在同类终端中,不仅造成零售终端供应紧张,无形中提升了零售商的砍价能力,而且容易导致进场费用和陈列费用飙升,账款周期延迟,还容易阻塞终端,与众多品牌争抢同一客流,形成恶性竞争。基于拓宽零售网络、形成差异化的终端网络优势的目的,不少品牌经营者致力于终端创新,新兴的中小品牌或聚焦于新兴的大卖场和连锁超市,或避开传统终端进入相关性终端,面对竞争者挤压的强势品牌不仅加强对大店终端的形象建设,更将视野投向原来忽视的小终端,着力通过购买货架、强化陈列和零售竞赛等方式驱逐竞争者,稳固提升自己的终端零售优势。

3. 零售趋势的影响

值得品牌制造商关注的零售趋势有三:一是以大卖场、连锁超市、专门店和便利店为代表的现代终端的兴起,以及随之而来的零售集中度的提升;二是在供过于求的情境中,零售商开始掌握话语主动权;三是零售商加快推出自有品牌比例。随着零售行业的大变革及其变化趋势,品牌制造商一方面要根据其品牌定位和市场策略等及时调整终端结构;另一方面必须加强品牌建设力度,提升自己的议价能力,制约零售商的自有品牌业务,还需要根据零售商的利润需求,与其形成紧密协同的合作关系,在帮助零售商提高零售空间贡献率的同时,为自己建构起富有竞争性的零售网络。

4. 产品属性的影响

这里所谓的产品属性,是指产品的易腐性、体积和重量等物理属性,以及产品的保值性、时尚性和价值性等消费属性。产品的物理属性对于渠道策略的影响是异常显著的,例如容易腐烂的冷冻食品不仅需要渠道长度短,而且需要在具备冷冻和空调条件的终端进行销售,体积大、重量轻的纸制品不仅需要着力降低物流成本,更需要小量多次供应,满足终端销售需求。与产品的物理属性相比,产品的消费属性对于终端策略的影响也不可忽视,例如,容易贬值的IT产品需要通过直销和专业终端直接面向行业用户和普通用户,时尚性的产品不能进入流通市场而应该选择时尚卖场,高价值的产品需要远离以廉价著称的折扣店。

5. 品牌定位的影响

相对而言,定位于高端市场的奢侈品品牌,单位利润空间大,选择直供型的专卖终端建设模式可以充分体现自身的品牌价值,维护品牌形象,满足目标消费者对于优雅的购物环境、轻松的选购氛围和专业的咨询服务的消费需求;定位于低端市场的易耗品品牌,单位利润微薄,选择分供型的普售终端建设模式可以使注重实惠的消费者方便地选购到产品,实现海量销售,换取规模利润。

6. 资源配置的影响

作为市场营销资源的基本构成之一,终端建设势必受到目标品牌整体资源累积策略以及产品供应资源、形象传播资源的影响。终端的建设需要丰富的产品支持,否则就会出现大马拉小车的现象,难以满足多样化的消费需求,终端产出也会受到很大的局限,而强有力的传播投入势必需要大量普售终端的支持,方可能摆脱广告落不了地的尴尬,使传播效应及时转化为销售业绩。对于急速推进终端建设的品牌而言,还需要高效运作的组织运营资源的支持,防止由于人力资源的匮乏、管控措施的不力等因素致使终端建设和管理陷于失控状态。

二、终端建设策略

"网络是金,终端为王"已经成为众多品牌经营者的共识。作为直接实现销售的最终环节,终端是消费者在琳琅满目的货架前做出实际购买决策的"最后一米"和"最后三秒钟",其重要性不言而喻。酒吧里啤酒促销小姐们活跃的身影,化妆品店内的宣传促销,各大电工品牌无处不在的店头广告,更加坚定了品牌制造商们全面占领终端的决心。那么,在进行终端建设时,应遵循怎样的基本策略呢?

1. 终端建设策略需要明晰未来终端的归属

依照终端的专业性,终端建设可分为专卖终端、共享终端和寄生终端等基本类型。

其中,专卖终端具有鲜明的专卖性,只销售目标品牌的产品,不接纳其他品牌产品,不仅有利于销售目标的达成,还可以在维护品牌形象方面发挥积极作用。但专卖终端的建设费用相对高昂,同时对产品供应和品牌号召力的要求也比较高。脱离品牌发展实际大肆建设专卖终端,容易脱节,造成市场的混乱。专卖终端亦可细分为直营终端和特许终端两大类型,实施专卖终端建策略的品牌大多会控制直营终端和特许终端的比例，以便发挥直营终端对特许店的管理、培训和形象管理职责，保证运营品质和市场安全。在专卖终端建设压力过大的情况下，品牌经营者会选择建设共享终端，即终端建设与运营归于零售商，但目标品牌可以通过给予分销提成、陈列补贴和形象支援等形式，使其成为目标品牌的形象终端，在不排斥竞争对手销售的前提下保证自己的零售空间和对零售资源的有效占有。寄生终端是目标品牌专有性最弱的一种终端类型，在这样的终端里，目标品牌无论是在对零售空间和其他零售资源的占有上，还是在终端销量和终端形象上都处于补缺角色，只是目标品牌终端的有益补充。

2. 终端建设策略需要对终端的产品供应进行约定和说明

依照终端的产品来源，终端建设可分为直供终端、分供终端和延伸终端等基本类型。

顾名思义，直供终端是由制造商直接供应产品的终端类型，由于取消了中间的分销环节，直供终端可以比普通终端获得更高的利润收益。直供终端是在零售商议价能力的提升以及竞争环境变化的条件下出现的，该类终端的建设和管理成本相对较高，对于自身的产品品质、供应服务等方面的要求也更为苛刻，而对于大多数制造商而言，直供终端属于战略性的终端资源，也可以由此形成相对的竞争优势，因此有必要通过设立大客户部等方式进行重点建设。分供终端是指由目标品牌的分销商负责供应产品的销售终端，是分销商利润的主要来源之一。面对制造商愈演愈烈的直供趋势，传统的分销商开始走出专业市场，向现代销售公司转型，通过扩大自营终端、加强深度分销管理等方式适应品牌制造商的分销需求。延伸终端是在二级、三级分销商的推动中形成的，它们虽然脱离制造商和分销商的管辖视野，但却构成整个终端系统的基础，帮助消费者随时随地买到目标品牌的产品。在日益激烈的市场竞争中，以海量分销为特征的强势品牌纷纷将延伸终端纳入终端建设和管理范畴，提升自己的终端零售优势。

3. 终端建设策略应对未来终端形象进行清晰鉴定

依照终端的形象性，终端建设可分为形象终端、标准终端和普售终端等基本类型。

形象终端是定位于高端或中高端市场的品牌的必然选择，一般具有以下特征：优良的销售场所、独立的零售空间、良好的终端形象、齐备的产品供应、专业的终端代表、周全的咨询服务、丰富的促销活动。当然，与形象终端相伴随的是高投入下的超值销售回报，以及在巩固和提升品牌形象的统一性，但更多是注意平衡形象塑造与销售业绩，进行品牌建设和管理。在一般情况下，标准终端的零售面积相对适中，产品陈列也比较规范，有的还会设有1~2名导购员。对于大多数定位于中低端市场的品牌来讲，强化标准终端建设是占领城市市场的关键所在，如果缺乏有效的标准终端建设和管理，在终端大战中势必会处于劣势。普售终端是数量最为庞大的终端类型，是大多数低端或中低端品牌实现最终销售的主要场所。对于这些品牌的管理者而言，必须放弃自然销售的习惯性思维，通过有效的终端建设和管理不断扩大自己的零售空间，争取良好的货架位置，实现标准化陈列，在提升零售商收益的同时提升自己的销量，避免被零售商和消费者共同推向市场的边缘，甚至被淘汰出局。

4. 终端建设策略需要设计清晰的终端架构

常规的终端架构设计从终端宽度设计、终端深度设计和终端密度设计三个方面展开,如图5-11所示。

其中,终端宽度是对零售终端类型数量及其构成的预置和说明,有窄带终端、均衡终端和宽带终端之分;终端深度是对同一零售层级中所选用的零售商数量及其构成的预置和说明,有独家零售、选择零售和密集零售之分;终端密度是对终端数量及其分布的预置和说明,有低密终端、适量终端和高密终端之分。在设计终端架构时,必须放弃终端最大化的习惯思维,从终端结构合理化出发,遵循分类建设、突出重点、选育结合、建撤有序、形象先导和控制风险的法则展开运作。"玉兰油"的终端架构设计中贯彻了分类建设的法则,它将定位在中高端市场的多效修护系列、净白莹彩系列和新生焕肤系列产品放在商场专柜销售,以便体现和提升产品的科技含量和价值感,经由美容顾问提供附加服务改变和加强消费者的购买欲望。同时,它将定位在中低端市场的普通的美白、防晒和滋润系列产品放在超市销售,不仅符合产品系列的市场定位,而且由于消费者对于这些品种非常熟悉,能够自主选择,因此减少了运营成本。

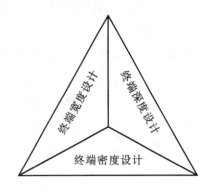

图5-11 终端架构三要素

5. 终端建设策略需要明晰零售关系

常规的零售关系设计从制造商与直供零售商关系设计、分供零售商关系设计和衍生零售商关系设计三个方面展开。

其中,制造商与直供零售商关系设计是对合作双方责任与权利的预定。在通常情况下,由于直供零售商的经营业态多数是大卖场、连锁超市和专门店等现代零售业态,对于制造商的产品品种、产品品质、供应周期、形象管理和服务支援等方面的要求相对苛刻,制造商大多通过设立大客户部的方式为战略地位显赫的直供零售商提供定制化服务。分供零售商是由终端型分销商开发和管理的,他们虽然在战略地位上不如直供零售商,但经营贡献颇大。为此,品牌制造商必须将他们纳入自己的零售管理系统中。当然,在设定分供零售商关系时,制造商必须正视终端型分销商这一环节的存在,明晰自己与分销商不同的管理职责,防止由于越俎代庖影响到与分销商的合作关系。衍生零售商关系大多是由流通型分销商促生的,虽然经营贡献可观,但由于大多处于自然建设状态,缺乏零售管理。为了提升零售效力,维护品牌形象,制造商倾向于选择深度分销的方式扩展自己的零售空间,并从中遴选出代表性终端建立零售终端监测网络,提升自己的市场反应速度,为产品供应和营销传播等相关运作提供支持。

6. 终端建设策略需要明晰零售成员的甄选条件

常规的零售成员甄选从直供零售商甄选、分供零售商甄选和衍生零售商甄选三个方面展开。

其中,对于直供零售商的甄选是品牌制造商直接完成的,需要考察零售商的零售能力和经营品类及品牌组合,分析进入成本,预测产出收益,并从品牌形象管理的角度考察终端零售形象是否能够与品牌形象一致,以便做出精当的选择,降低零售风险。对于分供零售商的甄选由终端型分销商负责,但在选择多家分销方式推进终端建设时,品牌制造商应根据其终端策略进行指导和监察,以便为分销商提供合理的零售网络建设支持,同时又能够将零售网络建设支援成本控制在合理的范围内,保证建成后的终端零售网络符合整体品牌的利益。对在流通型分销商及低阶分销商运作中形成的衍生零售商,制造商无从甄选,但可以进行反向控制,防止产品进入损害品牌形象的零售终端,保持市场业绩和品牌形象的平衡。在完成零售成员甄选后,品牌经营者可以采取分类授权、分级许可等方式固化零售网络,密切零售关系。另外,需要说明的是,随着渠道的扁平化和终端的多样化趋势的加速,品牌经营者会越来越多地加大零售成员甄选运作量,以此提升零售网络建设质量,预先降低终端零售风险。

具体的终端建设流程大约包括七个步骤:分析零售局势、评价竞争品牌、确认品牌需求、界定终端角色与功能、制作目标终端地图、明晰开发序列和进场接洽与签约。

三、终端管理规范

如果说终端建设是一个选点和布点的过程,终端管理就是一个控点、盘点和优化的过程。系统的终端管理可以使目标品牌摆脱单纯依赖大分销的弊端,进一步巩固初步建成的零售网络,维护零售秩序,提升终端零售效力,建构和维系终端形象。基本的终端管理规范,包括组织架构与职责、管理内容规范和管理行为法则三大方面。终端管理行为法则,主要包括以下五个基本法则。

1. 巡场动线法则

巡场动线法则是指通过对零售终端的持续巡视和盘点,不断优化网点结构,保证产品供应,提升零售效益。零售业的快速发展和零售商圈的不断变化,必然会孕育出适合目标品牌零售的新点,也会使一些原本适合目标品牌的终端变得不太适合,品牌经营者自然需要通过通盘质询,做出对应性调整,解问题点,护明星点,挖潜力点,从而及时剔除亏损售点,提升运营质量,减轻财务压力和运营风险,奠定零售网络再扩张的基础。通过连续的巡场管理,还可以保证零售商库存产品品类齐全,维持安全存量,使之坚持先进先出、新鲜循环的原则,保证已上架产品循环摆放,旧货在前,新货在后,及时补架,保证充分利用有限的零售空间。

2. 陈列标准化法则

陈列标准化法则是指终端运作者应严格遵循陈列标准,保持目标品牌终端形象和有效的品牌露出度。进场并不意味着终端建设的完成,而是刚刚开始。零售商允许产品进场,是期望产品能够带来利润,在进场之前,已经有人被逐出场外,如果不能给零售商带来利润,不能用自己的零售业绩提升零售商的利润率,必然会招致同样的待遇。为此,产品进场之后,最为紧要而且需要坚持展开的管理工作就是保证终端陈列标准化。通过编制终端陈列标准,可以优化产品陈列效果,提高季节性主打产品和售点广告的可见度,挤压主要竞争者的零售空间,方便消费者选购,维护目标品牌的终端形象。

3. 终端生动化法则

终端生动化法则是指可以赋予零售终端以目标品牌自有的形象风格,突出品牌个性,达成对消费者的"包围",做出购买暗示。在终端生动化运作中,应将产品堆垛、广告投放、终端物料、活动促销及终端销售代表等一并纳入,沿着消费者在零售终端内外的行为习惯展开。以其中的售点广告管理为例,首先要注意广告的选用,保证产品品类、主推产品与售点广告相匹配,防止新旧两个主题的广告物同时出现,应保证广告海报张贴在显眼的位置,如入口处、视平线处和货架前等黄金位置,并保持广告外观完整、洁净,不可被其他物品遮盖,及时更换和拆除已褪色的广告海报。

4. 促销规范化法则

促销规范化法则是指从品牌定位和形象风格出发规范促销行为,防止过度促销对于品牌价值和品牌形象的损害。在日渐激烈的终端竞争中,促销经常化曾经是众多本土品牌占领实地的最佳选择,在强势品牌的广告攻击下,弱势品牌可以通过经常化的促销截获顾客。但随着终端促销行为的泛滥,其原有的独特效用已经显著降低,使得品牌经营者不得不由原来的降价促销转向增值促销,通过一系列规范约束自己及其分销商、零售商的促销行为,实现销售目标和品牌形象的平衡。

5. 信息保障化法则

信息保障化法则是指零售终端的信息必须实现系统、规范和准确地收集和反馈,保持目标品牌对零售终端变化的敏锐反应,为品牌经营者决策提供依据,提高零售效力,降低终端风险。这里所指的零售终端信息,既包括零售商和终端的基本商务资料、经营状态与发展趋势等,也包括目标品牌及其竞争对手的终端建设、管理和促销等方面的基本资料及异动情况。根据资料密级的不同,相关信息成果可以与相关的分销商、零售商及内部运作团队进行不同程度的分享,以期统一认识,协同运作,共同提升零售效力。

四、终端促进路径

所谓终端促进,是指品牌制造商推进终端建设、提升零售业绩、密切零售关系和维护零售秩序的一系列运作。随着现代零售业态的兴起,零售商不仅因为议价能力的提高而挤压制造商和分销商的利润空间,更通过加大自有品牌产品比例动摇制造商的经营根基。在此情势逼迫下,制造商不得不加强品牌建设,通过提升品牌吸引力与零售商抗争,同时从提升自己对零售商的赢利贡献出发,进行产品定制,优化供应管理,加强销售促进,以期与零售商形成利益共同体,从而不断提升自己的经营业绩。

如图 5-12 所示,终端促进呈现出四个递进性的层阶:网络的促进、销售的促进、效能的促进和关系的促进。终端促进必须提高零售网络的建设速度,聚合优质零售商,形成富有效力的零售网络,在此基础上通过扩大顾客群,提升单位顾客购买量和购买频次等运作组合提升销售业绩。在此过程中,进一步密切与零售商的关系,协助零售管理,从而巩固和提升自己的终端零售优势,维护品牌形象。

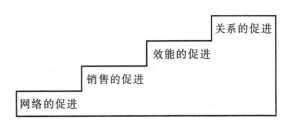

图 5-12 终端促进四层阶

从终端促进的对象分解，终端促进包括面向营业代表的促进组合、面向品牌代表的促进组合和面向消费者的促进组合三大运作板块。具体的促进方法很多，以面向消费者的促进为例，就有基于新品上市的样品派送、免费试用等，基于消化库存的优惠折让、限期销售等，基于吸引新客的产品买赠、以旧换新等，基于答谢熟客的增值服务、积分奖励等。

需要强调的是，终端促进不应仅仅着眼于当前销量的提高，更为重要的是通过促销深化品牌认知，创建品牌个性，扩大客源，提升顾客忠诚度，防止品牌转移。着眼于品牌成长的终端促进活动具有优势性、关联性、互动性和易控性的特征，促销活动的创意差异性强，容易直接促进运作目的的达成，活动主题与目标对象的需求紧密相关，可以激发人们的参与热情。在"白加黑"的上市促销活动中，就采用了电话促销的形式，通过在报纸上刊登促销广告，吸引潜在消费者"打个电话，驱走感冒"，获得了良好的促销效果。

当然，脱离狭义促销，从整个营销过程筹划销售促进运作时，可以使促销运作摆脱狭窄的运作视野，进入广义促销的新领域。这里我们以通过陈列标准化运作的促销效果为例予以说明。常规的陈列标准化运作内容包括货架空间管理、活动货架管理和产品陈列管理三个部分的运作内容，本着鲜明、清晰、有序、齐备、整洁的基本法则展开。其中，货架空间管理需要对产品的架位、货位、外观、价格牌、次序和比例等进行标准化的控制。在同一卖场内，不同位置的货架、同一货架上不同的货位意味着不同的客流量和顾客注意力，卖场经营者根据其盈利预期会给予不同的品牌不同的面积，目标品牌的理货员应根据卖场管理要求，努力争取获得本品类中最佳的货架位置。货架外观的整洁性也直接影响消费者的选购可能性。为此，理货员应协助卖场维护货架外观，保持货架特别是自己的货位整洁和洁净；为了方便消费者选购，理货员还应该保证上架产品均有明显的价格标示。在制造商的品牌和品种众多的情况下，理货员理应严格按照品牌和品类的主次进行有机排列，在保证货架排面至少不小于竞争品牌的基础上，还应保证上轻下重，品种同层，品牌垂直对应。

如果卖场难以提供足够的货架空间时，理货员可以争取提供活动货架，进行主题活动促销、节假日例行特卖，保证高流转产品有更多的存货量。活动货架管理需要从位置、排面、包装、展示和方式等方面进行规范管理。活动货架应设置在连锁超市或者便利店内本品类销售区前、主要陈列区末端、竞争品牌货架前，并靠近相关产品；在品牌和产品众多又需要同时陈列的条件下，主导产品应垂直陈列，排面应占整个货架的 50%，其他品牌产品依照销售量比例陈列；视产品包装的不同决定不同的陈列方式，如易拉罐装的饮料适于落地陈列，而利乐砖包装的乳品更适于随架陈列；在每个品类前都应清楚地标示"品牌""规格""价格"及"特价"等促销信息；视陈列目的的不同决定不同的陈列方式，如新品上市时多选取"岛型"方式陈列，摆放于卖场主入口区或者宽通道的中央，消费者可以从四面拿取，例行促销时多选取端型落地陈列方式，多摆放于货架末端，提高消费者随机选购的可能性。

产品陈列管理需要对陈列的位置、方式和价格等方面进行规范管理，选择在消费者容易看到的商区、通道和货架进行陈列，根据卖场大小、陈列目的等影响因素确定陈列品类、体量、排面，组合岛式陈列、堆垛陈列、量感陈列、盘旋陈列、端头陈列、活面陈列、悬挂陈列、随垛陈列、对比陈列和关联陈列等各种陈列方式，使整个品牌的终端形象动感跳跃，产品显而易见，伸手即取。如遇有价格促销活动时,应清楚地标示"产品规格""原价""现价"和"节省差价"等基本信息,促成消费者选购。

第七节 招商管理

招商有广义和狭义之分。狭义的招商,是指制造商为了使新产品、新服务快速铺向全国市场,建构分销网络,缩短产品入市时间,实现高速扩张,缩短投资回报期,在较短时间内针对分销商、零售商和其他投资人采取的一系列广告宣传和销售促进活动的总称。广义的招商,还包括卖场招商、区域招商。

很显然,产品招商和卖场招商、区域招商的主体、对象、目标是不同的。产品招商的主体是制造商,它希望通过招商寻找到理想的经销商,将其新产品(或者新的服务)快速上市,缩短新品上市时间和投资回报时间,并借此机会搭建全国性分销网络,实现高速成长。依照招商产品创新程度的不同,我们可以把产品招商划分为创新性产品招商、仿创性产品招商和跟风性产品招商三种类型。其中,创新性产品大多潜力巨大,具有广阔的市场前景,但需要解除经销商对于培育市场的疑虑;仿创性产品虽然创新有限,但由于是对市场上成熟产品的嫁接,不需要进行市场教育,因此更容易获得经销商的青睐,如果能够辅以强势推广计划,势必引发经销商抢单;跟风性产品在招商项目中是最为普遍的,也是最为缺乏市场竞争力的招商产品,只能吸引到一些长于短线运作的中小经销商。

与产品招商不同,卖场招商的主体是专业市场投资者或者零售卖场投资者,希望通过招商迅速吸引商家进场,聚集人气,活跃气氛,使卖场早日步入良性经营。区域招商的主体则是各地政府,希望通过招商,吸引投资者参加到旧城改造、新城建设和高新技术产业开发区建设中,并由此改善投资环境,提高投资吸引力,提高区域经济总量和利税总量,改善本地就业水平。

一、招商的工具

如图5-13所示,常用的招商工具主要有以下四种。

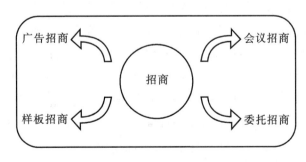

图5-13 招商的四种工具

1. 广告招商

这是最为常用的一种招商工具,其优点在于发布快速,信息传播范围广,排他性较强;缺点在于受招商项目本身的局限,定向性难以把握,广告投入容易失效。为了保证广告招商的效果,其一,要选择适合招商项目的行业媒体或其他专业性的媒体;其二,招商广告信息要丰富,主题一定要鲜明,将招商项目的比较优势、投资保障、广告支持和管理团队等要项一一列明,切忌信息模糊和单薄,注意把握招商信息的可信性,防止过度承诺;其三,招商广告一定要连续化,要么通过大版面的集中投放吸引潜在合作者的注意,要么通过系列化的投放详尽说明项目信息,防止预算不足导致广告投放浪费;其四,广告信息要动态化,即将首次发布招商广告后的招商反应(如已签约市场名单、名家加盟等)及时在其后的招商广告中有意透露出来,提升潜在合作者主动联系和签约的紧迫性;其五,保证招商广告与其他工具的互动和协同化,将招商广告发布与媒体采访、公司新闻、招商会议信息发布和其他招商工具有机组合,可以使招商广告发挥最佳的投放效应;其六,要注意保持广告风格与招商项目所属领域和定位的一致性,粗糙的广告设计不仅会降低招商信息的可信度,而且会损害招商形象,降低广告反馈率。

2. 会议招商

从会议组织者角度,会议招商可以分为独立会议招商和展会招商;从会议形式角度,会议招商可以分为拍卖会、说明会和公关活动等形式。它们的共同优点在于潜在合作者集聚,洽谈双方地位平等,可以直接展开面对面的沟通。独立会议招商封闭性强,传播信息单一,来宾合作意向明确,达成合约可能性高,但招商费用高,由于潜在合作者云集,相互沟通机会多,容易滋生小道消息,而且为后期的管理带来一些隐患。展会招商的实质就是与独立会议招商相对的联合招商,潜在合作者数量更多,但由于竞争项目多,信息庞杂,干扰性高,容易受到强势项目挤压,被潜在合作者所冷落。选择独立会议招商还是展会招商,既要受到招商项目本身的市场吸引力的影响,也要视投资者本身的招商期望和资金实力而定。选择独立会议招商形式时,一定要注意招商会期间的接待、商洽、签约和联谊等运作环节管理的规范性、连贯性,防止招商形象受损。选择会展招商形式时,可以通过现场广告投放、新品发布会和联合推广等形式提高本项目的露出度,吸引潜在合作者的注意力。

3. 样板招商

无论是豪情满怀的招商广告的拉动,还是循循善诱的会议招商的推动,对于潜在合作者都只是一种想象和期望,在拥挤的招商项目群落中,他们更为看重可以看得见的成功。为此,一些招商项目管理者启用样板招商这一招商方式,意在用事实说话。与广告招商和会议招商相比,样板招商的优点是鲜明的,就是看得见的市场表现,看得见的投资收益,容易通过本项目实际的市场表现说服犹豫中的潜在合作者,尽早达成合作协议;样板市场的缺点也是鲜明的,即投入费用高昂,时效性不足,样板市场的启动不仅仅需要相对较高的市场运作资金支持,而且也必须通过一定的时间后才可能见效果,对于一些容易贬值、时间要求苛刻的项目来说这一形式显然并不适合。更应注意的是,为招商服务的所谓样板市场存在着目的颠倒、样板错置、动作走形和评估偏颇等一系列运作陷阱和误区,容易给潜在合作者带来过高的投资回报预期,并埋下了合作隐患。

4. 委托招商

委托招商更多地见于卖场招商和区域招商领域,有关系招商和第三方招商两种形式。前者是指通过已经达成合作关系的合作者,获得新的合作者的青睐;后者则是将项目管理委托专业的招商机构,利用它们特有的行业资源和专业知识,主动向潜在投资者推荐项目。委托招商的优点有三:关系营销的特点决定了它的可信度较高,容易获得潜在投资者的好感和信任;专业营销的特点决定了它的传播过程定向化,信息不受干扰;小众传播的特点决定了它的传播成本较低,投入产出比较高。委托招商的不利之处在于受到被委托者的资源状况和专业化水平影响,覆盖面窄,规模化签约的可能性不大,容易与招商项目管理者期望的全面签约目标发生矛盾。

二、招商的基本流程

以品牌制造商为例,系统的招商运作流程包括以下三个步骤。

1. 分析招商价值

面对一个具体的招商项目,我们可以围绕产品创新性、品牌影响力、市场容量、市场发展阶段和市场集中度等因素分析其招商价值。一个招商项目,如果产品创新特征明显,其企业品牌为强势品牌,目标市场巨大,而且已经进入高速发展阶段,市场集中度又比较低,我们就可以判定该项目具有明显的招商价值。根据前述几项指标,可以把林林总总的招商项目划分为三类:领先型项目、竞争型项目和补充型项目。

其中,领先型项目又可以分为产品领先型和品牌领先型,前者以中科暖卡招商为代表,后者以娃哈哈童装招商为代表。由于需要强大的产品支持和品牌支持,领先型项目在招商市场上属于稀有品种,也正因为如此,虽然合作门槛很高,领先型项目依然会受到投资人的追捧,在未来的市场运作中也会得到投资人的全力支持。竞争型项目是指产品同质化、与主要竞争品牌影响力相当的招商项目,如保暖内衣品牌招商大战中的"南极人""北极绒"的招商。很显然,在产品竞争力和品牌竞争力旗鼓相当的情况下,若想获得更好的招商效果,就必须起用销售促进政策、广告投放和明星代言人等手段。在充满诱惑力的销售政策前,在强大的广告投放计划和明星代言人的"蛊惑"下,投资者自然会被吸附住。补充型项目是招商项目群中的配角,产品差异性不足,企业品牌不突出,市场支持力度不强,招商广告投放零散而不连贯,对于投资者而言,这样的项目很少进入他们的视野,即使是偶然闯入,也仅仅会被他们当作补充经营项目。

2. 制订招商计划

招商是企业的第一次营销,也是新产品的第一次营销,必须有严密的招商计划和管理才有可能提高其成功概率。一份完整的招商计划书,应该包括招商环境、招商对手、招商对象、招商目标、招商政策、招商推广、招商组织和招商预算等内容。招商目标有大小之分,快慢之别,远近之分,轻重之别,制订招商计划时,必须综合评估招商项目的总体竞争力和相对竞争优势,以及招商环境、招商对手和企业资源的约束性,明确界定目标招商对象,制定清晰、合理和分阶段的招商目标。招商政策是支持招商目标实现的首要条件,与大广告、大投入和大承诺的招商政策不同,保持诚信、双赢、发展和持续的基本心态制定出的招商政策对投资者的刺激性弱,但可以使招商之后的表现更为稳健。视招商目标和招商投入条件的不同,招商推广有焦点突破和整合推广之分。前者的招商投入有限,偏好将有限的资金投入到一个点上引爆市场,如培育一个感染性极强的样板,策划一次转载率极高的新闻等;后者由于项目好、性能佳,招商预算充足,往往可以从容整合多种招商工具,获得更高的招商收益。招商推广是成功招商的一翼,招商组织是成功招商的另一翼。对招商组织的优劣势分析、调整、优化和重组,可以为招商执行和繁多的后继运作提供组织上的保证,防止招商计划在执行过程中遭遇"突然死亡"或者在后继的深度招商推进中"流产";视招商组织决策导向的不同,招商预算有刚性预算和软性预算之分。

3. 制定管理规范

良好的招商管理规范不仅可以在组织内部建立起明晰、简洁和高效的招商流程,提高市场反应速度,保证招商安全性,更可以在外部树立与招商项目定位一致的招商形象,增强合作者信心,提高签约可能性。标准的招商管理规范,包括信息收集和保密规范、远程和现场商洽规范、合约审批规范、后期跟进规范、招商形象规范和危机应对规范等,其中需要特别提醒的是商洽执行管理和招商形象管理两个方面。招商是组织和组织之间、人和人之间直接交手较量的过程,如果没有严谨娴熟的商洽管理会使招商组织失去一些黄金客户的青睐。为此,在为客户提供招商服务时,特别强调对远程的、现场的商洽能力和技巧的培训。同样地,如果没有与招商项目定位一致的富有吸引力的形象支持,不仅会降低未来客户的合作热情,而且也会明显影响己方人员的信心。

在上述计划性的步骤完成后,接下来展开的就是具体的制作招商工具、执行招商计划和评估招商效果等后继运作了。

第八节 博弈大卖场

表5-1是一张令品牌制造商群体愕然的费用列表。

表5-1 大卖场进场费用列表

费用类型	费用子列
进场费用	新品进场费
陈列费用	端头费、堆垛费
管理费用	人员管理费、排面管理费、服务费、咨询费
宣传费用	节庆费、店庆费、DM海报费、广告费
合作费用	出厂价让利、送货延误扣款、补损费、无条件退货、税差、补差价

在供应短缺的黄金时代过去,市场供过于求之际,在传统的渠道分销日渐失效、终端建设大比拼日渐激烈之际,在制造商日渐失语、零售商议价能力越来越高之际,对于急切奔往生意红火的大卖场途中的快速消费品制造商来说,如何处理大卖场开给自己的高额进场费用这一问题是绕不开的。中国零售市场正在加速开放,零售渠道的垄断化程度正在加速,各大卖场的话语权正在进一步增强,零售商商标产品正在大量涌现……在此风云变幻的大背景下,品牌制造商应该怎样应对呢?我们提出以下六大基本策略性应对方法。

1. 按照"二八法则"精简卖场及其门店数量

在不同的区域市场中,大卖场的市场占有率是不同的;在同一区域市场中,不同零售商的市场占有率是不同的;在同一零售商旗下,不同门店的市场地位、影响力和市场份额也是不同的。品牌制造商可以从这三个方面考虑降低此类终端的进场费用。首先,基于大卖场在不同区域市场的地位进行差别化管理,对于大卖场已经成为主流卖场的区域市场,而自己又无力进场者,可以选择一些关键性的卖场进入,起到提升品牌地位和形象的作用即可。对于自己的市场地位稳固、市场贡献率较高的区域市场,则必须倾力进入,全面保护和维系自己的市场根据地。即使是面对同一区域市场,也应该综合考虑不同卖场的商圈和市场占有率,按照"二八法则"有选择地进入。由于有些进场费用与门店数量相关,对于同一零售商也应该遵循同样的法则有选择地进入,以降低进场费用,提高整体收益。

2. 按照"二八法则"精简进场品种数量

从此类卖场的进场费构成可以看出,进场费用中有很大一部分是与进场的品种数量相关的,如新品进场费、堆垛费、排面管理费等,对于零售商而言,这既使其充分利用稀缺的零售资源获得经营收益,又可以有效防止品种泛滥,提高单位零售空间贡献率。对于产品目录丰富的品牌制造商而言,此类费用就使它必须综合考量应该选择哪些产品进场,才能保持进场收益和进场费用的平衡。按照"二八法则"遴选旗下的产品自然不失为有效之举。需要注意的是,做出进场品种及其数量的决策时,应考虑三个问题:一是如何实现以品种为计算单位的进场费用和以厂家为单位的进场费用的最佳配比,防止因品种类费用下降而厂家类费用的上升造成总体不经济;二是如何保持进场产品结构的合理性,防止因过于重视现金流产品而忽略对未来之星的培育;三是考虑与已进场的主要竞争者在特定卖场内的相对竞争力,防止因品种过少、陈列面过窄被竞争对手打压。

3. 与分销商分摊进场费用

如果品牌制造商没有直接进行终端建设,但又需要通过分销商完成此类建设,提高自己的终端竞争力,就可以与分销商洽谈分摊进场费用问题。对于直接做终端的分销商来说,由于他们的收益来自终端零售业绩,分摊提议容易获得通过,但对于传统的单纯做渠道的分销商而言,由于他们一般获利于渠道批发差价,直接做终端的积极性不高,也欠缺这一方面的市场资源和运作经验,往往会左右推诿。在此情况下,如果品牌制造商认为此类建设势在必行,则可以采取变通的办法,或另行设立新的终端型分销商,满足自己开拓此类卖场的需求,或派遣操作人员协助分销商完成入场和管理,促成分销商同步转型,或自行建立大客户部直接服务大型零售商。

4. 利用行业协会联合议价

从零售商的角度看,制造商只有四种:一是贵客类,他们的品牌地位高,市场影响力大,议价能力强,零售商与他们合作的获利度较低,但可以提升自己的市场吸引力和服务形象,因此多愿意降低自己的进场条件吸引他们进场;二是明星类,即大多是特定品类中的强势品牌,不仅揽客力强,而且可以通过自己的畅销为零售商带来不菲的利润,因此成为零售商的战略合作伙伴;三是店小二类,其市场覆盖面广,有一定的市场地位但并不稳定,可替代性大,零售商多利用这些品牌突出自己的价格优势,招揽客流,烘托卖场人气;四是神童类,他们的市场影响力并不大,议价能力低,却可以为零售商带来丰厚的利润。针对零售商进行的分类管理制度,制造商必须通过市场推广努力提升自己的品牌地位，成长为明星产品，才有可能摆脱零售商的盘剥，获得平等合作的机会。

5. 利用行业协会联合砍价

就像通过联合采购降低采购成本的道理一样，当制造商与零售商的矛盾已经非常激化，而单一制造商的力量无法与强大的零售商相抗衡时，弱小的制造商们就会联合起来，通过行业协会或者行业联盟的方式与大型零售商展开商业谈判，以便降低相关的零售费用，减轻经营压力。在使用这一方法时，必须解决两个问题：一是应通过怎样的措施尽可能实现共进共退，防止被零售商各个击破；二是通过怎样的措施提高其行业代表性和公平性，防止给零售商带来不良的市场影响，致使厂商关系恶化。

6. 加强终端截流，提高单位产出

在特定的卖场里，特定的品类在指定时间内的消费额是相对稳定的，即使有一定增量也会是相对缓慢的。面对这一相对稳定的市场，制造商之间必然会展开激烈的争夺，以便获得更高的市场份额。除了产品品质、品牌形象和广告投入等影响因素外，经常被品牌制造商使用的截客方法包括加大陈列面、进行特别展售、促销推荐、新品试用和超值销售等。在制订终端截客计划时，需要注意平衡销售额和销售利润的关系，防止赔本赚吆喝。

第九节　品牌营销新趋势

在物质丰富的新时期，品牌营销开始摆脱传统单向的、静止的和封闭的营销模式，向双向的、多变的和开放的营销模式转换，包括专业营销、服务营销、体验营销、运动营销、文化营销、游击营销和联合营销等，有的还是星星之火，有的已经如火燎原。

1. 专业营销

专业营销是指专业的营销人员把专业产品用专业化的推广方式销售给专业顾客的营销模式。专业营销适用的领域多是生产制造领域的原材料、半成品和工业品，以及面向行业市场而非普通家庭、个人市场的消费性产品。这些领域的消费者数量有限，多为组织消费者，消费需求为刚性需求，理性消费特征鲜明，对产品品质的认识有深度，受广告影响比较小，有明显的品牌化选购倾向。因此，专业营销的运作要求营销人员专业形象佳，有丰富的专业知识，与目标客户的专业性相匹配。通过产品创新保持产品竞争力、建立良好的行业口碑、发掘和培养长期客户是专业营销保持良好业绩的基本保证。在市场推广上，专业营销多放弃使用大众媒体，更多地选择行业媒体和学术研讨会、新品鉴定会、行业展览会、面对面拜访和直邮信函等直效推广方式。如在药业领域，通过医院销售的处方药市场营销就与通过药店销售的非处方药市场营销完全不同，业界广为流传的"史克的广告，杨森的会"的说法就显示出它们的显著差别。

专业营销并不排斥品牌营销，相反更为倚重，品牌的作用在专业营销领域更多地担当着背书者的角色。在专业营销领域里，有三种常见的品牌营销方式：一是纵向上溯的原料、零部件厂商的品牌推广；二是货源供给团队的品牌推广；三是行业或者趋于组织的品牌推广，如中国的"绿色食品标志""新西兰奇异果""澳洲牛肉"等。

2. 服务营销

服务营销是在充分理解顾客需求的基础上,从为顾客创造价值的目的出发,为顾客提供个性化的服务,从而提升顾客满意度的营销模式。服务营销的适用领域主要包括三种类型:一是产品本身是半成品,必须通过服务才能完成的领域,如空调业;二是产品同质化程度过高,需要以服务为中心重构价值的领域,如IT业;三是众多的服务性行业,如餐饮业。这些领域的共同特征是服务本身就是产品的有机构成,顾客评价因素中感性比重较大,顾客满意度受到服务水平的明显影响。因此,服务营销的运作要求是从重视为顾客提供附加价值的目的出发,全面分析顾客评价要素,建立起系统的顾客服务体系和实时监测体系,降低消费缺憾,提高顾客满意度和回头率。在实际的运作中,一些品牌经营者常常陷入两大误区:一是将服务战略等同于战术工具,将服务视为促销附赠品;二是将服务视为提供给顾客的免费午餐,一味追求顾客满意度造成服务成本的居高不下,累及业绩表现。

通过服务营销,品牌企业可以创造出独立的服务品牌,可以提升目标顾客对于品牌的价值认知和品牌忠诚度。前者以万科物业为代表,在经过多年的精细耕耘之后,万科物业成为万科地产这一企业品牌旗下独立的服务品牌,与万科城市花园、万科四季花城等产品品牌,万客会等客户品牌、万科周刊等文化品牌并列,共同形成万科地产的品牌谱系。后者如欧姆龙,由于充分认识到"服务创造价值"对于品牌成长的意义,销售血压计等医疗保健器械的欧姆龙,在中国相继开设了数十家健康咨询室和特约健康服务中心,每年有超过6万人次的顾客在欧姆龙接受面对面的健康服务。

3. 体验营销

体验营销是指通过促使目标顾客全面融入产品制造和消费体验的过程中,满足他们对于消费体验的需求,从而提高产品差异性、创造体验价值、提升品牌吸引力的营销模式。体验营销是在体验经济的大潮中日渐风行的。有未来学家称,专注于"产品体验"的服务经济下一步的走向是专注于"顾客体验价值"的体验经济,人们会创造越来越多的与体验相关的经济活动,商家将靠提供体验服务制胜。与传统的营销观念相区别,体验营销认为顾客的购买决策是一个夹杂理性和感性的混合过程,产品和服务的提供者不仅要注意分析顾客要求独立探索、追求乐趣和沉浸其中刺激的购买需求,从而创造出独特的服务价值,获得消费者的深度理解和进一步的青睐。

体验营销的价值大多是通过独立的或组合的零售空间实现的。前者如索尼在北京王府井开办的"索尼探梦",三星在中关村设立的数码体验馆,大众在德国沃尔夫斯堡设立的大众汽车城。后者如位于美国明尼苏达州的"美国摩尔"(Mall of America),以及位于韩国首尔的"乐天世界"(Lotte World),它们创造出集购物娱乐于一体的复合商业发展概念,在数十万平方米的零售空间里,设计师通过功能布局、装修风格的合理安排,不断吸引顾客保持购物逛街的乐趣,不断释放消费情绪,顾客在多样化的购物环境里体验到的是多种多样的购物、娱乐、餐饮和游玩的乐趣。正因为着眼于体验营销的设计,"美国摩尔"的外国游客数量超过了迪士尼乐园的游客数量,而"乐天世界"每年吸引的游客超过700万人,创造出现代零售业的奇迹。

4. 运动营销

运动营销是指品牌经营者通过投入产品、技术和资金等方式,同体育项目、活动和组织建立紧密联系,获得和使用相关的名义、权利和许可,从而提升品牌吸引力的营销模式。作为一种特殊的营销渠道,运动具有注意力强、参与性高、传播噪声低和到达率高等特别的优势,因此广受各类消费品的欢迎。产品和运动的天然链接性越强,运动营销的影响力就越大。从品牌与运动的关系分析,我们可以发现品牌与运动之间存在一个明显的环状链接环。其中,运动型关系是产品本身就是运动的一部分,如运动鞋、运动饮料、运动器械等;结合型关系是产品属性具有高端运动特点,如汽车、飞机等;游离型关系是产品价值特性与运动之间有一定的一致性特征——富有活力、敢于拼搏、勇于挑战等,如IT。

运动营销的主要运作形式主要包括有广告空间、品牌背书、运动发起和品牌代言等。其中,广告空间是指通过利用体育频道、版面和场地、服饰、器械等直接投放广告,如"百事可乐"冠名全国中超联赛;品牌背书是指获得标志使用许可权,成为指定产品,如"三星"获得奥运会标志使用许可;运动发起是指发起和培育一些新兴的体育项目,如"阿迪达斯"推出的街头三人篮球赛;品牌代言是指启用体育明星为品牌代言人,如中国联通启用姚明做形象代言人。为了保证运动营销对于品牌价值的贡献,品牌经营者在实施运动营销战略时应仔细分析产品属性、品牌个性和运动之间的链接属性和必要性,在运作执行时注意下线配合,因为运动营销必须与大众媒体传播相配合,才可能取得预期收益。另外,必须保证运动营销投入的持续性,防止因为缺乏策略性的跟进和长期投入的支持导致运动营销的效力衰减。

5. 文化营销

文化营销是指识别目标顾客的精神需求,通过在产品和服务的创制和推广过程中发掘文化资源,建立文化消费价值,赢得顾客忠诚,建立和维系品牌影响力的营销模式。物质是冷的、死的,文化是热的、活的。在全球经济一体化的进程中,人们一方面希望与全球消费时尚同步,另一方面又不断回望着故园和传统。在此复杂的情境中,品牌经营者通过文化营销,可以使品牌企业及其产品和服务鲜活起来,在原本单纯的产品功能之上,满足人们对于贴近国际文化的迫切需求,以及对于地域文化的认同感和归属感,提升产品和服务的附加值,传承源远流长的品牌文化,支持品牌的持续发展。也正因如此,采用文化营销的品牌可以超越单纯的技术革新的限制,赋予产品以特别的文化和格调,延长产品生命周期,获得额外的价值和收益。

文化营销的运作要么从产品概念设计出发展开全面的文化营销,要么从传播设计出发展开部分的文化营销。就其主要运作方法而言,包括国际化和本土化两大运作方法,前者可以细分为国际时尚牌和异域文化牌,后者可以细分出自然山水牌、历史文化牌和民族风情牌。其中,国际时尚牌强调产品和服务与国际时尚的同步性,如"欧莱雅"品牌的组合标识中对于巴黎、纽约、东京和上海等国际都市的标示,又如微软视窗系统发布时选择的全球同步发布方式;异域文化牌强调原汁原味的异域文化消费,如重庆奥妮推出的"西亚斯"沐浴露对于印度文化的发掘,又如欧洲风情专卖店中弥漫着的浓郁的北欧风情;自然山水牌多强调产地的特异性,如新天葡萄酒对于"葡萄故乡,灿烂阳光"的宣传,又如"贵州醇"对于"好山好水出好酒"的坚持;历史文化牌多强调对传统文化精粹的继承和发扬,如"同仁堂"对中药现代化国际化的强力推进,又如"巴国布衣"不断推出的新川菜系列丛书;民族风情牌多突出特别的地域引力或者民族文化优势,如"香格里拉·藏秘"对于香格里拉和雪域概念的双重利用。

6. 游击营销

所谓游击营销,是指放弃非传统的大众营销途径,转而利用富有创意的高度互动的低成本的营销方式和方法,建构目标消费者的高度体验,与他们建立起个性鲜明、价值独特的关系的营销模式。与传统的大众营销相比较,游击营销针对少数的核心消费者展开双向的沟通,激发他们深潜的物质的或者精神的需求并予以有效呼应,快速吸引他们成为自己的忠实拥趸,建立起持续的紧密的关系。偏好于游击营销的品牌有三类:早先是一些受到政策限制不能进行大众广告传播乃至商业性赞助的烟草、处方药和避孕套等领域的品牌;后来有越来越多的品牌在大众传播的困境中抽身而出,转而寻求通过游击营销获得有效的推广效力;还有大量的工业品品牌也加入了游击营销的行列。

在拥挤的营销环境中,游击营销的效力虽然花费甚少,但却可以取得令人惊异的营销效果。例如,当我们在海滩度假时,海滩上招徕生意的游船被打上了某一泳衣品牌的标志,看到海滩上扎起了装饰有标志的帐篷,看到海滩上的比基尼女郎,她们还向我们送上一瓶冰爽的饮料,我们的脑海中将会闪过什么?在动物管理学盛行的书市上,一本以蝴蝶为主角的通俗管理学书籍的出版商在现场投放数万只蝴蝶,全国各地的书商们又将有怎样的反应,记者们又将如何报道……由此也可以看出,成功的游击营销,必须坚持独特的创意,与品牌价值高度链接,必须接受社会道德和法规管制的限制,才可能形成建设性的具有爆破效力的营销冲击波,让目标受众时刻感觉自己备受重视和尊重,建立和维系高度紧密的品牌关系。

7. 联合营销

联合营销是指品牌经营者从提升品牌价值、促进产品销售和保护品牌环境的目的出发,联合相关品牌共同为目标消费者提供产品和服务的营销模式。与单一品牌营销相比,联合营销可以有效地借助合作双方的品牌优势,丰富品牌内涵,提升品牌形象,强化品牌个性和风格,建立起差异化的品牌形象,为目标消费者提供更有价值的产品和服务。联合营销囊括联合进行广告宣传、促销活动和公共关系等浅层次的战术性运作,也涵盖到产品定制、品牌联盟等更为紧密的战略性运作,但无论是采用何种运作方式,保证联合营销效力的最佳方法是在做出决策之前检视目标对象的相似性、品牌价值的互补性以及品牌形象的增益性,在此基础上界定联合营销的边界,选定合作伙伴。

按联合营销品牌关系划分,联合营销策略有横向联合营销和纵向联合营销等基本方法。其中,横向联合营销又可以细分为同一型联合营销、相关型联合营销和许可型联合营销。同一型联合营销伙伴的业务领域是相关的,如在瑞士表攻城略地的大背景下,为着振兴日本表业,精工和西铁城两大公司将以前分别举办的新品发布会进行合并,以吴越同舟的方式向流通业展示产品。相关型联合营销伙伴的业务领域是相关的,"小天鹅"与"碧浪"在大专院校中开办"小天鹅碧浪洗衣房"即为显例。又如我们在为一个首饰品牌提供营销咨询服务时,就为它拟制了"新爱情宣言"

的活动主题,从众多的备选品牌中选择了时尚气息浓厚的女装品牌、彩妆品牌、咖啡馆品牌和婚纱影楼品牌作为它的联合营销伙伴。许可型联合营销伙伴的业务领域并不相关,大多通过正式的品牌许可方式完成,许可方因此进入新的产品领域,获得品牌许可收益,受许方取得许可品牌的使用权,分享许可品牌的附加收益,宝马和宝姿的合作即为显例。再以卡通明星"凯蒂猫"为例,其品牌经营者不仅通过品牌许可成功创制出多达两万余种产品,更与拥有大眼睛"翠儿鸟"的华纳兄弟合作,推出玩具、时尚小装饰等数百款产品,一起为都市里的年轻女性提供充满时尚气息的产品。

思考题

1. 什么是渠道的七大变局?应如何应对?
2. 请简述品牌整合的营销模型。
3. 分别试举一例说明市场开发的三条道路。
4. 产品营销应遵循怎样的法则?
5. 影响渠道营销的因素有哪些?
6. 简述终端营销的策略。
7. 如何合理应用招商的四种工具?
8. 结合现实生活,谈谈品牌营销的应用是否无处不在。

第六章　品牌整合公关

 学习提要

通过本章的学习，主要了解品牌整合公关的模型和概述，重点掌握具体几种品牌公关的方法和手段，熟悉媒体公关、社区公关、投资公关的常用技巧，难点在于如何理解和应用合作公关、消费公关以及危机公关。

在营销类报刊和书籍风行天下的背景中，公关类专业书籍和公关行业媒体却相对缺乏。在本土企业的漠视和曲解中，国际公关机构长驱直入，弱小的本土公关业者节节退守，构成21世纪初期中国市场的公关图景。隐藏在此图景背后跳动的，是中国公关市场的不均衡发展脉搏，一方面是汽车、金融、IT、地产和其他一些垄断性行业领域公关需求旺盛；另一方面，则是绝大多数的完全竞争性行业领域公关几乎近白，即使有所需求，也或者等同为简单的造势作秀，或者成为各种寻租的变式。

本章将在梳理中国公关状况的基础上，对全面公关策略模型及成功公关的要素进行解析，并对公关管理流程进行简要介绍。在此基础上，对主要公关类型——媒体公关、社区公关、投资公关、合作公关、消费公关及危机公关等进行分项诠释。最后，特别对赞助的策略、新闻发布会等重要问题展开深入探讨，说明它们的运作要点，以提升品牌公关执行效力。

第一节　品牌整合公关模型概述

无论是工商企业还是非营利组织，无论是城市还是国家，公关都是为着深化认知、促进理解、润滑关系、防止分歧而存在的，因此，公关顾问的身影也越来越活跃在不同的政治、经济、社会和文化领域中，公关市场正在同广告市场一起高速增长，这是光鲜的一面。那么，全面的公关包括哪些运作类型呢？本节将就这些问题进行阐述和说明。

一、品牌整合公关模型

公共关系的关键词语包括"公共"和"关系"。前者将公关运作的对象指向与目标品牌相关的各种利益群体和力量，它将企业组织、政府、社区和非营利组织等多种利益相关的力量整合在一

起,推进着企业、社区和社会的可持续发展,保障着社会利益、经济利益和环境利益的平衡。后者将公关管理的中心指向品牌信息的持续传递、沟通、理解和认可,而非简单的战术性的传播运作或者片面的危机应急处理。由此利益的协同和与沟通的顺畅,目标品牌因此显得更加与众不同,使得看起来不合算的增加财务成本的公关投入不仅支持目标品牌的可持续成长,更可以实现当前的品牌经营收益。

尤其在供过于求的市场经济环境中,传统品牌传播的日益泛滥、失控、失效更彰显出公关的独特价值。为了优化品牌推广策略,提升品牌推广的运作效力,必须将被遮蔽的品牌传播之中的公关拨擢出来,重新认识和发现公关的独特价值,将它从一个战术性传播工具提升至一个战略性推广系统,给予公关与品牌营销、品牌传播等同的战略性地位,赋予其全新的推广使命。这也就是将品牌公关单列一章进行论述的原因。

依此理解,我们认为全面的公关应该面对所有的品牌关系者展开,其运作内容应该包括媒体公关、社区公关、投资公关、合作公关、消费公关以及特别的危机公关。其中,媒体公关和社区公关构成间接关系者公关集,投资公关、合作公关和消费公关构成直接关系者公关集,危机公关为特别事项公关集。品牌整合公关模型如图6-1所示。

图6-1 品牌整合公关模型

1. 直接关系者公关集

无论是投资公关、合作公关,还是消费公关,其运作目的都在于促进这些直接利益关系者对目标品牌的认知更全面,促进品牌资源的积累,防止误解的加深和负面口碑的传播。根据品牌领域、品牌资源和品牌成长阶段等方面的不同,各品牌对于直接关系者的公关需求差异明显。例如,在网络大潮兴起之时,大量的新兴企业为了获得风险投资商的青睐,就特别注重投资公关,而那些对资金需求不强烈的成熟企业,则对投资公关相对淡漠。与此相类似,对于需要大量借助合作者的资金、网络和其他市场资源以保持高速发展或者赢得继续生存机会的品牌而言,其较高的合作依存度使得它们不得不格外重视合作公关。

2. 间接关系者公关集

为了维护良好的品牌环境,保持品牌环境的稳定和安全,防止品牌环境的恶化,为目标品牌提供一个适宜的成长环境,面向媒体和社区的公关不可偏废。由于品牌类型、品牌策略和品牌地位的不同,不同的品牌应区别分析,对公关对象有所侧重。例如,以产业并购方式在资本市场上长袖善舞但却容易招致媒体特别解读的品牌,则必须加大媒体公关,防止媒体舆论的误解及其带来的波及效应。

3. 特别事项公关集

在本公关集中虽然只列出"危机公关"一项,但实际上完整的危机公关是由事前公关、事中公关和事后公关构成的一个连续的危机公关循环链。但一般的品牌管理者大多只注意事中公关这一环节,往往以危机平复视为危机公关的结束,未能有效地与事前公关、事后公关等运作环节相链接,造成公关运作的断裂和公关投入的浪费。

二、品牌公关的五步工作法

公关是现代企业营销传播中的一个重要环节,通过公关活动可以更好地维护和提升企业品牌形象,促进企业与外部各利益相关者之间的沟通与合作。在进行公关工作时,有一些常用的工作方法可以帮助公关人员更好地进行工作规划和执行。下面将简要介绍一种常用的五步公关工作法。

1. 研究分析

研究分析是公关工作的首要步骤,也是最基础的工作。在进行公关活动之前,公关人员需要对客户企业、行业情况、竞争对手、目标受众等进行深入的调研和分析,了解客户所处的市场环境和竞争态势。通过研究分析,公关人员可以全面了解客户的优势和劣势,为制定后续的公关策略提供依据。研究分析还可以帮助公关人员了解目标受众的需求和偏好,为后续的传播策略提供重要的信息支持。

2. 策略规划

在进行研究分析的基础上,公关人员需要结合客户的实际情况和市场需求,制定出适合客户的公关策略和计划。策略规划是公关工作中的重要环节,其核心是确定传播目标、定位受众、选择传播渠道、制定传播内容等。这一步需要公关人员具有对市场的认知能力和创新能力,能够为客户提供有竞争力的公关策略。在策略规划中,公关人员需要从客户的长期发展目标和现实情况出发,结合客户的资源和实力提出切实可行的公关策略和计划。

3. 执行实施

策略规划确定后,公关人员需要开始执行实施公关活动。在执行实施阶段,公关人员需要根据制定的公关策略,通过各种传播渠道和工具,包括媒体传播、网络传播、公关活动等,向目标受众传递目标信息。需要注意的是,执行实施过程中,公关人员需要随时关注市场和舆情的反馈,及时调整公关策略和传播方式,确保整个公关活动的效果和效率。

4. 监测评估

公关活动执行实施的过程中,公关人员需要对公关活动的效果和结果进行监测评估。通过监测评估可以及时了解公关活动的执行情况,发现问题并及时进行调整,确保公关活动的顺利进行。在监测评估过程中,公关人员可以通过数据分析、市场调查、舆情监测等手段进行全面分析,为实际公关活动提供数据支持和参考建议。

5. 总结反思

公关工作的最后一步是总结反思。通过对已完成的公关活动进行总结反思,公关人员可以发现工作中的不足和问题,并总结出经验和教训。总结反思还能够为客户提供持续改进和提升的建议,为客户的后续公关工作提供依据和支持。总结反思是公关工作的重要环节,也是公关人员不断提升工作水平和服务质量的重要手段。

三、公关管理的基本法则

对于品牌的成长而言,虽然公共关系异常重要,但除去一些表现卓越的国际品牌外,大多数的品牌管理者并未真正认识公关的价值,未能赋予公关管理与营销管理、传播管理等子系统同等的地位,将公关管理纳入品牌管理系统中,或者是过分夸大公关运作的效力,未能形成对公关价值的认识。朝向品牌成长的公关管理,应该实现公关对象的全面性,实现公关管理的系统性,保持公关活动的创意性,保证公关政策的连贯性,注意积累公关资源,坚持全员公关培训。

1. 实现公关对象的全面性

提到公关,很多人马上就会联想到媒体和政府,但全面的公关策略要求公关对象覆盖与品牌成长相关的所有利益关系者,包括以投资者、合作者、消费者为代表的直接利益关系者和以政府、媒体和社区为代表的间接利益关系者,甚至囊括行业内和行业外的竞争者等其他利益影响者。正是这些对目标品牌的成长产生直接和间接关系的因素,共同形成一个联系紧密、互为依赖的品牌共生环境。正是在这种超越了传统价值链的品牌环境生态中,目标品牌不仅可以持续获利,也可以使相关的合作者受益,从而形成良性的循环,具有超越竞争对手的抗破坏能力,保证目标品牌的持续成长。因此,睿智的品牌管理者在制定公关策略时会秉持合作、分享、共生的运作法则,不仅会顾及自身品牌成长的需求,也会注意满足合作伙伴以及整个环境的健康发展。而那些只注视自身利益的所谓公关运作,即使能够获得一时的收益,也难以获得真正的认同,公共关系自然十分脆弱。

2. 实现公关管理的系统性

为目标品牌提供及时、有效的公关支援是每一个公关经理、公关顾问都应该坚持的理念,但是,面对一次又一次错失时,他们常常会陷入迷茫之中,为什么竭尽所能却难以实现预期的目标呢?依照服务经验,公关管理系统性的缺失是症结所在。所谓公关管理的系统性,是指从整个品牌持续成长的角度,依从公关策略要求,不断组织和整合组织内外的资源推进公关运作的一系列管理安排,其中既包括标准公关手册的编制,也包括突发事件处理系统的维护,既包括对公关政策的连续检讨,也包括对公关过程的即时监察,既包括面向全体员工和相关合作者的开放式公关培训,也包括对新闻发言人的特别公关培训。毫无疑问,公关管理系统性的缺失,必然会使有限的公关投入只能获得即时的收益,难以担当维护品牌环境生态的重任,使本应具有战略价值的公关运作沦为一种低级的品牌传播工具,丧失公关原本的价值。

3. 保持公关活动的创意性

广告需要通过创意提升传播效力,公关也需要通过创意提升沟通效力。公关创意应秉持"不炫奇巧之技、唯取品牌之神"的法则展开,创意类别主要包括公关内容的创意、公关形式的创意和公关礼品的创意等。在中国扶贫基金会举办的"母婴保护120项目"中,西门子公司从内容创意的角度出发,邀请艺术家采用绘制、镶嵌的方式,将他们的艺术作品与冰箱相结合,创作出艺术冰箱,并将它们拍卖所得善款捐助该次扶贫活动;在为一家内衣品牌举办新品发布会时,针对客户对形式创新的要求,举办地点由惯常的高级酒店改到晚风中的海滨,以便充分展现该品牌春夏新品系列的"海惑"主题,获得了到会记者们的极大肯定;上海申办2010年世界博览会成功后,在答谢晚宴上送给各国来宾的礼品是一盒中国筷子,这一匠心独具的礼品以现代的设计概念精巧构思,结合祥云、如意等中国元素,选用优质的花纹纸及半透明的牛油纸为封套,突显出中国筷子所蕴含的"互相帮助,共享良机"的设计理念,充分显示出礼轻情意重的中国传统文化品位。

4. 保证公关政策的连贯性

公关信息的一致性、公关风格的一致性、公关处理法则的一致性,是公关政策连贯性的具体表征。只有公关信息保持一致,才有可能使单次公关投入获得累积性的产出。只有公关风格与品牌风格保持一致,并与主要竞争者形成显著的风格差异,才有可能真正提升自身对于利益相关者的价值,有限的公关投入就会获得理想的收益。另外,从本质上讲,公关关系处理必须遵循价值交换的法则,如若公关运作始终陷在只关注自身收益(大肆宣传、与媒体紧密联系、用大量的信息充斥媒体)之中不能自拔,公关政策即使是连贯的,也是低效的。

5. 注意积累公关资源

公关运作是一个价值交换的过程,但深厚的公关资源依然是降低公关成本、提高公关效力的基本保障。公关资源的积累应该纳入品牌资源管理系统中,以年度计划和季度计划的方式呈现。计划流程主要包括分析公关资源需求、确定优先积累序列、构建价值交换点、公谊发展要约、私谊发展要约等。需要特别注意的是,在积累公关资源时,应该防止三种不良倾向:一是必须将公关资源的积累和管理纳入整个企业资源管理系统中,加强对公关资源的系统管理,防止公关资源的私有化;二是由于相关公关资源本身的构成及其关键人物都在不断变化之中,应该及时更新已有的公关资源,防止公关资源的老化和过时;三是公关是为品牌的持续成长服务的,应该建立与相关人士的长期联系制度,防止公关资源累积运作的短视化。

6. 坚持全员公关培训

现代公关已经是进行全员公关的新时期,在这一时期导入系统的公关培训,可以有效提升整个组织的公关能力,避免单一依靠新闻发言人或者一两个公关精英可能带来的公关危机的发生。面向全员的公关培训,其内容主要包括公关价值、公关理念、公关内容、公关流程、公关法则、公关礼仪、公关技巧、公关禁忌、公关案例等。在全员公关培训的基础上,对于企业高管和新闻发言人这样的公关主角,需要为其量身定做特别培训课程,使他们的个人形象、行为举止、语言风格符合品牌个性、风格及其角色定位,保证他们在危机公关等特别事件中信守公关法则,游刃有余地回应来自政府、媒体、社区及非营利组织等各方面的责问。可口可乐公司为了保护品牌,甚至为其雇员举办了以"媒体培训"为主题的全日制培训班,提升整个组织成员与媒体打交道的能力和技巧。

第二节 媒体公关

所谓媒体公关,是指品牌管理者从建立良好的媒体环境、提升品牌曝光率、融洽媒体关系、防止失真新闻和恶意报道的目的出发,主动展开的媒体关系管理和促进行为。

一、媒体公关的基本路径

常见的媒体公关可以归纳为以下八条路径。

1. 建立新闻发言人制度

媒体的天职首先是及时提供有价值的新闻给受众,因此记者们必然会努力在事件现场进行客观报道,保证新闻的时效,也会通过深入采访挖掘更多的新闻价值。在这样的过程中,媒体利益和被访者利益之间就有相互冲突的可能性,被访者或者拒绝访问,或者推三阻四,记者们只好在镜头里和文章里透露自己的无奈和尴尬。建立新闻发言人制度,则可以体现出对媒体的尊重,建立与媒体通畅的沟通渠道,防止媒体的误报和社会公众的误解。

2. 接受独家专访

媒体的价值首先体现在新闻价值上,获得独家新闻是媒体的至上追求。品牌管理者如果能够为媒体提供独家专访的机会,能够将独家的新闻投给指定的优势媒体,不仅可以直接提高媒体的权威性、行业地位和专业价值,加强媒体好感,而且可以有效控制传播质量,防止信息歧化。

3. 举行新闻发布会

为了平衡媒体之间的关系,防止由于过度照顾某些媒体引起其他媒体的不满,防止恶意报道的可能性,品牌管理者亦可以采用更为公平的新闻发布会的方式披露重大新闻事件,使不同媒体获得均等的采访机会,同时通过新闻通稿和答记者问等运作形式控制报道口径。

4. 平衡广告预算

广告预算的分配自然应该遵循收视率、每千人成本等广告投放法则,讲求广告投放效果,防止浪费。但与此同时,应视媒体的媒体地位、关键关系人影响力的不同调整广告预算,以便以较小的投放成本获得广告投放之外的传播收益,如更为公正的报道视角、更为全面的报道内容、更为及时的报道反馈等。

5. 赞助媒体活动

在激烈的媒体竞争中,优势媒体都会策划一系列虽然耗资巨大但影响力非常大的主题采访活动,此时媒体就非常需要商家能够提供资金、设备、人脉等方面的支持,以降低媒体经营成本。此时切入提供赞助和其他帮助恰如雪中送炭,不仅可以在获得额外曝光度的同时博得媒体的好感,更可以为品牌注入热心文化建设的形象因子,丰富品牌内涵。

6. 提供额外体验

现代媒体的发展,已经超越单纯的内容竞争时期,向报道内容和报道形式并重的方向发展,记者们不仅追求报道内容的价值,更需要通过深入的切身体会和细节搜索提供更为鲜活的新闻视角和其他资讯。被报道的商家如果能够给记者们提供额外的产品体验等方面的采访机会,不仅可以丰富和提升报道价值,更可以提高记者们的报道快感,润滑和记者们的关系。这样做远比提供额外的灰色消费更容易与媒体建立健康的合作关系。

7. 表彰和嘉奖

采访者与被采访者之间的关系肯定是有着不同利益取向的两个主体之间的既争斗又合作的关系,媒体获得有价值的新闻,商家通过媒体向公众传递自己的信息,博得公众的认可和理解。适当的嘉奖,是巩固合作关系的有效途径之一,但现今我们看到更多的,是媒体单方面的对于广告客户的嘉奖,商家的表现则普遍平淡。

8. 赞助媒体发展

媒体环境的净化,媒体专业化程度的提高,媒体经营质量的提升,无疑都会对其广告客户产生积极的影响。在积极进行广告投放的基础上,拟订媒体公关策略和相应的执行策略,通过持续赞助高级别的年度新闻奖、设立新闻发展基金、赞助传媒业会展、支持媒体研究项目、推进传媒专业教育,无疑可以使商家在媒体中获得广泛的赞誉,博得媒介的好感,与媒体建立和维系良好的关系。

二、媒体公关的禁忌

理想的媒体公关,应该是公平、开放、健康、互利的公关行为过程。以下所列为在进行媒体公关时应该注意的一些运作禁忌。

1. 新闻封锁

新闻是封锁不住的,愚蠢的新闻封锁不仅不会控制新闻,更会激起媒体"揭黑幕"的决心和斗志,艰难而狭窄的间接采访条件则使得记者们的报道中缺少事件主角的声音,加强了报道的情绪化和偏狭化的可能性。因此,品牌管理者必须及时直面记者,积极接受记者的深入访问。

2. 新闻歧视

面对有重大新闻价值的事件,无论名记还是新角都有着同样的报道冲动,如若事件主角从自身利益出发,将媒体划分为三六九等,或者封杀以公正报道闻名业界的知名媒体,或者拒广大中小媒体的采访要求于不顾,一味推脱遮挡,必然会造成负面的媒体口碑,导致大量情绪化的猜忌性报道出现。

3. 新闻淹没

只从自己的意愿出发编制的接受采访计划,自然无法满足媒体的新闻价值要求,不加区分的新闻素材不仅会淹没具有重大报道价值的题材,更会使编辑们疲于应付,放弃对来自企业公关部或者公关顾问的资料轰炸,降低采稿率和报道质量。因此,必须从媒体需求角度发掘具有独特报道价值的新闻事件,提高品牌曝光度。

4. 媒体淹没

媒体虽然普遍追求有价值的新闻,但由于媒体类型、发展定位和目标受众的不同,使不同媒体的新闻需求不同,对于同样的事件它们也有着不同的价值认识。不区分媒体类型和媒体需求,没有节制地提供毫无新意的新闻通稿,虽然容易控制报道口径,但却削弱了媒体报道的差异性,给媒体经营者造成百报同调、千稿一面的困窘,促使媒体产生恶感和排斥。在区分媒体需求的基础上,采用模块化和细节化的组稿方式实现差别化的新闻供应,则可以在满足媒体差异化报道的同时,丰富报道内容,使新闻报道更为鲜活、全面和公允。

5. 虚假炒作

新闻界以真实报道为天职,失实的报道会因公众的抗议而陷媒体于不义的境地。为此,媒体一方面会通过内部自律保持新闻的真实性,防止因抢新闻导致不实报道出现而损害媒体声誉;另一方面也会对企业公关部、公关顾问公司等其他新闻来源予以严格审核,对违规者严加惩戒来保证自己不受假新闻污染。为此,公关运作者必须将杜撰和编造的新闻在媒体公关中的词典中删除。

6. 媒体寻租

媒体竞争的激烈化和媒体管理的规范化,媒体从业人员的优胜劣汰,以及媒体内部独立检查人制度的兴起……多种因素的交织作用正在有效清除"有偿新闻"等媒体寻租现象,原始的以金钱换版面、以美色换空间的所谓"公关"正在受到越来越多的限制,希望以习惯的寻租运作获得理想的公关收益不仅不现实,更会损害健康的媒体关系的建立和维系,破坏目标品牌的媒体形象。

第三节 社区公关

所谓社区公关,是指品牌管理者以维护良好的社区关系、改善品牌的社区印象为目的,主动展开的融入社区、建设社区、服务社区、收益于社区的社区关系管理和促进行为。

一、社区公关的基本路径

常例的社区公关可以归纳为以下八条路径。

1. 为社区就业率做出贡献

就业率事关社区居民的切身利益,社区居民自然希望自己近邻的企业能够充分考虑社区的就业需求,在工厂扩建、生产线选型、内部岗位设置、学生实习、职业技术培训等方面给予社区民众更多的就业机会。企业组织从这一方面展开的亲善行为自然可以在社区民众心目中树立起身在社区、心属社区的良好形象。

2. 推进社区文化建设

对于社区内的企业组织,社区民众不仅需要它们在社区就业、扶贫济困、伸张社区利益等方面做出实质性的贡献,更需要它们通过发掘企业内部的可利用资源、通过设置特别预算方案等方式提供文化设施,赞助社区文化节,促进社区民众沟通,全面推进社区文化建设,营造富有特色、充满活力的社区文化氛围。

3. 保护社区环境

企业组织往往在环境保护问题上遭到所在社区的非议,特别是污水、噪声、交通、安全、绿化等与社区民众的生活品质密切相关的问题,更容易因沟通不到位导致社区民众的误解和不满。

企业组织一方面应设立专门的投资计划改善自己的形象;另一方面也应通过公众接待日、情况说明会等方式取得社区民众的理解和支持,为自己创造一个良好的社区环境,防止社区危机发生。

4. 开放工厂

企业组织虽然坐落于社区中,但由于其多遵循严格的管理制度和保密制度,往往被罩上一层神秘的面纱,社区民众多见其貌不识其人,甚至容易产生误解和不满。在不泄露商业秘密的前提下,企业应设立特定的工厂开放日,欢迎社区内的民众参观,使其更深入更全面地了解企业实力、行业地位、社会贡献以及环境政策、公益事业捐助等,加深社区民众的认同感。

5. 帮助社区弱势群体

在社区各种群体中,妇女、儿童、病残等弱势群体的利益最容易被忽视,其生活质量也不稳定,围绕他们发生的事件最受社区和媒体的关注。品牌企业应摒弃对特殊事件出于爱心偶尔为之的简单做法,从为弱势群体优先提供教育培训和就业机会、援助特困家庭、支持员工做义工、促进弱势群体保护等做起,多方面帮助弱势群体,从而建立起充满爱心、关注底层的品牌形象。

6. 与意见领袖保持私谊

在媒体分化、受众多元的新环境中,意见领袖对于公众舆论的影响力越来越大,在公众政策的制定上,在产生形象的评议上,在消费时尚的变迁上,我们都可以看到意见领袖们活跃的身影。品牌管理者应正确认识意见领袖群,通过主题酒会等特别运作安排,保持与意见领袖的亲密接触,培育"亲我势力",防止恶评的产生和扩散。

7. 为本社区代言

在大规模的城市规划和改造进程中,社区利益时时受到各种各样的侵扰,在城市功能调整和医疗保健、文化娱乐建设过程中,不同社区的利益主张各不相同,社区民众非常希望本社区的品牌企业能够作为社区的一份子代社区声张利益。品牌管理者若能够代社区立言,自然可以进一步融洽社区关系。

8. 提高社区吸引力

城市和城市之间在进行竞争,即使是在同一座城市里,不同社区之间的竞争也在激烈展开。如何提高社区吸引力,改善社区投资环境,是社区民众特别是社区领导者最为关切的。作为社区的重要成员,企业组织理应协同社区组织发掘社区资源优势,改善社区环境和社区形象,共同提高社区吸引力和竞争力。

二、社区公关的禁忌

理想的社区公关,应该是关怀、建设、联合、持续的公关行为过程。以下所列为在进行社区公关时应该注意的一些运作禁忌。

1. 以势压人

由于特殊的社会发展进程,我国的社区力量薄弱,但这并不代表着有权势的企业组织,可以忽略社区公众的利益,利用各种特殊力量改变社区走向,满足一己之私利。

2. 忘记民众

民心如鉴,意见领袖虽然对社区舆论有很大的影响力,但并不能完全把控民意。只与意见领袖和社区精英进行沟通,忽略社区内更多民众的呼声,容易使社区公关浮在表层,即使公关投入不菲也只是使社区内少数寻租者获益,远离服务社区、融入社区的社区公关目的。

3. 空头支票

谨慎承诺、严格兑现是社区公关中的重要法则,但一些管理人员在镁光灯下却容易头脑发热,忘记自己的实际经营阶段及其可支付能力,脱离预先制定的社区公关计划,擅自开出空头支票,却因最后难以兑现或者大打折扣,招致社区民众的非议和不满。

4. 拙于外显

在服务过程中,经常发现许多企业品牌虽然已经为所在社区做出了巨大的贡献,但社区公众对它们的评价却很低。究其理由,发现它们的高管大多认为社区服务不是广告,不值得大肆张扬,因而往往做了不说。但从建立良好的社区形象的需要出发,将自己对社区的贡献通过恰当的方式用恰当的声音告诉社区公众,不仅可以赢得他们的理解和尊重,更可以真切了解他们的需求,获得他们的持续支持,为社区的发展做出更大的贡献。

5. 社区代言无力

在事关社区重大利益的关键时刻,社区公众特别希望社区内的企业组织担当起明星代言人的角色,声张社区利益,为社区代言立命。但不少品牌经营者往往因为对此重要性认识不足,或者对自身利益的过多考量,在这一时刻选择逃避,将过去建立起来的良好形象毁于一旦。

6. 单打独斗

涉及社区建设和发展的事宜头绪众多,往往并非一两家企业组织可以担当起来。在这样的条件下,社区内的各企业成员应该放弃门户之见,放弃习惯的单打独斗,以社区组织为纽带,携手共同推进社区内的民众生计、环境整治、文化发展等各项社区事业的发展,在降低公关投入的同时提高社区公关的效力。

第四节 投资公关

所谓投资公关,是指品牌管理者以改善投资关系、提高投资吸引力、维系和优化投资结构为目的,面向潜在投资人和股东主动展开的投资关系管理和促进行为。

一、投资公关的基本路径

通常的投资公关可以归纳为以下七条路径。

1. 进行路演

这是被采用最多的投资公关途径之一,投资路演多由公关顾问公司操持,既可以用于上市预热,也可以用于投资私募,既可以使引资人与基金经理面对面,又可以通过网上路演扩大投资说明范围。作为一项事关引资成效的公关活动,事先周密的准备、预演与选择适合自己的公关顾问同等重要。

2. 设置优先条款

投资公关不应仅仅限于投资推荐、投资危机处理等后继运作环节,更应该延伸到前期的投资项目说明,还应该着力提升投资吸引力,通过设置增资扩股优先权、安全退出条款和其他可能的特别异动处理条款等运作,保障投资人的权益。

3. 组建适合的经营团队

之所以将这一条列为投资公关的途径,是因为经营团队是赢得投资人青睐的最重要的必要条件之一。不同的项目类型和不同的投资需求(如新经济热潮中的网络投资项目和传统产业中的增资扩股项目)对于经营团队的要求差异巨大,一个专业、资深、稳定、风格鲜明的经营团队意味着投资风险、学习成本的降低和经营业绩的稳健。

4. 递送经营简报

公司治理结构的两权分立,职业经理人阶层的崛起,虽然为投资人找到了经营代理人,使他们不必要插手企业的具体经营事务,但他们依旧会十分关心企业经营情况,以便洞察自己的投资收益。稳健的经营班子会定期向每一位投资人递送经营简报,这样做不仅是对投资人的尊重,更可以通过这一管道向投资人及时说明公司经营状态,获得投资人的理解,降低投资人对经营事务不必要的干扰。

5. 举行经营说明会

投资人和经营人之间是明显的合则两利、分则两败的关系。当经营业绩实现里程碑式突破或者出现剧烈波动时,通过经营说明会的形式及时与投资人沟通,可以增强投资人的信心,增资扩股或者经营重组计划也容易获得通过;相反地,过于强调经营自主权,置投资人了解经营状况的要求于不顾,会促成投资人对经营业绩的担忧和对经营团队的误解,导致他们对经营事务的直接插手。

6. 与关键投资管理人保持私谊

企业经营有产品经营、品牌经营和资本经营的不同发展阶段,在不同的阶段,企业组织对于资本的需求是不同的。因此,企业经营者致力于通过各种途径与关键投资管理人建立起亲密的私人关系,这不仅可以获得专业投资人士的指点,更可以在企业需要之时及时获得投资。

7. 参加投资会展

无论是投资主题论坛,还是专门的招商引资会展,都是机构投资者云集的场所,分析自己的投资项目类型,设定目标投资者类型,选择参展和参加论坛的方式,可以使自己的投资项目迅速进入投资人的视野,展开有效的投资洽谈,扩大项目影响力,达成招商引资的目的。

二、投资公关的禁忌

理想的投资公关,应该是透明、公平、合作、共享的公关行为过程。以下所列为进行投资公关时应该注意的一些运作禁忌。

1. 信息欺诈

这是最可怕的投资公关技法之一。经过集体共谋和粉饰后披露的所谓信息，虽然看似合乎投资需求，也可能实现套利的目的，但其中隐含的不单是商业道德风险，更可能触犯相关的法律法规，难以经受长久的市场考验。言而无信，其行不远，随着信息披露制度的健全和对投资欺诈行为惩处力度的加大，这种所谓投资公关的市场越来越狭窄。

2. 淹没价值

无论是机构投资者，还是私人投资者，它们每天都面临着众多的投资诱惑，在投资公关中如果不能突显自己的投资价值，即使能够吸引到投资者的初次投资，他们也很容易抽身离开。为此，我们建议投资公关者使用"30秒电梯测试法"，用精练的语言讲出自己的投资项目的独特价值。未能通过这一测试者，显然需要重新提炼自己的投资价值。

3. 隐没团队

能够增强投资信心的，不仅仅在于目标品牌所处的行业环境、发展远景以及可以预期的盈利，更在于它是否拥有一支足以参与竞争的经营团队。因此，在投资公关过程中，保持团队成员的匹配性和稳定性，适当突显经营团队的独特价值，注意利用核心成员的特别魅力，就显得十分必要。

4. 只有理性

在传统的说教中，投资者是理性的，只需要使用理性逻辑的语言展示投资价值就可以。但是，当投资已经成为众多新一代投资人的一种生活态度时，他们不仅追求投资的回报，更追求投资过程中的快感，追求自我风格的展示，单调刻板的理性诉求显然已难以打动这些新一代的投资人。这时企业需要援请感性因素出场，将自己演变为"时尚投资"的一部分甚至主要驱动力量之一时，将获得投资人的异常青睐。

5. 只是路演

无论是网上路演，还是实地路演，它们都是与投资人互动沟通的最佳渠道之一，但大多数投资公关者只是把路演当作一种简单的带有表演性质的作秀，更不用说是有更多样化的互动沟通管道了。在一次投资公关中，可以把目标投资人带进对应的商业环境中，让这些潜在投资人对与该项目相关的市场现状及其趋势有一个直观的体验，在听取他们意见的基础上制订的投资修正案，自然会很快获得通过。

6. 缺乏包装

这里的所谓包装，不是脱离实际的伪饰，而是建立在尊重投资智识基础上的简化信息、梳理优势、提升价值的整合外观过程。经由整合包装的投资项目，可以将自己的优势由单薄的语言表述转化为视觉化的产物，让投资人眼前一亮，吸引他们的注意力，博得他们的好感，赢得继续深谈的机会。

第五节　合作公关

所谓合作公关,是指品牌管理者以改善合作关系、提高合作紧密度和合作效力为目的,面向上游的供应商和下游的分销商、零售商,以及其他服务伙伴,主动展开的合作关系管理和促进行为。

一、合作公关的基本路径

常例的合作公关可以归纳为以下七条路径。

1. 信息共享

这是进行合作公关最基本的一条途径,因为信息的不对等不仅容易造成合作误解,更容易迫使自己的合作伙伴依据偏颇的信息做出低效决策,尤其是在环境不稳定性明显加强、市场竞争转向基于价值链基础上的开放式竞争的经营环境中,与合作伙伴保持密切即时的全方位的信息沟通,将有助于组织自身维持和提升整个价值链的相对竞争力。但我们遗憾地看到,即使是表现卓越的本土品牌,其公关经理也往往更在乎造势、布局,对于信息共享等基本而实效的公关途径却视而不见。

2. 利益共享

大型零售商的赢利之道主要有三种类型:一是进销差价;二是从供应商处找利润;三是优化供应链,降低成本。与其主要竞争对手不同,沃尔玛在中国内地就采取了第三种形式,不向供应商收取任何费用,还带动供应商改进生产工艺,降低经营成本,分享它的全球信息管理系统,从而建立起良好的合作形象。

3. 多样化采购和分销

强势的品牌也许是最容易受到非议的,强势品牌在上游采购和下游分销过程中,如果能够注意采购和分销的平衡性,做出多样化的选择,支持中小公司的发展,不仅可以有效建立自己在合作伙伴中的企业公民形象,赢得扶持弱小者的赞誉,还可以降低采购和分销风险,提高自己的经营安全性。

4. 第三方独立测评

在事关合作评价和收益分配公平性等敏感性事项上,放弃由组织自身进行评测的方式,外包给专业的服务机构进行第三方独立测评,不仅有助于平息合作伙伴之间可能的纷争,防止负面口碑的产生,还可以通过有秩序的方式优化合作链条,降低合作链由于组织变革和测评引发震荡的可能性,密切合作关系。

5. 联合推广

一个知名的品牌,一定是同一合作链条上众多合作伙伴共同协作的成果结晶。自然地,这些合作伙伴也应该享有品牌经营所带来的附加价值。应合作伙伴的需求,及时为他们提供恰如其分的背书,在适当的场合肯定他们的贡献,注意加强与他们的联合推广,都会让合作伙伴发自内心地认可组织,在后继的合作中将更多的资源向组织倾斜。

6. 不诋毁竞争者

在竞争激烈的市场上,借企业是经济动物之名展开恶意竞争者越来越多,但这样做不仅容易造成市场参与者之间关系的非正常化,更可能造成与竞争者利益相关的合作伙伴们的关系紧张。在合作政策中不过分苛求合作伙伴做出单一选择,在采购和分销过程严格约束自己的员工言行,不恶意诋毁对手,不仅可以建立起诚信的组织形象,更有利于获得合作伙伴的尊敬和拥戴。

7. 学习与培训

良好的合作形象的塑造,还有赖于在组织自身变革的同时,通过利润区再设计、合作培训、高管共识等方式引领合作伙伴与时俱进,以期合作伙伴的表现与自己的品牌经营策略需求相匹配,保证合作关系的持久稳定。在经销商毛利下降时,飞利浦照明则启动了"伙伴计划",为经销商做流程再造和管理培训,从而给经销商带来了另一种收益。

二、合作公关的禁忌

理想的合作公关,应该是健康、平衡、持续、分享的公关行为过程。以下所列为进行合作公关时应该注意的一些运作禁忌。

1. 缺乏诚信

合作公关的基本目的是什么呢?一如普遍的公关目的,无外乎争取合作资源、密切合作关系、提高合作安全性等。基于这样的公关目的所展开的合作公关,自然需要将保证合作的诚信度放在首要的位置,如果迷恋于一时的公关成绩而丧失自己在合作伙伴中的诚信度,毋宁不要这样的公关。

2. 价值主张模糊

在与你的组织合作过程中,合作伙伴会根据合作双方议价能力的高低,调适自己的合作法则,使自己的行为与你的组织的价值主张相适应,但是如果你的组织的价值主张是模糊的,合作伙伴的视线就会模糊,不清楚他们应该如何做才能够与你共同发展。为此,在合作公关中,非常强调向合作伙伴们不断传递企业品牌的价值主张,以此约束各合作伙伴的言行,防止对企业品牌造成破坏。

3. 始终不启动合作关系管理

对于客户关系管理,几乎所有的管理者都已经认识到它的重要性,但是,于合作关系管理而言,愿意拨备充足预算的经营者却寥寥无几。体现到合作公关上,也就停留在公关经理操办答谢年会等初级运作层面上,难以进入更深层面的运作,合作关系的真正稳固、合作价值链竞争力的真正提升也仅仅止于企业高管的幻想中。如果相信合作关系对于组织的未来极其重要,为什么不启动合作关系管理工程呢?

4. 缺乏公关预算

面向消费者的公关投入,很多组织是慷慨大方的,面向合作伙伴的公关投入,很多组织是极端吝啬的。相信这是一个大多数公关经理的共同印象,为什么会这样呢?因为隐藏在企业高管头脑中的逻辑是:与我合作的组织是因为与我合作而获利,它们应该感谢我而不是我感谢它们。对于合作伙伴价值认知的偏失自然容易使你漠视合作伙伴的价值,为合作公关拨备预算自然是多足之举,但只有能够正确认知合作伙伴价值的企业组织,才可以在持续系统的合作公关中不断提升自己的相对竞争力。

5. 合作流程冗长

对于合作公关,有不少经营者已经意识到它的重要性,也将它列入操作日程,但由于对合作事项过于审慎,往往提前预置了过于冗长的合作流程,无论是在联合推广的决策上,还是在合作预算的审批上,都容易程式化,缺乏灵活性,甚至导致合作公关需要合作伙伴们通过灰色关系导向才可能推进下去,不仅妨害了合作公关的公正性,也破坏了原本健康的合作关系。

6. 接口杂多

对于体系庞杂的组织来说,在合作公关运作中还会有这样一种情形:由于未能将合作公关归口到一个职能部门中去,在整个组织强调合作关系管理的热潮中,组织内部不同层级、不同部门有可能向同一家合作伙伴主动公关,不仅容易造成合作伙伴的困扰,而且容易使合作信息失真,浪费有限的合作公关预算。

第六节 消费公关

所谓消费公关,是指品牌管理者为改善与消费者的关系,深化品牌认知,塑造良好品牌形象,面向消费者和潜在消费者展开的消费关系管理和促进行为。

一、消费公关的基本路径

常例的消费公关可以归纳为以下九条路径。

1. 消费教育

正确的消费观念、知识和技巧的传播,不仅有助于促成消费者对新产品的试购,保证消费者所购买的产品物尽其用,减少错误的操作对消费者利益的损害,而且可以有效地建立起目标品牌专业性强、勇于创新、关心顾客的良好形象。九阳成长为豆浆机市场领导者的秘诀之一,就是坚持不懈地教育消费者,如豆浆的营养价值、做豆浆的方法等。

2. 对产品和服务负责

保证自己的产品品质和使用的安全性,制定合理的价格,公平对待每一位消费者(而不因为知道他是记者或者其他特殊人物而有差别),面对发生的意外事故都可以担负起应有的责任,不陷入生硬的就事论事的"理论",本着关心和理解消费者的态度迅速有效地处理,将会使企业与消费者真正亲近,在消费者心目中建立起负责任的、友善的企业形象。

3. 安全预置

面对正在引起消费困扰的重大事项和消费主权呼声的高涨,品牌管理者应该未雨绸缪,提早进行策略性的应对,防止因反应迟缓造成巨额赔偿和品牌形象的损害。面对可能面临的增肥指控,作为全球第二大食品制造商的卡夫于2003年宣布,为帮助解决儿童肥胖问题,成立一个由10名营养、行为、健康和传播专家组成的顾问小组,检讨旗下食品的营养价值,为旗下食品制定适合的卡路里含量和其他健康标准,降低食品的不健康程度,同时在全球销售的产品上都加上食品营养标签,承诺鼓励儿童养成更好的饮食和生活习惯,向大众宣扬健康的生活方式。

4. 设立召回制度

所谓召回制度,就是指品牌制造商发现已投放市场的产品由于设计或制造性缺陷,不符合有关的行业标准和法规,有可能危及顾客安全健康或者环境保护,其制造商必须向国家管理部门报告该产品存在的问题、原因及改善措施,提出召回申请,经批准后让顾客及时了解有关情况,并对已出售产品进行改造以消除隐患。召回制度的代表性行业为汽车,但随着消费主权的上升,召回制度正在扩大其应用领域。

5. 保障消费者的知情权

消费公关同样不能仅仅是限于一种市场推广过程的亲善行为,也应该切入企业行为的每一个经营环节中,从保护消费者利益出发,保障消费者的知情权。在农业部出台《鲜奶标志管理规定》前,市面上销售的液态奶中大多数都没有标注是纯鲜奶还是还原奶(将乳粉掺水重新加工而成的液态奶),标识更多的是"鲜牛奶+砂糖"字样,致使消费者普遍认为牛奶的原料成分就是鲜牛奶,奶粉勾兑的所谓"鲜牛奶"充斥市场,扰乱了行业秩序。率先能够站出来告知公众真相的品牌自然可以博得消费者的好感。

6. 举行消费者听证会

面对涉及消费者利益的重大事件(即使是在航空、公交、地铁等公共服务特征强的行业领域),选择消费者听证会的形式听取消费者意见,合理调整产品配方或服务价格,可以避免暗箱操作可能带来的误解,赢得消费者的理解和谅解,提高品牌忠诚度。在城市改造的浪潮中,不少城市管理者在出台新的城市规划前或在涉及市民利益的重大项目规划前,由于选择了公开备选方案、征求市民意见的做法,政府形象得到有效改善。

7. 保护环境

环境的恶化越来越受到社会公众的注意,环境恶化的主要制造者——企业这一独立的商业主体受到的环境保护压力也越来越大,显证之一是在媒体发起评价谁是最受尊敬的企业时,烟酒等非健康行业被排除在外。通过企业责任报告书等方式,提出自己的环境保护责任和具体的改进措施、测评指标,以便消除产品在生产过程中和供应链上对环境的负面影响,并定期向公众汇报,获得他们的理解和认同,正在成为众多国际品牌的共同选择。

8. 赞助活动

活动赞助的选择方向应该坚持"三个相关":一是与消费者利益密切相关,如健康、安全、卫生等赞助领域;二是与自身所提供的产品和服务领域密切相关,如药品品牌应该接近社区义诊活动,服装品牌应该接近选美比赛等;三是与公众注意力密切相关,如选择国庆一类的公众假日。

这样的定向选择不仅可以博得顾客的好感,建立起更为专业和亲和的品牌形象,还可以建立有效的公关识别,提升公关投入的累积产出效力。

9. 与非政府组织合作

这一类组织承担的职责是为社会大众谋福利,提高整个社会文明程度,但它们非常需要来自企业的资金、人才、舆论和其他方面的持续支持。企业的积极参与,无疑可以有效地支持它们快速成长,也可以因此建立起负责任的、促进社会全面发展的企业品牌形象。

二、消费公关的禁忌

理想的消费公关,应该是安全、公允、合理、持续的公关行为过程。以下所列为在进行消费公关时应该注意的一些运作禁忌。

1. 消费欺诈

在所有面向消费者的公关行为中,消费欺诈是最为广大消费者所不齿的,具体的消费欺诈特征包括伪造原产地、夸大产品功效、产品包装说明故意遗漏重大事项等。对于越来越多从消费者利益至上的旗帜下回归到利润本位的商业组织来说,只要是法律不禁止的就是可以执行的,只要是法律有漏洞的就是可以充分利用的,这似乎成为一种经营风潮。

2. 过度迎合

在消费公关中,我们经常可以看到的是,一些企业组织为了自己的商业收益,广泛地利用现代媒体的力量,或者将一些原本并不重要的小问题放大成大问题,或者扩散无益于人的身心健康的言论,或者主动逢迎一小部分人的需求,引发社会风尚的转移……在或张扬或沉潜的商业语速中,消费公关收益最终指向个别的企业组织,而它们本应担当起应有的社会责任和公共使命。

3. 言行不一

把顾客利益至上写进品牌管理基本法的企业品牌比比皆是,但化观念为行动、持续兑现这一承诺的企业品牌却少之又少。在观念和行为的背离中,企业组织面向消费者的公关必然会在实操过程中借口法律规定、国家利益、行业发展等维护自身的私利,公利和私利之间的争执和摩擦会不断加剧,苦心经营的消费形象被言行不一、难以信任所替代。

4. 内外有别

消费公关不仅是面向外部顾客的关系管理行为,也是面向内部顾客——员工和代理人的关系管理行为。只有坚持以内外一致、一视同仁的原则处理公司、代理人、员工和顾客关系的企业组织,才能使员工们发自内心地服务顾客,在每一个顾客接触点上主动热情地提供令顾客满意的服务。相反地,员工没有获得合理接待和照顾的公司,其顾客关系虽然表面光鲜,但实质上异常脆弱。

5. 使用技术语言

面向消费者的公关运作,自然应该使用消费者听得懂的语言,而不是深奥难解的专业术语。但在现实的公关运作中,我们经常可以见到由于品牌经营者往往从自己习惯的视角向消费者做出解释,加之公关经理转述不力,导致未经"翻译"的技术语言到处泛滥,消费者在技术语言和专家权威的压抑中或者极度自卑,或者转头旁顾,消费公关的效力大打折扣。

6. 缺乏代言人

对于真正关注消费者利益的组织,建议采用类似独立董事的方式,在组织内部设置一个直接对高管负责的消费者代言人的职位,或者设立一个由真正的消费者组成的消费顾问团。这样做的意义在于,在企业组织内部有了一个相对超脱的代表消费者利益的监管利器,对包括消费公关在内的企业组织的重大经营行为进行预审,从而可以有效地防止由于组织内部缺乏消费者代言人而导致私欲膨胀损害消费者利益,最终损害企业组织利益的行为的发生。

第七节 危机公关

所谓危机公关,是指在公关顾问公司的协助下,危机中的品牌经营者为了降低危机损失、控制危机扩散、全面解决危机而展开的一系列公关运作。这里所说的危机事件,是由属于组织自身,但经由媒体公开披露而引起强烈关注的、与社会公众利益有着密切关系的事件,由于与公众利益关系密切,该类事件的披露容易引发社会公众的情绪化反应和集体性排斥,处理不当则会给危机漩涡中的组织声誉和形象造成强烈而深远的破坏。与弱势品牌相比,强势品牌相对更容易获得谣言和丑闻,也更容易在危机中受到重大打击,甚至因此一蹶不振。

一、品牌危机的基本类型

品牌危机的分类方法很多,主要包括来源分类法、主因分类法、对象分类法、影响分类法、管控分类法等。

其中,从品牌危机来源分析,品牌危机可以划分为消费源危机、竞争源危机、合作源危机、投资源危机、内部源危机、政府源危机、金融源危机、社区源危机、非营利组织源危机等。

如图6-2所示,从品牌危机的主因分析,品牌危机可以划分为产品危机、营销危机、传播危机、组织危机四大类型。其中,产品危机是指危机的主因是产品品质的危机事件,具体的危机表现形态包括产品不安全、品质不稳定、夸大产品功效、偷换原材料、原产地欺诈、产品包装标注不当、行业管制标准更新、产品遭受故意破坏等;营销危机是指危机的主因是竞合关系的危机事件,具体的表现形态包括分销失控、竞争歧视、合作欺诈等;传播危机是指危机的主因是信息传播的危机

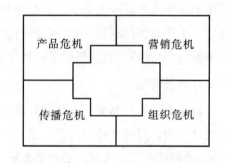

图6-2 危机主因:品牌危机的四种类型

事件,具体的表现形态包括竞争性贬斥、专业性质疑、广告违规、夸大宣传等;组织危机是指危机的主因是组织管理的危机事件,具体的表现形态包括缺乏诚信、团队分裂、资金断裂、资本影响、权属模糊、保护不力等。

另外,从影响对象分析,品牌危机可以划分为组织内部型危机、竞合关系型危机、社会公众型危机等;从品牌危机的影响力分析,品牌危机还可以划分为微弱影响级危机、一般影响级危机、明显影响级危机、重大影响级危机、绝对影响级危机,如图6-3所示;从品牌危机的可管控性分析,品牌危机还可以划分为完全可控性危机、相对可控性危机、一定可控性危机、相对不可控性危机、不可控性危机等。

图6-3 品牌危机影响力的五个层级

无论是何种类型的品牌危机,它们通常具有如下的一致性特征:突发性,要求快速反应;威胁性,严重威胁到品牌生存和发展,必须积极解决;不确定性,危机的来龙去脉难以把握,需要慎重处理。

二、危机公关七步法

品牌危机一般被划分为潜伏期、爆发期和重建期三个阶段。任何危机的发生都会有一些征兆,如果在危机的潜伏期有完备的危机识别系统和系统的危机预警机制,相对更容易降低危机的爆发率;在爆发期,最重要的工作就是控制危机,即控制危机强度、影响范围以及造成的负面影响;在重建期的主要任务是如何快速地恢复正常运作。详而言之,完整的危机公关流程如图6-4所示的危机公关七步法。

图6-4 危机公关七步法

1. 危机识别

要防范品牌危机,首先需要在征询组织内部直接运作人员、相关合作伙伴以及专业的公关公司的意见和建议的基础上识别危机,具体的运作子项包括危机分类、破坏性和概率评估、制作危机库等。一些强势组织还会在本运作阶段实施品牌预保护策略,预防品牌危机的发生。以戴比尔斯为例,由于预见到"滴血钻石"(一些武装冲突地区非法获得和贩卖的钻石)可能招致激烈的抗议,戴比尔斯于2000年实施了一项品牌保护措施,在每张发票上做出一个特别保证,证明自己的未加工钻石不是通过非法掠夺得来的,并且启用了名为"永远的钻石"的新标志,以便将自己的钻石和来源不明的钻石区别开来。这些措施无疑增强了戴比尔斯品牌的社会责任感形象,减少了可能引发的公众抗议。

2. 危机预警

在识别危机的基础上,如果该企业组织有明确的危机公关理念、应急计划和组织保障,在危机来临时就可以从容应对。在本运作阶段,需要建立起完备的品牌危机预警体系,具体包括危机预警系统、危机沟通系统、危机回应系统等运作子项。其中,危机预警系统旨在通过危机监测点布建、关键联系人制度、问题报告管道等形式及时发现危机征兆,缩短危机公关启动时间;危机沟通系统通过新闻发言人制度、核心媒体队伍、政府关系处理、内部员工沟通等形式,为危机处理提供了整合化的沟通管道;危机回应系统包括调研、法律、后勤等后台支援事项的安排和危机公关流程的演练等,为危机处理提供了有效的组织支援。

3. 紧急启动

当危机爆发时,就需要迅速启动危机处理系统,迅速唤醒危机小组,快速识别危机类别,并启动应急处理方案。在紧急启动阶段,有必要向危机小组成员重申危机公关管理的基本法则,要求他们要换位思考,从受众的角度看问题;要去除侥幸心理,协同运作,快速反应,防止受众被误导和危机的扩散;要始终诚实、认真和勇敢,保持一个积极正面的态度,及时回应媒体和社会公众的咨询,不能逃避穷追猛打的媒体,绝不能指责消费者;要信守承诺,全面消除公众的误解,摒弃低成本管理意识;不要放弃常识、常理和常情的力量。

4. 危机控制

危机控制的关键首先是意识、态度、行动,保持清晰的意识、坚定的态度、快速的行为,可以有效控制危机,防止危机的再扩散,降低危机的负面影响。特别需要强调的是,在危机控制阶段的组织必须走出沉默,向危机现场派出高级负责人,直接做出艰难而果断的决定,杜绝所有急切的辩解,把"无可奉告"之类推卸责任的话语剔除出去,并通过与媒体的面对面沟通,抢先发布解决方案和解释性信息,有效消除组织内部和其他利益关系人的恐慌和不安,抵制负面消息的散布和流传。

5. 危机处理

在危机处理过程中,最为重要的法则依然是不要说谎,不要掩盖真相,不要急切寻找借口和托词。以恶性的离职事件为例,面对离职,其一应该摆脱愤怒的情绪,循例进行离职谈话,与离职者充分沟通,达成一定的书面协议或得到离职者的口头承诺,防止品牌声誉受损,除非万不得已不可进入法律诉讼程序;其二,应以备忘录的形式向员工、客户和股东解释发生的事情,肯定其他团队成员的价值,做出继续健康经营的承诺;其三,以新闻通稿的形式向媒体和公众做出解释,表示遗憾和低调认可,防止流言的传播;其四,通过内部遴选或者外部委托的方式快速寻找到替代人选。

6. 危机利用

危机利用包括两个层面的含义:一是减少继发性损失,挽回品牌声誉;二是总结危机公关的经验和教训,提升类似危机事件的应对效力。仍然以恶性离职事件为例,在危机利用阶段,应注意做好离职记录管理,善用离职信息,反省问题之源,找到解决方法,并使其制度化,如若有可能或者有必要,可以考虑强化通过雇员手册、公司公报、在雇佣合同中加入竞争回避协议和沉默条款等方式加强组织的自我保护。需要说明的是,对于危机利用的思考应早在危机控制和处理阶段展开,提早关注和分析"危机后效应",在现场排障的同时预埋未来利用危机的管线,为在危机利用阶段挽回组织声誉创造空间,使品牌的重建成为可能。

7. 运作评估

这是在危机公关结束后的全面评估,既包括对公关效果的评估,也包括对运作效力的评价。经由全面系统的运作评估,可以帮助组织调整危机公关策略,优化公关流程,完备组织支援,提升危机公关效力。

这里需要再次强调的是,完备的组织支援是实现危机公关策略的最基本的保障。以美国的"9·11"恐怖袭击事件为例,华盛顿各个政府机构之所以能够在9月13日全面恢复正常办公,是因为美国政府有一个鲜为人知的组织——美国联邦危机管理局(FEMA),它的任务就是在各种各样的危机面前,通过包括减缓、预备、回应和恢复的功能手段在内的一整套危机处理程序,来减少生命和财产损失,保护美国的国家重要基础设备。

 思考题

1. 简述品牌整合公关的模型是什么。
2. 如何处理媒体公关?
3. 社区公关的基本路径有哪些?
4. 投资公关的禁忌有哪些?
5. 简述合作公关的禁忌。
6. 结合实际谈谈消费公关在现实生活中的应用。

第七章 品牌及品牌化

学习提要

通过本章学习,主要了解品牌的定义、品牌的形式、品牌的内容、品牌的功能,重点掌握品牌化的历史大致经历了哪几个发展阶段。

第一节 品牌

一、品牌的定义

在现代经济中,品牌是一种市场营销行为,品牌管理属于营销管理的范畴。美国市场营销协会(AMA)1960年对品牌的定义被营销管理界普遍接受,其表述为:品牌是指不同竞争者为相互识别而赋予各自产品或服务的名称、说明、标记符号、形象设计以及它们的组合。

二、品牌的形式

品牌形式也称品牌要素,是指品牌的名称、说明、标记、符号、形象设计,以及它们的组合。其中名称是品牌的主题形式,而说明、标记、符号或形象设计等是品牌的辅助形式。

1. 品牌的名称

品牌的名称是有独特含义的语言,包括词语、字母及其组合。词语类的名称有符合文字规范的,如长虹(家电)、联想(电脑)、青岛(啤酒)等。还有许多词语类的名称是突破文字规范的,一般的字典里查不到,如 Coca-Cola、Unilever(联合利华)、FedEx(联邦快递)、Sony(索尼)、海尔等。这类品牌可能想通过形式(词语)的突破加强品牌内容的独特性或独创性。松下电器原来的品牌叫"National",这是规范的词语,后来改为不规范的"Panasonic",显示出松下电器新一代产品的独创性。

符合文字规范的词语类名称有非常多的来源,如人名(福特汽车、李维斯牛仔裤、李宁运动服装、雅诗兰黛化妆品)、动植物名(野马汽车、苹果电脑、熊猫电子、白猫洗衣液、海螺衬衫、红豆服装、金海马家具)、地名(科隆香水、北京吉普、蒙牛乳业、金华火腿、西湖龙井茶)等。许多品牌的

名称来自品牌产品或服务本身的性质、特点或特色,如视窗(Windows)软件、英特尔(Intel)内存、惠而浦(Whirlpool)洗衣机、小灵通移动通信、搜狐网站、盾链条、巴士公交车等。公司或社会的价值观或文化理念也是品牌名称的一个重要来源,如凌志轿车、红双喜乒乓球、希望饲料等。

字母类的品牌名称有 OMEGA(欧米茄)手表、BMW(宝马)汽车、TCL 家电等。字母比词语更简练更抽象,而且又突破了正常的语言规范。因此,那些追求超凡脱俗和独立风格的公司可能比较喜欢字母类名称。

2. 品牌的说明

品牌的说明是指对品牌内容的提示性词语。如惠而浦洗衣机的品牌说明是"home appliance"(家用电器)。品牌说明可以增强人们对品牌的认知、印象和记忆,是品牌重要的辅助形式。

3. 品牌的标记和符号

品牌的标记和符号可合称为品牌标志(Logo),是指品牌独特的书写形式、图案和标志物,如 Coca-Cola 独特的书写形式,是其品牌的一个标志;"被啃掉一块的苹果"是苹果电脑的品牌标志。品牌标志还包括标志物,如"金色拱门"和"麦当劳大叔"是麦当劳餐厅的标志物,"微笑的山德士上校"是肯德基餐厅的标志物。品牌标志物与品牌图案没有严格的分界线,主要区别是标志物比图案更具体一点。

4. 品牌的形象设计

品牌的形象设计是指品牌的产品外观、品牌包装、品牌广告、品牌代言人等形象,如可口可乐形状独特的瓶子是品牌的一种包装形象。辛迪·克劳馥是欧米茄手表的品牌代言人,因此,辛迪的形象设计关系着欧米茄品牌的形象。品牌形象设计与品牌标志的区别是:品牌形象设计对品牌内容的展示比较具体、直露,而品牌标志对品牌内容的展示比较抽象、隐晦,更有比喻性和象征性。

5. 品牌形式的组合

品牌形式的组合是指以品牌命名为主的品牌诸形式之间的组合。品牌形式的组合可以让市场对品牌产生整合的认知、印象和记忆,这有助于品牌的整合营销。一些世界名牌在品牌的整合营销上都非常成功,如麦当劳、可口可乐、通用汽车、Windows 软件等。

三、品牌的内容

品牌形式是为展示品牌内容服务的。品牌内容就是市场能感知的某品牌产品区别于其竞争对手的特殊点。美国著名营销学家科特勒(Kotler)以德国名牌梅赛德斯(Mercedes)轿车为例,指出品牌有 6 个层面的内容:品牌特色、品牌利益、品牌价值、品牌文化、品牌个性、品牌对象。

1. 品牌特色

品牌特色是指品牌产品在性能、质量、技术、定价等方面的独特之处。如德国梅赛德斯轿车的特色是高性能(高车速、耐用)、高质量(制作精良)、高技术(技术精湛)和高定价(昂贵、高二手价）。又如,可口可乐饮料的特色是独特的口感和配方。品牌特色是品牌的一个基本内容,是品牌核心竞争力的一个主要来源。在某种意义上,品牌没有特色,就没有竞争力;品牌越有特色,就越有竞争力。著名品牌都十分重视保持自己的特色,如可口可乐对其饮料的配方始终保密,而且不申报专利,一个主要原因就是想永远保持这种饮料的特色。随着技术水平的提高和商业竞争的加剧,一些品牌面临着特色退化甚至丧失的危险。怎样保持特色是许多品牌在制定战略时必须考虑的重要问题。

2. 品牌利益

品牌利益是指品牌产品给用户带来的好处和用户在使用中获得需要的满足。如梅赛德斯轿车的用户从车价的"昂贵"获得尊重需要的满足,从车的"制作精良"获得安全需要的满足,而从车的"耐用"又节约了换新车的成本。又如可口可乐不仅满足消费者解渴的需要,还满足了社交的需要。

3. 品牌价值

品牌价值是指品牌生产者所追求和所评估的产品价值。如梅赛德斯轿车的价值评估是"高性能、安全和高声誉"。品牌价值是选择品牌对象(即目标市场)的一个重要标准。品牌对象的价值导向最好与品牌生产者接近。如百事可乐(Pepsi-Cola)的价值导向是"年轻""活力",而且这里所说的年轻和活力是指心理上的,这一点与百事可乐消费者(不仅是年轻人,也包括中老年人)所追求的价值是一致的。

4. 品牌文化

品牌文化是某一品牌的拥有者、购买者、使用者或向往者之间共同拥有的、与此品牌相关的独特信念、价值观、仪式、规范和传统的综合。品牌文化,也指通过赋予品牌深刻而丰富的文化内涵,建立鲜明的品牌定位,并充分利用各种强有效的内外部传播途径形成消费者对品牌在精神上的高度认同,创造品牌信仰,最终形成强烈的品牌忠诚。优秀的品牌文化可以赋予品牌强大的生命力和非凡的扩张能力,充分利用品牌的美誉度和知名度进行品牌延伸,进一步提高品牌的号召力和竞争力。

5. 品牌个性

品牌个性是指品牌在目标消费者心中所塑造出的独特、鲜明且一致的性格特征或形象。它是品牌核心价值的外在表现,通过品牌定位、视觉识别系统(如 Logo、色彩、字体等)、产品设计、广告风格、公关活动以及社交媒体传播等多种方式共同塑造而成。一个具有鲜明个性的品牌能够更容易地吸引消费者的注意,激发他们的兴趣和共鸣,从而在众多品牌中脱颖而出。同时,品牌个性也是实现品牌差异化竞争的重要手段,它有助于品牌在激烈的市场竞争中树立独特的品牌形象,增强品牌识别度和记忆点。

在塑造品牌个性的过程中,品牌需要深入了解目标消费者的需求、喜好和价值观,确保品牌个性与他们的心理预期相契合。此外,品牌还需要保持个性的一致性和连贯性,避免在传播过程中出现形象混乱或断裂的情况。

6. 品牌对象

品牌对象是指品牌所指向的用户种类或目标市场细分。如梅赛德斯车的一个主要目标市场细分是年龄偏大的资深高管人员。品牌对象也不能过于明确，不然会影响其市场的拓展。

品牌的6大内容之间是相互关联、相互配合的，并形成整体的品牌含义。其中任何一个内容有所改变，都可能影响整体的品牌形象。例如，20世纪80年代，可口可乐曾经因为改动配方（品牌特色）而损害了自己整体的品牌形象，从而招致战略失误。

可口可乐配方改动的失败

20世纪80年代中期，百事可乐通过"百事挑战"促销向可口可乐发动攻势。发端于得克萨斯的促销活动涉及顾客对这两种可乐的口感评价，结果是百事可乐取胜。为此，可口可乐决定改变配方，让新口感接近百事可乐。可口可乐对19万饮料消费者进行了新配方和新口感的市场调研，调研结果是：绝大多数消费者更喜欢新配方和新口感。可口可乐据此大力推广这种新配方和新口感的可乐。但新可乐的推广出乎意料地失败了，它遭到可口可乐消费者的反对。有人组织了一个"美国可口可乐消费者协会"，通过电话热线收集消费者反对新配方的呼声。大量的消费者还向可口可乐公司总部去信、打电话，谴责新配方的推出。在消费者的一片反对声中，可口可乐的销售连续下跌好几个月。最后，可口可乐公司不得不在推出新配方可乐的同时重新恢复老配方可乐的销售。

四、品牌的功能

品牌在市场活动中具有一系列功能。科特勒认为品牌具有识别、法律保护、培养忠实顾客、市场细分和公司形象传播等功能。美国品牌学家凯勒（Keller）指出品牌具有识别、法律保护、质量承诺、保护产品特色、保持竞争优势和资产增值等功能。英国品牌学家切尔纳托尼（Chernatony）指出品牌具有识别、法律保护、公司管理、速记、减小风险、市场定位、人性化、价值、展望、附加值、公司形象和顾客关系等功能。综合这些学者的观点，品牌在市场活动中的功能主要是识别、保护、信息、承诺、情感、定位、激励和增值等。

1. 识别功能

品牌的基本功能是识别品牌主的产品或服务，并将它与竞争对手区分开来。品牌的识别功能来自品牌形式的独特性。可口可乐的"瓶子形象"设计、麦当劳的"金色拱门"标志、宝马汽车"蓝白相间的圆形小窗"、苹果电脑的光谱颜色和"被啃掉一块的苹果"等都具有很强的识别功能。

差异化产品本身越难识别，品牌的识别功能就越重要。如服务业的产品比制造业更难识别，服务品牌的识别功能就比制造业更重要。像银行业的服务，无论存贷款服务还是其他理财服务，在形式上都是相似的，很难识别。但不同银行各自独特的竞争力往往通过品牌加以识别，品牌及其识别功能就非常重要。又如在制造业中,产品形式或外观越相似的行业,品牌的识别功能就越重要。像食品、化妆品、清洁剂、牛仔裤等行业的品牌识别功能就比较重要,因为除了品牌,这几类产品在本行业中都很难被市场识别。

2. 保护功能

品牌是品牌主的一种无形资产。品牌或品牌的一部分一旦进行商标注册,就对品牌主的这种资产具有法律保护功能,即可以利用法律武器防止和打击品牌假冒或抄袭行为。

品牌学者卡普费雷尔(Kapferer)设计出一个判定品牌抄袭程度的程序。研究者邀请消费者观看电脑显示屏,向其播放抄袭者产品的比较模糊的画面,并问消费者画面中产品的品牌是什么。如果消费者识别不出,就增加画面的清晰度,并再问消费者同样的问题。这样,逐步地增加画面的清晰度和询问消费者,直到消费者识别出品牌为止。这时,消费者说出的是原装的品牌,而实际上看到的是抄袭的品牌。研究者据此可以判定原装品牌被抄袭的程度。

3. 信息功能

品牌是其所代表公司的信息的浓缩。如前所述,品牌可以传达有关公司特色、公司给市场带来的利益、公司价值观、公司文化、公司个性和公司服务对象等信息。品牌信息比较抽象、简括,有联想空间,且比较好记。在信息时代,公司信息或市场信息是爆炸式传播的,而消费者接收和处理信息的能力是有限的,因此,像品牌信息这样浓缩的、简约的、好记的市场信息越来越受消费者欢迎,品牌信息在整个市场信息中的地位越来越重要。正如品牌学家切尔纳托尼所说,市场营销商面临的任务是为消费者处理品牌信息提供便利,形成和促进品牌记忆,并迅速地唤起品牌记忆,使品牌成为消费者的一种"速记工具"。

4. 承诺功能

品牌有助于减小消费者的购买风险,因为品牌实际上是以公司的信誉对消费者的承诺,对产品或服务的担保。品牌的承诺功能就是一种保险功能。消费者的购买风险之一是不了解产品或服务的性能和质量,而品牌尤其著名品牌,可以对产品或服务的性能和质量起到一种信誉担保的作用;消费者的购买风险之二是营销商的价格不诚实,而品牌信誉可以抑制营销商的价格不诚实行为;消费者的购买风险之三是为更多地搜集公司信息而花费的时间成本,而品牌信息是公司信息的浓缩,它可以节约消费者搜集公司信息的时间成本;消费者还有一个购买风险是社会评价,即社会对产品的评价低于消费者个人的评价,而好的品牌尤其著名品牌已经具有良好的社会评价。因此,品牌尤其好的、著名的品牌有助于减小消费者的各种购买风险,从而促进产品或服务的购买。

5. 情感功能

品牌形象的个性化或人格化使品牌具有情感功能。如儿童饮料"娃哈哈"就带有很强的情感色彩。"娃哈哈"这个名字的来源之一是20世纪60年代的一首新疆民歌《哇哈哈》,当年熟悉这首民歌的青少年到了娃哈哈诞生的80年代做了孩子的家长,他们看到或听到与《哇哈哈》同音的"娃哈哈"有一种亲切感,这种情感对促进娃哈哈儿童饮料的购买是有利的。又如可口可乐,其品牌对象中有一大批美国消费者是带着强烈的"怀旧"情感购买可口可乐的。老牌子、老字号都有浓烈的情感色彩,这也是老品牌的竞争力之一。品牌的情感功能常常通过广告、公共关系和形象代言人等促销方式得以发挥,因为广告、公共关系和形象代言人都是最能诉诸情感的促销方式。

劝业场老字号的情感价值

历史悠久的天津劝业场,把"做生意更要做朋友"作为一贯的传统,把老顾客当作老朋友看待,很重视与他们的感情。劝业场拆掉老楼时,不得不砍掉大量柜台,但硬是把金笔修理柜台留下了。在劝业场这寸土寸金的地方,这样的金笔修理柜台肯定赔钱,但劝业场珍惜这个柜台悠久的历史和老朋友(顾客)的感情,因此对它采取了特殊政策。正如一位老顾客所说:"来修笔不是买不起笔,一是对用惯了的笔有感情。二是对劝业场有一种眷恋之情。"劝业场此举保留了这块老字号品牌的情感价值。

6. 定位功能

品牌是一种市场定位,即一家公司或其产品在目标市场(或顾客)心目中的位置,也就是目标市场对公司或其产品的心理评价。如美国赫茨公司的定位是"世界上最大的出租汽车公司",可口可乐的定位是"世界上最大的软饮料公司",宝马汽车的定位是"性能的代表",沃尔沃汽车的定位是"安全的代表",等等。品牌的市场定位实际上就是品牌特色为消费者所认同的表现。美国广告专家赖斯(Ries)和特劳特(Trout)较早提出定位的概念,他们说:"定位的意义不在于对品牌做了什么,而在于顾客心目中产生了什么。"这就是说,品牌的定位功能实际上是一种心理功能。

7. 激励功能

公司品牌具有激励功能。品牌学者米歇尔(Mitchell)指出,员工参与公司品牌的建立过程就是他们接受品牌所代表的公司价值和公司文化的过程,企业可以利用员工的品牌意识对员工进行价值激励和文化管理。例如,惠普公司的创业者在创建品牌的早期就提出一套品牌哲学,并重视招聘有类似价值观的员工。由于员工的价值观与公司的品牌哲学比较一致,他们的行为对惠普品牌消费者产生很大的正效应,加强了惠普品牌的市场影响力,扩大了惠普品牌忠诚者(包括惠普产品的购买者和惠普的股东)的队伍。这里,惠普品牌及其价值理念对员工的激励起到了关键作用。

8. 增值功能

品牌的增值功能是指品牌因为能够满足消费者特殊的心理需要而使消费者产生愉悦的感觉,进而提升产品或服务的附加价值。

(1)提升产品溢价能力。品牌作为产品或服务的标识,其知名度和美誉度越高,消费者越愿意为其支付更高的价格。这种溢价能力不仅体现在奢侈品市场上,也广泛存在于各类消费品中。例如,同样款式和质量的包包,在普通商店里可能只卖几百元,但一旦贴上奢侈品牌的Logo,价格就可能飙升到数万元。这就是品牌增值功能的直接体现。

(2)增强消费者信任与忠诚度。品牌通过长期的品质保证和优质服务,能够在消费者心中建立起良好的口碑和信任。这种信任不仅有助于提升消费者的购买意愿,还能增强他们的品牌忠诚度。一旦消费者对某个品牌产生了信任和依赖,他们就更愿意持续购买该品牌的产品或服务,从而为企业带来稳定的客源和收入。

(3)降低企业营销成本。品牌增值功能还能有效降低企业的营销成本。由于品牌已经具有一定的知名度和美誉度,企业在推广新产品或服务时,可以充分利用品牌的影响力,减少广告投入和促销费用。同时,品牌还能作为企业与消费者之间沟通的媒介,帮助企业更好地了解消费者需求和市场变化,从而制定更加精准的营销策略。

(4)提升企业形象与竞争力。品牌增值功能还能提升企业的整体形象和竞争力。一个拥有知名品牌的企业,往往能够在市场上获得更高的认可度和尊重。这种认可度和尊重不仅有助于提升企业的市场份额和盈利能力,还能为企业带来更多的商业机会和合作伙伴。同时,品牌还能作为企业文化和价值观的载体,帮助企业塑造独特的品牌形象和企业文化。

(5)实现品牌资产的增值。品牌增值功能最终体现在品牌资产的增值上。随着品牌知名度和美誉度的提升,品牌的价值也会不断增长。这种增长不仅体现在品牌本身的商业价值上,还体现在企业整体价值的提升上。因此,品牌增值功能是企业实现可持续发展和长期盈利的重要保障。

第二节　品牌化

品牌化,就是市场竞争者建立和壮大品牌的动态过程,也就是从无牌到有牌、从弱牌到强牌的发展过程。影响品牌化的外部因素是市场结构或市场竞争,内部因素是品牌所具有的市场功能。从这个意义讲,品牌化的历史就是市场结构或市场竞争不断变化和竞争者不断利用、发挥品牌的市场功能的历史。美国品牌学家凯勒介绍过古代品牌的产生和现代美国品牌化的发展概况。根据他提供的资料,品牌化的历史大致可分古代品牌、全国品牌、零售商品牌、品牌管理、品牌延伸、品牌收购等几个发展阶段。

一、古代品牌

古代市场最早是农业和狩猎业市场,但最早的品牌并没有出现在农业和狩猎业市场,而出现在手工艺陶器制造业市场。凯勒在其著作中阐述道:"品牌(或者至少是商标)的历史,最早可以追溯到古代的陶器和石器匠人的标识——被标在手工制品之上,用以说明其来源。陶器或是泥灯,有时是在离出产地很远的地方出售的,购买者经常寻找高水平陶艺人的标识,以确保商品的质量。在古代中国的陶器,古希腊、古罗马出土的陶罐,以及在公元前1300年印度的商品上,都发现了这种标识。"凯勒对手工艺陶器品牌化的解释是:"手工匠人和其他人用来标识自己的劳动果实,以便顾客能轻而易举地认出它们。"这里的陶器是"手工制品",是手工匠人"自己的劳动果实"。陶器制造业存在"高水平陶艺人",说明陶器制造业市场是一个有差异(即有一定程度的手工艺垄断性)的竞争市场。有时是在离出产地很远的地方进行出售,说明陶器市场的扩大。而随着陶器市场的扩大,这种垄断性竞争的市场结构在不断加强。陶器市场的手工艺垄断性竞争就是陶器市场出现品牌化的外因。这里的"标识"(即品牌)"用以说明其来源","以便顾客能轻而易举地认出";"购买者经常寻找高水平陶艺人的标识,以确保商品的质量",说的是品牌的市场识别功能。这是陶器市场出现品牌化的内因。

古代农业和狩猎业市场之所以没有品牌化,是因为这两个市场在当时属于完全竞争或完全垄断的市场,即竞争者之间无差异的市场,无差异市场无须品牌识别。古代农业或狩猎业的生产和市场活动局限于狭小、封闭的地区,同类农产品或狩猎产品的生产者所处的自然条件是完全相同的,而自然条件对农业或狩猎业产品的差异化具有决定性的影响,因此,古代的农产品或狩猎产品市场是竞争者之间无差异的市场,无须品牌识别,是无品牌化市场。

农业或狩猎业市场只有在扩大和开放的条件下才有可能品牌化。因为只有在大的、开放的农产品或狩猎产品市场,才有可能买到来自不同产地(不同自然条件)的差异化产品,由此才有品牌(如产地标识)识别的需要。如古代"中国茶叶"在欧洲市场成为一个"品牌",与欧洲茶叶市场的扩大和开放有关。在这样的欧洲茶叶市场,可以买到不同产地(自然条件)的各种茶叶,这些产地不同的茶叶之间的竞争需要形成不同的"品牌"(产地标识)。

在欧洲品牌史上,面包和金银制品的品牌化也比较早,这两类产品的品牌化与品牌的市场保护功能有关。据凯勒提供的资料,英国于1266年通过一项法律,要求面包师在每一块出售的面包上做记号,以便监控缺斤短两的面包师。英国法律要求金匠和银匠也在制品上做记号,包括签名、私人印记和有关材质的说明。1597年,两名在金器制品上做假标记的金匠被施以绞刑。这里,面包和金银制品的品牌化起到打击假冒伪劣制品和保护有竞争优势的面包师和金银匠的作用。

在美国品牌史上,欧洲移民带来的专利药品是较早品牌化的产品之一。据凯勒提供的资料,这些专利药品的品牌有 Swaim(万能药)、Fahnestock(杀虫剂和驱蛔虫药)、Perry Davis(植物止痛剂)等。这些品牌在美国内战之前就已经很知名了。品牌主为了促销,印制了精美而独特的零售标签,标签上还有品牌主的画像。这里,专利药品的品牌化也与品牌的市场识别和保护功能有关。

二、全国品牌

制造商的全国品牌,就是制造商用以在全国市场销售的产品品牌。从19世纪60年代到20世纪初,也就是产业革命(第一次科技革命)结束到第二次科技革命掀起的期间,美国出现了制造商的全国品牌,这是现代品牌史的开端。美国制造业全国品牌产生的阶段,也就是美国制造业市场营销(marketing)产生的阶段。两次科技革命使得现代制造业不仅进入了大规模的生产,也进入了大规模的市场,大规模的市场活动就是市场营销,而其中一个主要活动就是在全国市场实现品牌化。生产规模、市场规模的快速扩大和市场营销的产生是美国制造业推行全国品牌的根本因素。根据凯勒的分析,推动美国制造商全国品牌产生的具体因素分述如下:

(1)美国交通运输(如铁路)和通信(如电报和电话)的改善大大促进了全国性市场营销开展,其中包括全国性的品牌活动。

(2)美国制造业生产技术的改进大大提高了大批量低成本生产的可能性,而大批量生产需要依托像全国性市场这样的大市场,品牌需要有全国性市场的订单,这就推动了全国品牌的产生和发展。

(3)美国制造商的产品包装取代了产品散装,而产品包装是品牌的传媒之一,产品包装的大规模兴起直接促进了品牌在全国性市场的传播。

 **小阅读**

宝洁公司:包装推动品牌化

宝洁公司全美品牌的形成与包装产品的大规模生产和销售有关。宝洁公司将大批量生产的包装产品送到全美各地,这在很大程度上代替了当地生产的散装产品。而宝洁品牌伴随包装产品传播到全美各地,成为美国最早的全国品牌之一。如宝洁公司在辛辛那提生产的蜡烛销往俄亥俄州和密西西比河沿岸的城市。1851年,码头装卸工为了不搞错,开始在装宝洁蜡烛的纸箱上标上一个简单的星形记号。宝洁公司很快发现,销地中间商把这个星形记号当作蜡烛质量的象征。中间商一旦在一批蜡烛的包装上找不到星形记号,就误以为质量有问题而拒绝接收这批蜡烛。于是,宝洁公司将所有蜡烛的包装都标上统一而正规的星形符号,并取名"星星",作为品牌进行销售。不久就在全国市场有了一批忠实的中间商客户。

(4)美国《商标法》从1879年到1906年的3次修订大大加强了对品牌的保护,打击了品牌假冒和抄袭的行为,从而激励了更多的制造商在像全国市场这样更大的范围内实行品牌化。

(5)美国制造业和新闻媒体对产品广告越来越重视,而产品广告又是品牌的传媒之一,产品广告的大规模兴起也直接带动了全国品牌的兴起和发展。

(6)美国零售业的创新(如百货商店、国内邮购公司等),有效地扩大了制造商的营销渠道,在更大的范围内将制造商与消费者联系起来,这就促进了制造商品牌在全国范围的拓展。

(7)美国的自由移民政策使美国人口不断增加,而人口的增加意味着需求的增加和市场的扩大,这是制造商全国品牌形成和发展的市场基础之一。

(8)美国工业化和城市化的发展在更大范围内提高了人民的生活水平和期望,带动了市场需求的增长,这又是制造商全国品牌形成和发展的一个市场基础。

(9)美国人受教育程度的提高(文盲率从1870年的20%降到1900年的10%)带动了美国消费者需求的个性化、多样化、新颖化和名牌化,刺激了对品牌文化的追求,这也是制造商全国品牌形成和发展的一个市场基础。

美国制造商全国品牌的形成和发展,还与许多公司高层领导的重视和支持有关。公司高层领导在品牌化过程中起到关键的作用,一个重要原因可能是品牌的核心内容即品牌的个性通常融入了公司(尤其创业时期的)领导人的个性。追求成就感的领导人把品牌的创立和发展看作自己个性张扬和成功的一种表现,因此他们倡导和推进品牌化有一种内在的动力和积极性。然而,公司高层领导对品牌化的贡献也可能伴随着某些负面影响,如由于品牌化进程对公司高层领导过于依赖,公司高层领导的更替可能会影响品牌化的进程,甚至可能引起品牌的更替,变成"城头变换大王旗"的局面,这样会给公司带来直接或间接的损失。

三、零售商品牌

20世纪前30年,是制造商全国品牌继续发展的时期,这期间出了一大批著名的制造商品牌,如可口可乐、宝洁、通用汽车、福特汽车、IBM(国际商用机器)、通用电气、西屋电气、AT&T(美国电报电话)等。美国消费者对制造商的全国品牌从了解、识别发展到偏爱和追崇。但从1929年开始的经济大萧条,延缓了美国制造商品牌的发展速度。在大萧条时期,产品的过剩和积压使得整个市场从卖方市场转向买方市场,零售商的地位开始提高,它们在营销渠道中拥有更多的决策权,表现在品牌化方面就是:零售商开始建立自己的品牌——自有品牌。例如,美国最大的零售商之一西尔斯(Sears)就建立了不少自有品牌,如Dichard(电池)、Craftsman(工具)、Kenmore(器具)等。

零售商自有品牌的发展是20世纪30年代以来欧美市场持续演进的重要商业现象。值得注意的是,这一趋势并未因大萧条结束和战后经济复苏而消退,反而呈现出显著的持续增长态势。具体数据显示,在1985—1991年,美国止痛药市场的零售商自有品牌份额从19%跃升至30%;更值得关注的是,1995—2001年,美国连锁超市中自有品牌的销售量和销售额占比分别从18.6%和14.3%攀升至20.7%和16.2%。这种持续的市场演变揭示了二战后发达国家零售格局的深层变革。在长达60年的买方市场环境下,市场主导权逐步从制造商向渠道端转移,形成了以零售商为核心的竞争新格局。这种权力转移的本质在于:当产品同质化加剧时,掌握终端渠道和消费者数据的零售商逐渐占据价值链优势地位。因此,零售商通过建立自有品牌实施纵向整合,既是应对同业竞争的战略选择,更是重构产业链价值分配机制的必然结果。这一现象标志着现代零售业从单纯的商品分销者向产业链整合者的根本性转变。

四、品牌管理

20世纪30年代以前的美国公司,没有专门的品牌管理,品牌只是作为一种营销手段,由营销部门加以管理。公司的营销部门负责品牌决策,有时委托外部的专业化设计人员进行品牌设计。但品牌管理不仅涉及营销部门,也涉及生产、质量管理和产品研发等部门。各个部门如果协调不好会影响品牌的建立和发展。如通用面粉公司(General Mills)研发部研制出一种新的谷类食品并冠以新的品牌——Wheattes。但销售部的人员缺乏推广新品牌的责任感和积极性,结果使Wheattes推出3年后几乎濒临绝境,多亏公司广告部全力挽救,才使Wheattes起死回生。

20世纪30年代,宝洁公司在美国公司中率先实施专门的品牌管理。宝洁公司的每一个品牌都有一位经理负责管理,他全权负责该品牌的运行和效益。但在二战结束前宝洁的品牌管理没有得到其他公司的响应,这主要是因为大萧条和战争造成的市场下滑、制造商品牌减少和竞争动力减弱。

五、品牌延伸

战后,美国经济的复兴和第三次科技革命的发展大大加快了新产品研发和进入市场的速度。新产品、新品种的市场化首先就是品牌化。一些名牌公司不倾向于引入新品牌,于是品牌延伸成了战后,尤其是20世纪50年代以后美国公司品牌化的一个重要趋势。

一种品牌延伸是品牌的品种延伸,即公司将一种产品的品牌延伸运用到同种产品不同的品种上去。如可口可乐品牌就延伸到减肥可乐、无咖啡因可乐和樱桃味可乐等新品种。又如宝洁公司于1955年推出佳洁士牙膏,佳洁士成名后又延伸到新的牙膏品种:1967年的薄荷佳洁士、1981年的Gel佳洁士、1985年的防垢佳洁士、1987年的儿童佳洁士、1991年的方便佳洁士、1992年的防酸佳洁士和1994年的抗敏感佳洁士等。

另一种品牌延伸是品牌的相关产品延伸。如可口可乐品牌延伸到与饮料相关的食品,如可口可乐爆米花。又如宝洁公司的浴皂品牌"爱得利"延伸到餐具洗洁精、洗衣剂、洗发水和柔软剂等。

六、品牌收购

20世纪80年代以来,品牌化的一个新的重要趋势是品牌收购。随着品牌管理的加强和系统化,许多公司拥有成功的品牌。成功的品牌尽管是无形资产,但也是资本市场上可以交易的优质资产,因而引起那些进行品牌投资的公司的注意。这些公司想通过品牌投资达到市场扩张的目的,这也是20世纪80年代以来美国及整个国际市场兴起公司收购浪潮的一个重要因素。例如,卡夫(Kraft)是美国历史最久、最著名的食品品牌之一。这一优质资产被美国菲利普·莫里斯公司看中。菲利普·莫里斯公司以129亿美元的价格收购了卡夫公司,包括卡夫奶酪、奇妙酱、Breyers冰激凌等。这个收购价格高出卡夫公司注册有形资产的4倍。也就是说,菲利普·莫里斯在相当大的程度上收购的是卡夫品牌这一无形资产。菲利普·莫里斯收购卡夫后使自己的品牌无形资产大增,同时也等于"收购"了卡夫拥有的市场,这样的效果比菲利普·莫里斯自己创立一个新的品牌要好得多。

现在,品牌收购也已经成为许多外国公司进入美国市场的一种品牌化方式。如日本松下进入美国市场的方式之一就是收购美国音乐公司,利用这个品牌迅速进入美国娱乐业。可以设想,松下作为一家家电公司,如果自己在美国娱乐业市场创立品牌是很困难的。

1. 什么是品牌?
2. 品牌有哪些形式?
3. 品牌的主要形式和辅助形式是什么?
4. 品牌包括哪些内容?核心内容是什么?
5. 品牌具有哪些市场功能?核心功能或基本功能是什么?
6. 什么是品牌化?
7. 怎样理解"品牌功能是品牌化的内因"?
8. 什么是制造商的全国品牌?
9. 什么是零售商的自有品牌?为什么自有品牌是近几十年来持续的发展趋势?

10. 什么是品牌管理系统？
11. 什么是品牌延伸？
12. 为什么品牌收购成为一个发展趋势？

第八章 品牌形象和定位

学习提要

本章首先介绍了品牌形象,包括品牌形象的概念、特点、作用和建立要素。然后介绍了品牌定位,包括品牌定位的定义、维度、要素和策略。

第一节 品牌形象

一、品牌形象的定义

品牌形象(brand image),是指消费者对品牌感知(认知)、联想(动机)和评价(态度)的具体内容,也就是品牌或品牌资产的具体内容,它包括品牌特色、品牌利益、品牌价值、品牌文化、品牌个性和品牌对象等维度。

品牌形象是具体化的品牌资产,品牌资产是抽象化(货币化)的品牌形象。品牌形象是对品牌资产的形象描述,而品牌资产是对品牌形象的货币估价。在品牌传播和营销业务中,更多地使用品牌形象的概念;而在品牌财务中,更多地使用品牌资产的概念。有研究者指出,房地产企业的品牌形象包括"三品":品质、品味、品德。

(1)品质。房地产品牌的品质,首先是指规划设计体现可持续发展和以人为本的思想,有一定的超前性和可变性,既能满足当前需要,又为未来发展留有充分余地。一个好的规划设计过二三十年也不会过时。其次是指设计、建筑、结构、装修等的高质量。房地产品质还包括价格和物业服务与质量相称。房地产有高、中、低档次之分,但无论何种档次,都应有品质的保证。

(2)品味。房地产品牌所体现的品味涵盖了房地产开发企业及物业管理企业的文化底蕴、审美意识,并与用户之间追求的和谐关系。这种品位体现在创造优秀的人居环境上,包括空间规划、地表设计、绿化布置以及建筑布局的恰当与文化深变。同时,它也蕴含在物业管理和服务所带来的温馨和谐之中,以及营造出的美好社区氛围。

(3)品德。房地产品牌的品德是指房地产企业的诚信。诚信是品牌美誉度的基础。房地产企业不仅要在购房消费者的交易中讲诚信,而且要在与投资者、供应商、合作者、员工、社会公众的关系中讲诚信。讲诚信是房地产品牌形象的核心内容。

二、品牌形象的特点

品牌形象具有具体性、主观性和稳定性等特点。

1. 品牌形象的具体性

品牌形象是消费者对品牌具体的感知、联想和评价等,具有具体性。如美国啤酒品牌形象的对象特征——"强壮者"(百威啤酒)、"文雅者"(米勒啤酒)和"女子化"(科斯啤酒),都十分具体。品牌资产是抽象的,难以直接描述,品牌资产的大小要通过市场(经济)效益加以衡量,而品牌形象是具体的,可以直接描述,品牌形象的优劣可以通过对消费者的调查加以评估。

在品牌形象的诸种维度中,品牌特色和品牌对象都是完全的视觉形象,具体性更强,而品牌利益、品牌价值、品牌文化、品牌个性都是不完全的视觉形象,甚至非视觉形象,都要由消费者在与品牌的接触中加以联想和评价,带有一定的抽象性。品牌管理的一个任务是尽量增强品牌的视觉形象,让品牌利益、品牌价值、品牌文化和品牌个性都成为看得见的形象。如品牌文化形象或个性形象可以通过品牌公司领导人或品牌形象代言人这样的视觉形象加以体现,从而大大增强文化形象或个性形象的可视性。增强品牌形象可视性的另一个方法是少说多做和言行一致,即尽量用品牌行为而不是品牌话语树立品牌形象。事实上,行动比话语更能树立品牌形象。例如,当年海尔集团领导人用砸冰箱的行动维护了海尔的质量声誉,比一打广告更有效地树立了海尔"卖信誉而不是卖冰箱"的品牌形象。

2. 品牌形象的主观性

品牌形象具有主客观二重性。品牌特色和品牌对象这类视觉形象具有客观性,如柯达胶卷的一个品牌特色是黄色包装,这个形象是客观的,不管谁来看,都是黄色的包装。但品牌利益、品牌价值、品牌文化和品牌个性等形象具有主客观二重性,因为这类形象是非视觉形象,消费者看不见,但能感知、联想和评价,而感知、联想和评价是带有主观性的,不同的消费者对同一品牌的感知、联想和评价可能是不同的。如梅赛德斯轿车的形象是典型的德国文化形象,车的结构严谨、制作精良、技术精湛,体现了德国人做事的组织性、纪律性、严格性、精确性。这里,品牌的德国文化形象,既是客观的(体现在梅赛德斯车的结构制作和技术等特征上),又是主观的(即消费者由梅赛德斯车产生的有关德国文化特征的某些联想),不同的消费者对梅赛德斯车可能产生不同的联想。

品牌形象的主观性一方面对品牌管理是不利的,它影响管理者和消费者对真实的品牌形象的了解。为此,品牌管理者对品牌形象的了解通常采用统计调查的方法,以便在平均数意义上减小主观偏差。而消费者需要通过较长期的观察和体验或通过较多的信息渠道来了解真实的品牌形象。品牌形象的主观性另一方面对品牌管理也是有利的,它为品牌管理者激励消费者提供了依据。品牌管理的一个中心任务就是依据或利用品牌形象的主观性,激励消费者的主观努力积极地感知、联想和评价品牌,以便建立品牌形象。即使这样的品牌形象是有主观偏差的,但如果这种偏差是一种偏好,那么对品牌主是有利的。

3. 品牌形象的稳定性

品牌形象具有稳定性,即品牌形象一旦形成,不会轻易改变,这是消费者的一种心理定式。一个品牌一旦建立良好的形象,就可能成为长期享用的财富。这种先入为主的心理定式,可以帮助品牌在危难时取得消费者的谅解和支持。正如凯勒所说:"一个具有积极形象的品牌,在面临危机或困难时也能保持不败。"

品牌形象具有稳定性,但并非一成不变。面对市场环境与企业战略的重大变革,品牌形象有可能进行相应的调整或重塑。以青岛海信电器为例,其长期以来的品牌形象被定位为"稳健、诚信,甚至略显保守"。然而,进入21世纪后,为了顺应科技与市场的快速发展,海信对其品牌形象进行了战略性调整。原先由电影演员担任的品牌形象代言人,被替换为一个充满现代科技感的3D动漫形象;品牌口号也从"创新就是生活"和"做新的,做好的"转变为"海信·动情科技新生活"以及"有爱·科技也动情"。同时,海信在宣传中采用的企业人物形象也发生了变化,从普通的销售人员、服务人员和技术人员,转变为具有具体姓名、个人故事的高科技专家,如"数字高精电视"领域的博士、"海信智能交通技术"的创造者、来自索尼的PDP国际专家、"视频显示技术"博士、掌握"海信变频技术终极趋势"的EMC专家,以及被誉为"海信CDMA之母"的女博士等。在此案例中,海信品牌形象的调整聚焦于(科技)"创新"与(市场)"情感"两大核心点,这一转变不仅突破了其原有的品牌形象,也反映了海信所面临的市场环境的深刻变化。

三、品牌形象的作用

在品牌管理中,品牌形象起到管理目标、市场吸引、调控标准和资产继承等作用。

1. 管理目标

按照消费者期望和公司战略计划设计的品牌形象能起到品牌管理目标的作用。品牌管理的首要环节是制定目标,但品牌目标不能单方面地由品牌主来制定,应当考虑消费者对品牌的意见和期望。而品牌形象是消费者对品牌的感知、联想和评价,其中必定包含着消费者对品牌的意见和期望。因此,制定品牌管理目标的问题实际上就是按照消费者期望,结合公司战略设计品牌形象的问题,这样设计的品牌形象就是品牌管理的目标。

2. 市场吸引

品牌形象一旦建立,就能在企业的各类市场产生吸引力。因为市场交易者关心的就是品牌的特色、利益、价值(包括文化价值、个性价值),而这些内容都可以通过品牌形象得以体现。良好的品牌形象可以吸引产品消费者、人力资源和投资者。现代市场的竞争在某种意义上就是品牌形象的竞争。例如,20世纪20年代,美国美洲银行还是一家小银行,旧金山的一场大地震彻底改变了这家银行的命运。地震之初,灾民无家可归,美洲银行借机推出1美元贷款金融产品,并按品牌运作的要求进行市场营销。灾民们奔走相告,许多人靠1美元贷款度过了生存危机。从此,美洲银行1美元贷款树立了"倾情社会,关爱众生"的良好品牌形象,赢得了社会的广泛认同。

3. 调控手段

品牌形象是企业对市场活动的一种调控手段。企业可以通过市场调研检查品牌形象,发现品牌形象的问题,从而采取改进品牌形象的调控措施。例如,河南新飞电器公司的广告"新飞广告做得好,不如新飞冰箱好"脍炙人口,但也造成对新飞形象的凝固化。消费者觉得新飞就是做冰箱的,这一点与该公司现在的多元化经营不一致。为此,该公司决定调整新飞品牌的形象,即新飞品牌不再仅限于冰箱,而是整个企业的品牌。并且因为新飞品牌的形象将沿着"环保、绿色、健康"这个方向发展,因此,新的品牌广告定为"新飞,倡导绿色生活"。这里,品牌形象成为新飞电器调整经营模式和市场特征的一个手段。

4. 资产继承

品牌形象也是品牌资产得以继承的手段。品牌形象尤其视觉形象的具体性和稳定性,使得品牌资产得以克隆和继承。品牌主或品牌领导人的更替过程中,只要品牌形象不变,品牌资产就得以继承,而品牌形象尤其视觉形象保持稳定或不变是比较容易的。为了保持品牌资产的继承性,品牌主或品牌领导人的更替过程不要轻易改变品牌形象。有的上市公司的股票行情在领导层更迭时发生大的波动,一个主要原因就是品牌形象的改变。

四、品牌形象建立的要素

美国著名营销学家科特勒指出,品牌形象的建立有4个要素:品牌标志、品牌文字和传播、品牌销售环境及品牌活动。如果将品牌文字单列,那么品牌形象的建立就有5个要素。

1. 品牌标志

品牌标志是建立品牌形象的一个要素。品牌的标志图案、标志色和标志物以及品牌包装等,都是建立品牌形象的手段。例如,深圳富安娜家饰用品公司的品牌标志为两道椭圆形的光环围绕着字母F的艺术变形。艺术变体造型柔美,极富动感和延展度,象征着富安娜永不熄灭的旺盛生命力,光环代表着团结的富安娜人,整个构图表达了富安娜团结向上、富有生命激情和进取心的特点;"富安娜"英文、中文的艺术变体,展示了富安娜家饰用品的艺术性和不拘一格的特别性;富安娜标志的背景由红、蓝、白3种颜色组成,红色代表热情奔放,象征富安娜十足的活力,蓝色代表质朴、深沉,象征富安娜大海般的柔情,白色代表纯洁无瑕,象征富安娜人用自己纯洁而真诚的心为大众创造美好的睡眠生活。

2. 品牌文字和传播

品牌文字是建立品牌形象的一个要素。品牌名称、品牌口号、品牌年度报告、品牌产品目录、品牌手册等文字都是建立品牌形象的重要手段。品牌文字的含义读音和多义性,能使消费者对品牌产生认知和联想,并由此建立一定的品牌形象。例如,著名饮料品牌名称"娃哈哈"可以通过消费者的认知和联想建立以下品牌形象:

(1)特色形象:娃哈哈饮料具有适合儿童的口味和营养特色。

(2)利益形象:儿童从娃哈哈饮料得到很大的满足。

(3)价值形象:让孩子愉快、幸福是中国家庭的价值观念。

(4)文化形象:"娃"代表了浓厚的中国家庭文化色彩,同时谐音"哇哈哈"是一首20世纪60年代流行的新疆民歌的歌名,听起来有亲切感。

(5) 个性形象:"娃"体现强烈的人性——对孩子真诚的爱,"哈哈"具有强烈的感染力。

(6) 对象形象(特征):"娃"表明品牌的市场对象是儿童。

品牌传播是建立品牌形象的一个要素。品牌广告、品牌展览、品牌公关和品牌形象代言人等传播方式,都是建立品牌形象的手段。其中,品牌广告通过大众传媒进行传播,具有最高的传播效率,是重要的传播品牌形象的手段。

3. 品牌销售环境

品牌销售环境是建立品牌形象的一个要素。品牌销售的地点、建筑、场地设施、工具、用品、信息资料、人员、顾客、气氛等环境因素,都是建立品牌形象的手段。如美国海特饭店通过艺术画廊营造了一种品牌形象,而维多利亚饭店则通过箱形专用车塑造了一种品牌形象。又如,销售环境在餐饮业可以起到以下形象提示作用:

(1) 繁华的地段暗示饭店、餐馆的档次不会低。

(2) 整洁的环境可以提示食品的卫生水平。

(3) 新鲜而芳香的店堂空气可以暗示所出售菜肴点心的新鲜程度。

(4) 柔和的灯光、典雅的音乐、舒适的座位可以提示温情、细腻的服务风格,而强烈的灯光和欢快的音乐又可以提示热情、豪爽的服务风格。

(5) 醒目的指示牌和印制精良的菜单可以提示用心与周密的服务。

(6) 店堂服务人员和在座顾客语言、举止的文明可以提示格调的高雅。

4. 品牌活动

品牌活动也是建立品牌形象的一个要素。品牌促销、品牌公关等活动对品牌形象的建立起到重要的作用。例如,瑞士斯沃琪(Swatch)手表建立品牌形象的主要手段之一就是举办或参加促销或公关活动。又如,美国派克笔(Parker)通过巡展活动在中国市场建立自己的品牌形象。

 小阅读

斯沃琪(Swatch)手表怎样建立品牌形象

瑞士生产的 Swatch 手表是一种轻型、防水、防震和配有彩色塑料表带的电子表。它的表面和表带设计形式多样,色彩丰富,动感十足,售价在 40～100 美元,很受年轻人和追求时尚的人喜爱。Swatch 手表建立品牌形象的要素主要是品牌销售环境和品牌活动。Swatch 手表在 30 多个国家的珠宝店、时尚店和高档百货店销售,也开设自营零售店。在意大利米兰著名的拿破仑时尚街,Swatch 手表店的顾客超过街上其他任何一家店。Swatch 手表每年都有新手表推出活动,其中包括一年两次的"时尚表"推出活动。Swatch "时尚表"只卖给 Swatch 表的收藏者,每次只卖 4 万只,订单往往超过 10 万只,因此买者只能抽签。

Swatch 手表还介入收藏业和博物业,用收藏活动和博物展览活动树立品牌形象。如在葡萄牙的里斯本博物馆,珍稀的 Swatch 手表被放在装防弹玻璃的展柜里展览。而克里斯蒂(Christie)拍卖行定期拍卖早期的 Swatch 手表。有收藏者花 6 万美元拍得一款珍稀的 Swatch 手表。

第二节　品牌定位

一、品牌定位的定义

品牌定位，是指品牌主所设想的品牌在目标消费者心目中独特的位置。例如，国际资本市场上的巨头都有自己的定位：美林证券的定位是"全能的投资银行"，并以资产管理业务为特色；而高盛的定位是"卓越的投资银行家"，并以投资业务特别是购并业务为特色。

品牌定位实质上就是推出品牌主所期望的品牌形象，或目标形象，目的是让品牌在消费者心目中的实际形象与品牌主期望的形象相吻合，或者说，让消费者对品牌主的目标形象产生共鸣。美国研究品牌定位的专家赖斯和特劳特指出，"品牌定位就是推出你所期望的品牌形象"。如果说实际的品牌形象的建立是消费者心理活动的结果，那么推出所期望的品牌形象就是为了对消费者心理的引导和控制。因此，品牌定位更是一个动词，是品牌主一种引导和控制消费者心理的营销行为。

品牌定位可以通过定位声明、广告语和标语口号等加以传达。定位声明主要包括 4 项内容，下面以一家提供网络自动收银系统的品牌商的定位声明为例：

(1) 业务范围。定位声明要指出品牌所从事的业务及其范围。如该品牌商的业务范围是提供网络自动收银系统。

(2) 基本功能。定位声明要指出品牌产品的基本功能。如该品牌商的基本功能是自动收银。

(3) 有更好的效用。定位声明要指出品牌产品有更好的效用。如该品牌商指出该系统能更迅速地完成收银任务。

(4) 品牌本身。定位声明要提及品牌(名称)本身。

品牌定位与品牌的市场占有率之间有一定的联系。品牌在消费者心目中的位置越独特，就可能越有市场独占性，其市场占有率就越大，反之亦然。市场占有率大的品牌通常拥有独占性的优势，而这种独占性优势可能通过在消费者心目中独特的定位体现出来。科特勒指出，品牌定位有以下几种失误：①定位缺乏吸引力。②定位过高。③定位混乱。④定位过于表面。

二、品牌定位的维度

品牌定位的维度，是指用以描述消费者心理空间的坐标(变量)，或者说消费者用以评价品牌的尺度。例如，美林证券的定位是"全能的投资银行"，这里，各类投资方向或领域是品牌定位的维度，"全能"表示美林在所有的领域都有投资服务的能力。又如，天美时手表的品牌定位是"物美价廉"，这里，质量、性能(描述物美)和价格(描述廉价)是天美时品牌定位的 3 个维度。

品牌定位的狭义维度包括产品使用性能(功能)、质量、包装、服务(售前咨询和售后维修)、价格(成本)、购买便利性(零售环境)等。例如，美国电脑品牌定位常用的维度是系统可靠性、软件的可扩展性、用户接受程度、程序语言的功效、系统转换的便易性、售后服务、存储性能、价格灵活性和性价比等。这些维度可以构成一个多维的电脑品牌定位空间，某一个电脑品牌的定位由多维坐标加以确定。

品牌定位的广义维度还包括消费心理、品牌文化等方面的评价标准。例如，一项调研对19个品牌进行了定位，定位的维度是可信任程度、自信心、真诚性、行业领导力、优胜能力、刺激性、时尚性、传统性、陈旧性和务实性等。这里，定位的维度是消费心理、品牌文化方面的评价尺度。

三、品牌定位的要素

品牌定位的要素包括目标市场、消费者心理、竞争环境、品牌独特性等。

1. 目标市场

品牌定位的一个要素是确定目标市场或目标消费者。品牌定位是品牌被预设在目标消费者心理空间的位置。只有选定目标消费者，并由此确定定位空间，才谈得上品牌定位。例如，一项调研表明，美国牙膏市场有4个主要的细分市场：追求香味和外观的用户、追求牙齿洁白效果的用户、追求防蛀效果的用户和追求低价的用户。佳洁士牙膏的品牌定位以追求防蛀的用户为主要的目标市场，而Close-Up牙膏的品牌定位以追求香味和外观的用户及追求牙齿洁白效果的用户为目标市场。又如，美国钟表公司通过市场调查，把美国手表市场分为3个子市场：想买价格低廉、能够计时的手表的消费者，占美国手表市场的23%；想买价格适中、计时准确且耐用的手表的消费者，占46%；想买各种名贵手表、追求其象征性价值的消费者，占31%。美国其他著名的钟表公司将这3个子市场都作为目标市场，而美国钟表公司则选择前两个子市场作为目标市场。由于目标市场明确，美国钟表公司将天美时手表的品牌定位于"物美价廉"的形象，通过大力促销赢得了目标消费者的厚爱，取得了品牌定位的成功。

由于品牌定位与目标市场的确定关系密切，在操作上往往同时进行，因此，容易将这两个概念混同起来，即容易将目标市场的确定等同于品牌定位，这是一种误解。确定目标市场是品牌定位的必要条件，但不是充分条件，因为同在目标市场的品牌通常不止一个，某一品牌进入某一目标市场，不等于完成了品牌定位，还需要进一步确定自己在品牌利益、独特性、品种和竞争优势等要素上给目标消费者留下的目标印象。

2. 消费者心理

消费者心理是品牌定位的一个要素，因为品牌定位是预设品牌在目标消费者心理空间的位置，只有了解目标消费者的心理，才能建立他们的心理空间；而只有建立心理空间，才能进行品牌定位；建立消费者的心理空间，就是确定与消费者认知、动机和态度有关的定位维度（定位坐标轴）。因此，了解目标消费者现在的和潜在的认知、动机、态度，选择与此相关的、恰当的定位维度，是品牌定位的一个关键。例如，燕京啤酒的品牌定位强调安全（无污染矿泉水）、营养（含锶量丰富）和氛围（京城的华贵），这里的3个定位维度——安全、营养和氛围，来自北京啤酒消费者的心理：对食品安全和营养的较高需要，以及北京人好客和讲气派的心理。燕京啤酒这样的品牌定位有很强的消费者心理针对性，对北京消费者（目标市场）有较大的吸引力。

又如，"商务通"掌上电脑推出时并不顺利，因为消费者对掌上电脑的认知有问题，即消费者对掌上电脑是什么不清楚。"商务通"针对消费者的认知心理，在宣传广告中提出了"手机、呼机、商务通一个都不能少"的品牌定位,巧妙地把商务通与消费者熟知的手机、呼机联系在一起,让消费者一下子就明白了商务通的品牌位置。商务通品牌定位的成功,关键在于了解了消费者的认知心理。

还如,统一公司推出的果汁品牌鲜橙多的定位,针对的是消费者的动机(需求)心理。鲜橙多在广告里的定位口号是"多C多漂亮",诉求点是"维生素C"和"漂亮"。这两点正是抓住了目标消费者(年轻时尚女性)的心理:追求健康和漂亮。

3. 竞争环境

分析竞争环境是品牌定位的一个要素,因为进入目标消费者心理空间的品牌通常不止一个,品牌与其竞争对手的定位之间是相互影响的,因此,品牌定位要分析竞争环境和了解对手的定位。分析竞争环境,就是选择一组竞争维度,比较品牌与其对手在每一个竞争维度上的优势或劣势,由此选择较能体现该品牌优势的竞争维度,再从中选出最重要的竞争维度作为定位维度。例如,品牌A的竞争对手是品牌B。现选择技术、成本、质量和服务作为比较2个品牌的4个竞争维度。经过市场调研发现,在技术上,品牌A与品牌B旗鼓相当;在成本上,品牌A处于弱势;在质量和服务上,品牌A处于优势。由此选择质量和服务作为品牌A候选的定位维度。再通过调研了解到,品牌B在质量上具有较强的改进能力,而在服务上改进能力较弱,改进的可能性较小。据此,最终应确定服务作为品牌A的定位维度,即品牌A应定位于服务优势。

4. 品牌独特性

品牌独特性或品牌差异化也是品牌定位的一个要素,这也是由品牌在目标市场的竞争所决定的。品牌定位是预设品牌在消费者心理空间的独特的位置,独特的位置就是品牌区别于其他对手的有特色或有差异的位置。品牌的特色定位或差异化定位,是品牌定位的一个关键。

四、品牌定位的策略

专家从多个角度研究品牌定位的策略,其中有代表性的有赖斯和特劳特的定位策略以及科特勒的定位策略。

1. 赖斯和特劳特定位策略

赖斯和特劳特从广告传播的角度提出以下4种品牌定位的策略。

(1)强化现有定位。例如,美国艾维斯公司在汽车出租业排名第二,它在广告中强调"我们是老二,我们更加努力"。这是对现有品牌定位的一种强化。又如,七喜在消费者心目中的定位是一种非可乐饮料,七喜在品牌广告中强调七喜是"非可乐",这也是对现有品牌定位的一种强化。强化品牌现有的定位,可以加深消费者对品牌的印象,增强他们的购买信心。

(2)注意对手疏忽的定位。例如,美国三枪巧克力在广告里宣称,其脂肪含量比一般巧克力低45%。这里,脂肪含量是美国消费者关心而一般巧克力厂商所忽视的一项定位维度。又如,美国纽约的大银行处理贷款业务的速度都比较慢,纽约泽西联合银行注意到这一点,推出"业务快速"这个品牌定位,以吸引贷款客户。

(3)再定位。例如,多数餐具购买者误以为美国的两个餐具品牌Lenox和Royal Doulton都产自英国,为此,Royal Doulton 在广告里宣称:只有自己才是英国产的,而 Lenox 产自美国的新泽西。这是品牌的再定位。通过再定位可以澄清消费者模糊的品牌认识。又如,李维斯牛仔服曾一度延伸品牌,将李维斯品牌用于休闲裤、上班族西裤等新的产品线。但这样的延伸模糊了消费者对李维斯品牌的印象,使他们弄不清李维斯究竟是一家什么样的公司。李维斯决定进行品牌的再定位,集中力量生产李维斯牛仔裤,而对休闲裤等新产品采用新品牌。结果,李维斯的牛仔裤和休闲裤都非常畅销。

(4)集团式定位。例如,美国克莱斯勒汽车公司将自己定位为一个由三大汽车制造巨头组成的集团中的一员(其他两家分别是通用汽车公司和福特汽车公司)。这里,克莱斯勒通过集团,暗示自己在美国汽车市场顶尖的地位。又如,美国 Michclob 啤酒在广告里声称"Michclob 是头等啤酒",这个定位非常成功,短短几年里,Michclob 成为美国销量最大的啤酒品牌之一。在这里推出"头等"啤酒的概念很重要,事实上,属于"头等"的啤酒品牌不止一个,但 Michclob 明确提出了这个"头等啤酒"的概念,因而给消费者留下了深刻印象。

2. 科特勒定位策略

科特勒从营销管理的角度提出了以下品牌定位的策略。

(1)特征定位。特征定位就是利用品牌的某一特征(如公司的年头、规模等)进行定位。例如,迪士尼乐园在广告里声称自己是世界上最大的主题公园。规模最大就是迪士尼的一个定位特征。又如,渣打银行在香港市场的定位是"历史悠久和安全可靠",这家英资银行在香港的年头是一个定位特征。

(2)利益定位。利益定位就是利用品牌给消费者带来的某一特殊利益进行定位。例如,力士香皂的定位是美容,而不是一般意义上的清洁和杀菌。力士香皂还用国际影星作形象代言人,其中包括奥黛丽·赫本、索菲亚·罗兰、简·芳达和伊丽莎白·泰勒等,以加强这种定位策略。

(3)顾客定位。顾客定位就是强调品牌特别适合某一顾客群。例如,德国梅赛德斯轿车的顾客定位是公司高管人员;北欧航空公司的顾客定位是商务旅客;耐克运动鞋的顾客定位是爱好运动的人;中国民生银行的顾客定位是民营企业。又如,英国劳斯莱斯轿车的顾客定位是具有一定身份的消费者,他们多数具有以下特征:拥有自己的公司或是公司合伙人、拥有几处房产、拥有不止 1 辆轿车、拥有艺术收藏或游艇、年龄超过 50 岁。

(4)使用定位。使用定位就是强调品牌特别适合某一种消费(使用)。例如,麦当劳的使用定位是快餐。麦当劳历史上曾经改变过使用定位,变为酒店,但很快就发现这种改变是错误的。又如,美国金宝汤(Campbell)的定位是"午餐用汤",并一直做午间的无线广告,以加强这种使用定位。再如,雀巢咖啡的使用定位是一系列情景或时点:早晨起床后、午餐后和晚餐前,陪客人或同事用餐、商务洽谈、夜间提神。

(5)竞争定位。竞争定位就是强调品牌胜于对手的优点。如恒生银行在香港市场的竞争定位是"充满人情味和服务态度最佳的银行",因此,人性关怀和服务是恒生的竞争优势。赖斯和特劳特所说的"注意对手疏忽的定位"也是一种竞争定位。如纽约泽西联合银行的定位——"业务快速"就是这家银行相对于其他银行的一个优势。

(6)品种扩展定位。品种扩展定位就是强调品牌在品种上的扩展,推出新的品种。如广州的晓港公园现在办成了"婚礼公园",里面有举办中、西式婚礼活动所需要的草坪、中式花园、欧式花园、教堂区、总统套房、婚纱影城等。该公园还推出"直升飞机游羊城"的婚礼活动。这是公园的一种品种扩展定位:从一般的休闲服务扩展到婚礼服务。

(7)价值定位。价值定位就是质价比定位,如"优质优价""物美价廉"等都是价值定位。像瑞士劳力士手表的价值定位是"极品"手表,而天美时手表的价值定位是"物美价廉"。一种重要的价值定位是档次定位,如酒店品牌的一种主要的价值定位就是星级定位,星级就是档次。

 小阅读

"借梯登楼":一种品牌定位策略

任何一个品牌,在市场营销的过程当中,都不是孤立的,而是处于与竞争品牌共存的空间。因此,一个品牌在定位时可以从竞争对手那里找到现成的、已为市场所熟悉的定位资源,然后在这个资源的基础上进行超越或延伸(不是简单的跟进或模仿),进而让我们的品牌迅速在成熟的概念基础之上,脱颖而出,取得品牌定位的胜利。此种定位方法,即为登楼法,即借到一个最好用的"梯子",迅速达到脱颖而出的目的。例如,面对竞争激烈的果汁饮料市场,养生堂推出了果汁品牌"农夫果园"并以"三种水果的混合汁"为特色,以"摇一摇"为"卖"点,引起了消费者的关注,形成了一个以"混合汁"为特色的品牌定位和相应的消费者群。而娃哈哈紧随其后,在三种水果的基础上,推出了"四种水果还加钙"的高钙果汁,这样,农夫果园"三种水果"的定位资源就成了娃哈哈"四种水果还加钙"的一个"梯子",娃哈哈达到在品牌定位上"借梯登楼"的目的。又如,娃哈哈的"非常可乐"的推出,也是一种"借梯登楼"的定位策略。这里的"梯子"是已有的可乐品牌(如可口可乐、百事可乐)的定位资源。再如,掌上电脑商务通的品牌定位"手机、呼机、商务通一个都不能少"也是一种"借梯登楼"的定位策略。这里的"梯子"是已有的手机和呼机的定位资源。商务通将掌上电脑与消费者熟悉的手机和呼机联系在一起,起到"借梯登楼"的作用。

 思考题

1. 什么是品牌形象?
2. 品牌形象与品牌资产之间有什么关系?
3. 品牌形象具有哪些特点?举例说明。
4. 为什么说品牌形象是企业对市场活动的一种调控手段?
5. 品牌销售环境是建立品牌形象的一个要素,怎样理解?
6. 什么是品牌定位?其实质是什么?
7. 市场占有率是不是一种品牌定位?为什么?
8. 品牌定位有哪几种失误?

9. 什么是品牌定位的维度？举例说明。
10. 品牌定位时要考虑哪些要素？
11. 什么是品牌的再定位策略？它适用于怎样的情况？
12. 什么是品牌的集团式定位策略？它有什么样的作用？
13. 品牌的顾客定位与目标市场的选择有什么区别？

第九章 品牌设计

 学习提要

品牌设计就是品牌形式或要素的设计。本章先介绍品牌设计的一般准则,然后介绍品牌诸要素的设计。

第一节 品牌设计的一般准则

品牌设计的一般准则是可记忆性、含义丰富性、可转移性、适应性和保护性。其中,可记忆性和含义丰富性更适合品牌创立阶段的设计,而可转移性、适应性和保护性更适合品牌保持阶段的设计。

一、可记忆性

品牌设计的准则之一是可记忆性,即容易让消费者记住和识别。记忆是认知的储存,即品牌资产的储存。容易记住和识别的品牌,是品牌资产储存和使用费用较低的品牌。例如,Acer品牌名只有2个音节、4个英文字母,易读易记,符合可记忆性准则。Acer品牌名第一个字母A,在字母表排在最前面,第二个字母C也排在前面,这就有助于Acer在按字母排列的商业资料(如企业名录)中排在前面,而根据人们的阅读心理,一篇资料中排在前面的文字容易引起阅读者更多的注意,并容易给阅读者留下更深的印象。因此,Acer品牌名的字母选用也符合可记忆性准则。

影响品牌可记忆性的关键因素之一,是品牌形式的独特性。一个品牌的取名、标志、广告语、包装等越独特,消费者就越容易记住和识别这个品牌,品牌的可记忆性就越好。

二、含义丰富性

品牌设计的准则之二是含义丰富性,即有品牌特色和利益的描述,有情趣,容易让人产生联想。品牌含义越丰富,品牌的信息量就越大,就越能更全面地满足消费者和员工对品牌信息的需要,给他们带来激励。例如,海尔品牌就是一个含义丰富的品牌,海尔品牌的"H"字母不仅代表了海尔的首字母,还寓意了海尔公司永不止步的追求精神;海尔品牌标志使用深蓝色,表现出海尔科技,环保创新、安全信赖的产品理念。

三、可转移性

品牌设计的准则之三是可转移性,即品牌能向不同的产品种类延伸和向不同的市场转移。品牌的市场可转移性主要表现为跨文化性,即能融入不同的文化。品牌是市场的语言,而市场总是要冲破文化障碍的,包括地区之间、国家之间、民族之间或社会群体之间的障碍,因此,品牌设计要有跨文化性。这一点在经济全球化的大背景下越来越重要。

四、适应性

品牌设计的准则之四是适应性,即品牌设计能通过修改或调整适应市场的变化。如联想电脑的英文品牌原来是 Legend,体现了联想创业阶段的"传奇"色彩。进入成长阶段的联想电脑将 Legend 改为 Lenovo,其中"Le"仍然代表中文"联想",而"novo"代表"创新"(innovation),联想电脑试图以创新来适应电脑市场的变化。Legend(传奇)代表过去,而 Lenovo(创新)代表未来,代表联想电脑对未来的憧憬。因此,从 Legend 到 Lenovo,是符合品牌设计的适应性准则的。

五、保护性

品牌设计的准则之五是保护性。这一准则主要包括两个方面:产权保护性和品牌设计的难模仿性。首先,产权保护性包括品牌注册(拥有注册符号和商标符号)和防止品牌侵权。例如,上海 2010 年世博会的品牌(包括名称、会徽、象征物、形象标志等)是注册品牌,具有自我保护性,有一家商业公司曾经用"土博汇"的店牌营业,被判侵权并被取缔。这充分体现了品牌注册在保护品牌产权方面的重要性。其次,品牌设计的难模仿性也是保护性的一个重要方面。一个设计独特、富有创意的品牌,往往难以被其他品牌模仿或复制。

品牌设计的诸准则之间可能存在一定的矛盾。比如,含义丰富的品牌可能在文化转移方面有困难。如中国品牌全聚德(烤鸭)具有丰富而深刻的文化内涵,已故总理周恩来曾经这样诠释"全聚德"三个字:"全而无缺,聚而不散,仁德至上。"像这样典型的体现中国传统文化的品牌就很难翻译成一个外文品牌(除了"烤鸭"以外)。相反,含义不丰富的品牌的文化转移反倒比较容易。例如,美国 Coca-Cola 品牌的取名与两种来自南美的原料有关:古柯(Coca)叶子和可乐(Cola)的核,没有太多含义,而 Coca-Cola 的市场拓展跨文化或国际化经营倒比较顺利,没有遇到多少文化障碍,即使进入中国市场也十分通畅,Coca-Cola 被成功地翻译成"可口可乐"。中文"可口可乐"不仅读音接近英文,而且含义的丰富性还超过了英文:"可口"的含义是口感宜人;"可乐"的含义是一种享乐的情趣。品牌设计准则之间的矛盾,意味着一种品牌要素的设计较难同时达到上述 5 项准则。因此,品牌设计通常引入多种品牌要素以便相互补缺,在整体上达到 5 项准则。

第二节 品牌诸要素的设计

品牌诸要素的设计包括品牌名称、品牌标志和品牌附加要素等的设计。

一、品牌取名/命名

品牌名称是品牌的核心要素。品牌名称的设计就是品牌取名,也称品牌命名。品牌取名的准则是将上述品牌要素的5项准则具体地化为以下准则:独特、简明、朴实、易读、亲切、熟悉、有含义。

1. 独特

品牌取名首先应当具有独特性,不宜重复别的(尤其同行业)品牌的名字。现在,品牌取名要有独特性越来越困难,因为品牌越来越多,而适合作品牌名的词汇是有限的,因而容易重名。如"熊猫""天鹅""海燕"这类富有象征意义且易于记忆的品牌名,在中国企业中尤为受欢迎,但这也导致了严重的重名问题。据相关调查数据显示,在中国拥有"熊猫"品牌的企业多达331家,而"天鹅"和"海燕"品牌的企业也分别有175家和193家。这种品牌重名现象不仅削弱了品牌名的独特性,还可能引发消费者认知上的混淆,降低品牌的辨识度和市场影响力。

2. 简明

品牌取名应简明,简明的品牌名容易记忆。参照中国人给人取名的习惯,品牌取名一般不宜超过3个字,如杭州的"盾"牌链条只有1个字,非常简明扼要:链条像盾一样牢固。外文名字不宜超过3个音节,字母也应尽量少,如Coca-Cola,也常被简称为"Coke"。品牌名的一种简明方法是取字头大写字母的组合(即缩写)。例如,HP来自Hewlett Packard(惠普公司),IBM来自International Business Machine(国际商用机器公司),3M来自Minnesota Minning & Manufacturing(明尼苏达采矿和制造公司),NEC来自Nippon Electric Company(日本电气公司)。

3. 朴实

朴实的取名给人一种诚信感,而消费者对品牌的诚信感是品牌赞誉度的基础,如大娘水饺就是一个朴实的取名。当大娘水饺开进中国最繁华的商业街上海南京路时,其品牌与许多华丽的或华贵的品牌形成强烈的对照,显得更加朴实,但正是这种朴实赢得了顾客的青睐。

 小阅读

大娘水饺:最朴实的品牌

大娘水饺始建于1996年,其前身是一家营业面积不足30平方米的小店,员工不过6人。到2000年,大娘水饺这一充满温馨亲情和民族风味的快餐小吃,沿着沪宁线"生根开花",先后在9个城市开办了数十家连锁店,营业面积达12000多平方米,餐位超过5000个,成为江苏、上海地区规模最大的水饺连锁店。其成功的经验有一条就是品牌名取得好。大娘水饺的老板深知取名的重要,在考察中国水饺发展史的基础上,他别出心裁地给自己的产品定名为大娘水饺。这个听起来很土的名称,却有着浓厚的文化底蕴:"大娘",好记,过目不忘;"大娘",亲切,朗朗上口;"大娘",顺耳,易于传播;"大娘",实在,值得信赖。果然,这个朴实的名称在当今洋名充斥快餐业的

市场环境中独树一帜。

4. 易读

易读,包括易懂、易写。易读的名字有一种亲和力,也比较好记,因为它照顾到绝大多数人的词汇量,而市场的任何信息总是提供给绝大多数人并让他们看懂的,而不是只提供给少数人的。上述大娘水饺是一个易读的品牌名。娃哈哈儿童饮料也是一个易读的品牌,它有3个拼音元音"a",是幼童最容易发的音,因此对幼童最有亲和力。这是娃哈哈品牌成功的因素之一。相反,有的品牌名让人看不懂,读起来拗口,自然没有亲和力。

5. 亲切

品牌取名最好贴近消费者的日常生活,有亲切感。因为亲切感是一种情感,而情感是购买行为的驱动力之一。如上述大娘水饺是一个有亲切感的品牌名。顾客进大娘水饺店就像进邻家大娘家尝饺子一样亲切。又如宜家(IKEA,家具业)和上海人家(餐馆名)也有亲切感,它们都突出了"家"这个最有亲切感的字眼。

用动植物名称命名品牌,也可增强品牌取名的亲切感,因为现代人有很强的环保意识,对生态环境中的动植物越来越关爱。中国许多知名品牌都以动植物名称命名,如鹿王(羊绒衫)、报喜鸟(西服)、小绵羊(电热毯)、熊猫"家电"、白象(电池)、白猫(洗衣粉)、麒麟(饮料)、蜜蜂(缝纫机)、飞鸽(自行车)、海鸥(照相机)、龙卡(建设银行)、牡丹卡(工商银行)、红豆(服装)、春竹(羊毛衫)等。

6. 熟悉

品牌取名最好采用消费者熟悉的词汇。因为熟悉的词汇是消费者头脑里已经记住的词汇,消费者再看到这个词汇(品牌名)等于重复学习,而重复学习有助于加深记忆。如上海一家餐馆取名"美林阁",这是上海话"蛮灵咯"(蛮好的)的谐音,而这句上海话在上海是家喻户晓的。美林阁一开张就受到欢迎与此不无关系。

用消费者熟悉的生活用语的谐音作为品牌名,是品牌取名的一种技巧。例如,有食品厂商在武汉申请一个注册品牌叫"4好7",按武汉话,其谐音为"是好吃"。又如,武汉顶新医药公司申请注册的"好要"品牌,其谐音为"好药"。

数字是消费者熟悉的文字之一,因此,采用数字品牌名符合取名的熟悉准则。如7 up(七喜)、7-11(连锁店)、101(生发水)、六必治(牙膏)、五洲(肥皂)、五星(啤酒)、柒牌(男装)、七匹狼(男装)等。

用人们熟悉的地名和地理名称作为品牌名,也符合取名的熟悉准则,如珠江(钢琴)、长城(电脑)、鄂尔多斯(羊绒衫)、崂山(矿泉水)等。

7. 含义

品牌取名最好有一定的含义,有丰富的信息和情感,有良好的提示性。如四通是中国高技术产业的知名品牌之一,它的英文品牌Stone就有较丰富的含义:第一,Stone是"石"的意思,它暗寓四通甘愿做中国高技术产业发展的铺路石。第二,石的主要化学成分之一是硅,而硅是电脑芯片的原料,因此,"石"在这里又寓意硅文化,或高技术文化。第三,高技术公司人才济济,团结和协调是大问题,因此,需要坚如磐石的团结。这就是 Stone 品牌的三个含义。又如,索尼的英文品牌名 Sony 也有丰富的含义:第一,Sony 与美国俚语 Sonny 相近,Sonny 是"十四五岁男孩"的意思,而这个群体正是索尼袖珍收音机当年进入美国时的一个主要的目标市场。第二,Sony 又接近 Song,这提示索尼在录音机等音响设备和器材上称雄世界的志向。第三,Sony 也是索尼公司创始人盛田昭夫的小儿子的名字,意即索尼公司的发展始终在创始人思想的指导下。

有的数字品牌名也有一定含义,如三九胃泰产品的主要成分是三极苦和九里香,取两味中药名的首字,这有助于增强品牌的独特性形象;而且在中国,"三"和"九"都代表完善、极致的意思,这也有助于增强对品牌的有利联想。

用创业者、产品研发者或设计者和著名历史人物的名字命名品牌,有重要的纪念含义和文化内涵,如福特、丰田、李维斯、李宁、王致和等。

二、品牌标志

品牌标志,包括品牌的标志书法、标志图案、标志色和标志物。

1. 品牌标志书法

中外品牌名的书法(书写)都可以成为一种标志,能给消费者留下深刻印象。例如,花旗银行(CITIBANK)的书法标志有以下独特性:①采用粗型字体,表现花旗银行雄厚的资产实力;②采用斜体字,产生一种动感和前进感,表现花旗银行在金融领先和现代化方面的追求;③8 个字母之间紧密排列,最后两个字母"N"和"K"的笔画还有所重叠,结合成一个字母,表现花旗银行内部的团结合作。又如,海尔品牌名的书法标志是中文草书,这提示海尔品牌是一个中国品牌(因为"海尔"二字有点"洋气"),其拼音"Haier"的最后一个字母"r"出现特殊的变形。

2. 品牌标志图案

品牌标志图案包括品牌的标识符号、图形等,一般是对品牌名的一种图解,比较抽象,有的比较难懂,但因图解的形象性容易被消费者记住和识别。如燕京啤酒的品牌图案是麦穗、酒杯和燕子。麦穗(大麦)是啤酒的原料;酒杯盛满金黄透亮的啤酒,提示燕京啤酒的好质量;燕子图案代表"燕京"。又如,杭州天堂伞的品牌图案似伞似桥(孔桥),有上下对称的倒影,非常简洁地提示西湖(断桥,倒影)—杭州—天堂,对天堂伞做了极好的图解。

3. 品牌标志色

品牌标志色,就是品牌书法和图案的颜色,也是对品牌名的一种解释。例如,花旗银行的标志色是以蓝为主,以红为辅,这表现出了下述理念:①蓝色代表大海。其一,表现花旗银行要当金融市场"大海"的弄潮儿(也是金融潮流创造者)的理念;其二,表示花旗银行的智慧像大海一样的深邃,表现该行金融创新的实力;其三,表示花旗银行的视野像大海一样的开阔,表现该行进军全球市场的目标理念;其四,表示花旗银行的服务像大海一样的温暖。②红色象征着血与火。花旗银行采用红色作为辅色,表现该行对客户的忠诚心和热情。

又如,海尔的标志色是蓝色,象征"海尔是海"(海尔口号),这是对海尔品牌的深层次解释。再如,蒙牛的标志色是绿和白。绿色代表内蒙古草原和绿色食品,白色代表牛奶,绿和白对蒙牛品牌做了很好的解释。

4. 品牌标志物

品牌标志物，通常是动漫人物、动物或景物。许多标志物与标志图案一样都是图形，但标志图案是比较抽象的图形，而标志物是比较具体的图形。有的品牌标志物是雕塑，如麦当劳大叔。还有的品牌标志人物是真人照片或画像，如肯德基的山德士上校。海尔的标志物是两个泳装的快乐卡通男孩，他们在海边并肩相拥。其中，一个是黑发黄肤的中国男孩，伸出大拇指，一个是金发碧眼的外国男孩，手里拿着一杯冰激凌。"泳装"提示"海尔是海"的品牌寓意；两个男孩一中一外，提示海尔的两个市场：国内和国际；"中国男孩伸出大拇指"和"两个男孩并肩相拥"及"表情的快乐"，表示两个市场对海尔产品好评的一致性；"冰淇淋"表示海尔的主导产品：电冰箱；另外，男孩即"孩儿"，是"海尔"的谐音，这起到看图识字和加深记忆的作用。海尔品牌的男孩标志物设计是非常成功的。

 小阅读

鄞州银行的标志物：小蜜蜂

由艾肯公司创意设计的宁波鄞州农村合作银行（简称宁波鄞州银行）新标志日前新鲜出炉。该标志主要由三部分组成，一个圆、一只蜜蜂、英文"BANK"。三者含义互相关联，紧密构成一个和谐的整体，整个标志新颖独特，亲和稳重，鄞州银行成为国内首家以蜜蜂为标志物的银行。鄞州银行还参加了浙江省金融产品展会。展会期间共有33家金融机构参与，大家奇招迭出，花费了大量的人力、财力来展示自己的金融产品和企业形象。而整场展会中最引人注目的就是鄞州银行的展位，线条流畅的弧形展台，灿烂夺目的太阳花，可爱的"小蜜蜂"，漂亮的"蜜蜂小姐"……，给所有参加展会的人都留下了极其深刻的印象。特别是"小蜜蜂"舞蹈，所有的小演员都穿着逼真的蜜蜂演出服，在蜜蜂小姐的引导下翩翩起舞，成为整个展会中的亮点。

品牌标志在以下方面比品牌名称具有更强的作用：

（1）可记忆性。品牌图案和标志物比品牌名称（文字）更具有可记忆性和可识别性。可以利用这一点来加强品牌名称的可记忆性和可识别性，即加强消费者心里品牌标志与品牌名称之间的联系。如上述海尔品牌的标志物与品牌名称的联系就非常密切："孩儿"与"海尔"、蓝色和泳装与"海"。

（2）简洁性。品牌图案和标志物比品牌名称（文字）更简洁。如英国的国民威斯敏斯特银行（National Westminster Bank）的名称比较冗长，而这个品牌的图案标志——一个三角形符号非常简洁，因此常常被用于该银行的营销资料和管理资料上。

（3）可转移性。品牌图案和标志物比品牌名称更具有跨文化的市场可转移性。因为图案和标志物都是非语言信息，受文化因素的影响不像语言信息那样深，比较容易被不同文化的消费者所认同，因此，品牌图案和标志物比较适用于品牌的市场拓展和产品延伸。例如，品牌名称"Mc Donald's"进入中国市场要将名称转换为"麦当劳"，而其图案（"M"字形金色拱门）和标志人

物(麦当劳大叔)就不需要改动。

(4)有形性。品牌标志比品牌名称更具有有形性(或形象性)。这一点特别适合提供无形产品的服务业。如花旗银行的书法标志、图案标志比花旗银行的名称本身更能形象地提示这家银行的服务理念。

(5)趣味性。品牌标志(尤其标志物)比品牌名称更具有趣味性。如麦当劳大叔、山德士上校(肯德基)、米老鼠和唐老鸭(迪斯尼)等品牌标志物,都充满情趣和故事色彩,比它们的品牌名称更吸引人。

品牌标志的设计准则是将前述品牌设计5项准则具体地化为以下准则:

(1)独特性。品牌标志的设计应当实现与现有标志之间的差异最大化。要克服复杂化,力求简单易记。

(2)一致性。品牌标志要尽可能与其他品牌要素保持一致或接近。

(3)可转移性。为有效地在不同的文化中传播,标志颜色和标志图案要慎重考虑。

(4)适应性。品牌标志要能够在报纸、传真和因特网等多种媒体上使用。

(5)恒久性。品牌标志中的书法和图案最好不要轻易改动,以便增强品牌的可靠感和可信任度。

(6)保护性。品牌标志应当向目标市场所在地的有关机构申请标志注册。

在品牌标志中,标志书法和标志图案通常是不变的,而标志色和标志物可以适时适地加以调整,以便适应企业和市场的变化。如光明乳业的标志书法是美术字,标志图案是一个火炬,它象征"光明",原来的标志色是红色,无论美术字书法或火炬图案都是红色。后来光明乳业为了适应市场需要提出和实施了牛奶的冷链保鲜概念,为了提示这个新的品牌理念,对标志色加以调整:从全红调整为红白蓝3色:火焰的上部仍为红色,代表光明,中部为白色,代表牛奶或乳制品,而下部及火炬把为蓝色,美术字书法也从红色调整为蓝色。

在品牌标志中,标志物更便于调整。例如,有的标志人物是真人照片,真人形象的调整可以是发型、化妆和服饰的调整。大量的标志物是卡通形象,卡通形象的调整更加容易,如迪斯尼的米老鼠和唐老鸭就很容易地改变自己的角色形象,以便适应不同时期促销主题的需要。

品牌标志的设计应注意不喧宾夺主,因为品牌要素的主体是品牌名称,品牌标志是辅助要素,是为加强品牌名称的含义性、可记忆性和可识别性等服务的。

小阅读

鄂尔多斯品牌标志的设计

鄂尔多斯品牌名称取自地名——内蒙古鄂尔多斯市,提示鄂尔多斯羊绒衫产自内蒙古大草原。

鄂尔多斯品牌的标志书法是流畅的中文草书,提示它是一个中国的品牌。

鄂尔多斯品牌的标志色为红色,象征火和羊绒衫的温暖;体现了鄂尔多斯人奋发向上,有强大的生命力和竞争力,始终以火一般的热情为全人类服务,让"鄂尔多斯羊绒衫,温暖全世界"。

鄂尔多斯品牌的标志图案是一个汉语拼音字母"e",即"鄂",代表鄂尔多斯。标志图案的上部呈弯曲的羊角状,代表羊角,象征着鄂尔多斯是以山羊绒起家、以山羊绒为基础发展壮大;下部两条平行杠代表多种产业并存,即鄂尔多斯是一家以羊绒一业为主、多业并存的大型企业集团。

鄂尔多斯的标志图案又像海浪,象征着在改革的浪潮中,鄂尔多斯勇立潮头,蓬勃发展。

鄂尔多斯的标志图案整体上是一个圆环,表示鄂尔多斯是以零为起点、从无到有和从小到大的发展历程。鄂尔多斯标志图案的圆环状,又象征鄂尔多斯滚动发展的态势,像滚雪球一样越滚越大。鄂尔多斯标志图案的圆环状没有闭合,象征鄂尔多斯的对外开放性。

鄂尔多斯标志图案还像地球,象征着鄂尔多斯走出国门,走向世界,创世界名牌。

三、品牌附加要素的设计

品牌附加要素包括品牌说明、品牌口号、品牌故事、品牌广告语、品牌广告曲、品牌包装和品牌形象代言人等。

1. 品牌说明

品牌说明,是指对品牌产品所属产业或行业的说明。例如,惠尔浦、海尔品牌名称的下方都有品牌说明:"Home Appliance"(家用电器)。又如品牌柒牌男装的下方也有品牌说明:中华立领系列。

品牌说明的作用主要是让消费者对品牌所涉及的领域有一个明确的认知,以便品牌延伸。比如,海尔最初的领域是电冰箱,它只是家用电器的一个子领域。由于海尔的品牌说明是"家用电器",消费者认为海尔不仅有生产电冰箱的能力,还有生产其他家用电器的能力。因此,当海尔品牌从电冰箱延伸到空调、微波炉、洗衣机、彩电、热水器等家用电器时,消费者不会感到很奇怪或产生疑虑。在这里品牌说明对品牌延伸起到重要作用。

2. 品牌口号

品牌口号,是指能体现品牌理念、品牌利益和代表消费者对品牌感知、动机和态度的宣传用语。品牌口号一般都突出品牌的功能和给消费者带来的利益,具有较强的感情色彩(或煽情性)、赞誉性和号召力,目的是刺激消费者。品牌口号通常通过标语、手册、产品目录等手段进行宣传。例如,宝马汽车的品牌口号是"宝马是驱车的最终选择"。这里,"最终"二字具有很强的赞誉性和刺激性。尼康相机的品牌口号是"我们拍出世界上最好的照片"。这里,"世界上最好"具有很强的赞誉性和刺激性。海尔的品牌口号是"真诚到永远"。这里,"真诚"体现海尔品牌的原则理念,代表海尔消费者对海尔的一种评价(态度)。澳柯玛的品牌口号是"没有最好,只有更好"。这里,"更好"体现澳柯玛品牌的目标理念,代表消费者对澳柯玛的一种评价(态度)。

3. 品牌故事

品牌故事,是指品牌创立和发展过程中有意义的逸闻旧事。大多数品牌故事是有关品牌创始人的,带有传奇色彩,饶有趣味。有的品牌故事是品牌创立和发展过程中的重大事件。品牌故事能体现品牌理念或品牌文化,能增加品牌的历史厚重感、资深性和权威性,能加深消费者对品牌的认知,从而增强品牌的吸引力。品牌故事,通常通过品牌手册(公司手册)、公共关系和著书等手段进行传播。例如,美国联邦快递的品牌故事说的是创始人史密斯(Smith)在耶鲁大学只得了3分的毕业论文《设计一家从事隔夜递送的专业公司》。这个故事说明速递业的创新思想当初还没有被人们认识,即使有学识的耶鲁教授也没有看出速递业的价值。这反过来说明联邦快递品牌及其创始人的高明之处。这个故事很好地提升联邦快递的创新形象和超前意识。

又如,天津狗不理包子的品牌故事。狗不理包子创业人高贵友是清末河北武清区的一位农民,他小名叫狗子,因家乡遭灾,逃到天津,在一家包子铺当学徒。3年出师后,便在天津旧城侯家后三叉子河口,开了一家很小的包子铺,起名"德聚号"。狗子是个有心人,他研究了天津众家包子后,吸取精华,融入自己的包子。其特点是包子用骨头汤打馅,用半发面做皮,50克面包4个,每个包子打摺不少于15个,包子口不拥顶。这一创新非同小可,包子皮薄肚大,油水汪汪,肥而不腻,味道鲜美,包形美观,价格便宜。这样一传十,十传百,顾客越来越多。常来的一些哥们见了他总是亲热地叫他"狗子"。由于生意越来越红火,狗子也越来越忙,再没有工夫与那帮穷哥们打招呼闲谈了,人们便叫他"狗不理"。这狗子听后,不但不生气,反而将包子铺改名为"狗不理"。由此,狗不理这古怪、不雅的店名风靡整个天津。新中国成立后,富于民族特色、别有风味、经济实惠的狗不理包子,又在技艺上不断丰富、发展,在国内外享有很高的声誉。如今,狗不理包子已遍布全国,还到了日本等国际市场。狗不理经营常年不衰,每天慕名而至的顾客络绎不绝。

4. 品牌广告语

品牌广告语,是指广告中用以介绍品牌的短语。品牌广告语是对品牌的解释,能帮助消费者了解品牌的内容,包括品牌的含义、利益和特色等。品牌广告语与品牌口号之间无严格的界限,区别在于:品牌广告语有艺术性、可调整性、法律限制性,同时更具体、更形象化。品牌广告语作为广告艺术的一部分,其文字当然也具有艺术性和艺术感染力。品牌广告语又像广告那样需要适时适地加以调整。品牌广告语是通过大众传媒进行传播的,要受广告法和传媒法等法律法规的限制。如尼康相机的品牌口号可以是"我们拍出世界上最好的照片",但尼康照相机的广告语却不能这样说,因为许多国家的广告法或反不正当竞争法都有条文规定:在缺乏证据的情况下是不能使用"最好"字眼的,否则作为"不当比较"的行为。

宝洁(P&G)公司飘柔洗发水在中国的一条广告语是"长效柔爽好心情"。这条广告语对飘柔品牌的特色、利益做了较好的诠释。飘柔的特色是"长效",即去污去油和使头发柔顺的洗涤效果能维持较长的时间。飘柔给用户带来的利益是头发的"柔爽"和由此产生的"好心情"。由于这条广告语的解释,消费者对飘柔品牌的认知和动机有可能进一步增强。

许多品牌广告语与品牌口号一样带有感情色彩,以便增强品牌的吸引力。如杭州天堂伞的"让你更美"、浙江报喜鸟西服的"我爱报喜鸟"、浙江柒牌男装的"重要时刻,我只穿中华立领"等。品牌广告语设计的准则与品牌名称一样也是独特、简明、朴实、易读、亲切、熟悉、有含义。

5. 品牌广告曲

品牌广告曲,是品牌广告里的乐曲。广告曲与广告语相比,优点是情感性和艺术性更强,对广告受众的刺激性更强,更容易激发消费者的购买冲动;缺点是比较抽象,较难理解。品牌广告曲可以创作,也可以选用现成的乐曲(要注意著作权问题)。品牌广告曲的选用要注意文化转移性和适应市场的变化。如一些进入中国市场的日本品牌的广告曲选用就比较注意适应不同时期中国消费者的心理。在 20 世纪 90 年代以前，中国消费者购买进口产品主要看重它们的档次、品位，日本品牌就在广告中大量采用欧洲古典名曲，以烘托其品牌典雅、高档和名牌形象。后来，中国消费者的购买心理逐步与世界接轨，购买进口产品看重它们在世界上的新颖性和流行性，日本品牌又在广告中大量采用节奏强烈的现代流行音乐，以烘托其品牌的现代化、新颖化和流行化。

6. 品牌包装

品牌包装是品牌(信息)的主要载体，在广义上也作为品牌的一个附加要素。品牌包装对品牌起到传播品牌与介绍品牌的作用。

(1)传播品牌。绝大多数包装消费品的品牌(包括名称、标志等)都印在包装上，包装成为显示品牌的主要媒体。对许多消费品来说，没有包装，就等于没有品牌。事实上，没有品牌的消费品在出售时一般采用散装，而不是包装。因此，绝大多数有品牌和需要包装的消费品都会采用包装和利用包装媒体进行传播、促销。包装是品牌传播的一级媒体。品牌传播的二级媒体是通常所说的广告媒体，包括报纸、杂志、广播、电视、户外广告、邮递广告等。除了部分户外广告以外，二级媒体传播品牌形象时都含有一级媒体——包装的形象。品牌广告在多数情况下就是包装广告。因此，包装设计的质量，直接影响品牌传播的质量，包装费在某种意义上就是一级(初始)广告费。

(2)介绍品牌。包装不仅可以显示品牌名称和标志，还可以进一步介绍品牌和产品的内容。包装设计得好，提供的信息量可以很大。

品牌包装设计的原则是增加品牌信息，增强包装对品牌的传播作用和介绍作用，具体有以下 8 项。

(1)传播品牌。品牌产品的包装设计应为传播品牌服务。一是包装上品牌的位置、文字和图案等应设计得醒目，能引起国际消费者注意，并留下强烈的印象。二是包装设计要突出品牌特色和增强品牌的可识别性。三是包装设计要起到品牌保护的作用，比如采用防伪标记、防伪包装等。

(2)提示品牌利益。品牌包装应提示品牌产品给消费者带来的利益。

(3)烘托品牌产品质量。品牌产品的包装质量应与其实体质量相一致，并能表现和烘托产品实体的质量，使消费者能从包装质量联想到产品质量，从而加深对产品质量的感知。

(4)开发新的包装。品牌产品的创新，不仅是实体的创新，也是包装的创新。新包装的开发，也可以促进产品的国际营销。

(5)适合零售商的需要。品牌产品的包装设计应适合零售商的需要，目前尤其要重视零售商业的新形式即超级市场对包装的要求。卖场和超级市场最大的特点之一，就是没有服务人员介绍商品，全靠顾客自己去识别和挑选，也就是说，全靠商品的"自我推销"，而商品"自我推销"的手段就是包装。因此，进入超级市场的产品包装应当具有更强的促销功能，在材料、形式、形状、颜色、规格文字说明和图案标记的选择上，应当同超级市场的商业风格相适应，要多了解超级市场对包装的要求。

(6)包装促销。如美国市场风行一种叫"酬谢包装"的促销方式,就是在包装中装入比原规定量更多的商品,但仍以原价出售,并在包装上注明"酬谢包装"的字样。

(7)遵守国家对产品包装的规定。品牌包装的设计要遵守国家产品包装的规定,包括对品牌名称、标志、产品成分、产品使用说明、生产厂商、生产日期、保质期等的规定。

(8)适应文化环境。国际品牌的包装设计还应适应当地的文化环境,否则难以起到传播品牌的作用。例如,品牌包装的颜色、形状、文字、图案等,应考虑当地对颜色的偏好和忌讳及审美观。

7. 品牌形象代言人

品牌形象代言人,也是品牌的一个附加要素。品牌形象代言人通常是文艺界和体育界名人、明星。品牌代言人的作用主要是爱屋及乌,即利用名人或明星的社会号召力来增强品牌的市场号召力。品牌形象代言人的选择有以下准则。

(1)代言人的艺术形象与目标市场接近。如果代言人的艺术形象远离目标市场,那么会引起消费者对品牌的误解或产生品牌认知上的矛盾。

(2)代言人气质与品牌产品的特质接近。

(3)代言人地位与品牌地位接近。

(4)代言人具有良好的社会形象。如果品牌在选择形象代言人时,对他们的人品和社会形象不进行严格的考察,就会影响品牌的美誉度。

(5)代言人忠诚于品牌。如果代言人本身不忠诚于品牌,那么就无法代言。

(6)慎用多位代言人。不同代言人在气质形象上通常是有很大差异的,同时聘用多位代言人容易引起消费者对品牌认知的失调,因此同一品牌要慎用多位代言人。

(7)代言人要为品牌服务。在品牌广告或其他促销活动中,代言人名气再大也要为品牌服务,而不是让品牌为代言人服务。

思考题

1. 品牌设计的一般准则是什么?
2. 什么叫品牌的可转移性?试举例说明。
3. 用消费者熟悉的生活用语的谐音作为品牌名有何意义?
4. 品牌名的熟悉与亲切之间是正相关的,试举例证明。
5. 试举例说明多含义的品牌名。
6. 品牌标志物与标志图案之间有哪些区别?
7. 品牌标志色和标志物可以适时适地加以调整,试举例证明。
8. 上网调查10个品牌的附加要素,并列表整理。
9. 你知道多少品牌故事?
10. 品牌广告语与品牌口号有什么区别?
11. 试观察一只品牌包装,并记录下包装上的品牌信息。
12. 品牌公司怎样选择合适的品牌代言人?

第十章　品牌战略

品牌是存在于消费者心目中的一种资产,品牌战略就是在消费者心目中的一种投资战略,即一个消费者比较能接受与产品结构(组合)有关的品牌投资和管理框架。本章首先研究为什么和怎样建立多品牌的问题,然后研究为什么和怎样延伸品牌的问题。

第一节　多品牌战略

一、多品牌战略的定义和种类

1. 多品牌战略的定义

多品牌战略,是指品牌企业对相同或不同的品类命名不同的品牌,以便通过差异化品牌之间的互补效应实现企业品牌资产的最大化。例如,科龙电器就实行了多品牌战略,对同一家电品类(如电冰箱或空调机)推出3个不同的品牌:科龙、容声和华宝,并利用它们在品种、性能、质量档次、价格、渠道、目标使用者(市场)和市场定位等方面的差异化及互补效应,实现科龙电器整个品牌资产的最大化。随着科龙集团与日本三洋公司的合作,科龙集团又增添了一个品牌——三洋科龙。许多大型企业尤其跨国公司都实行了多品牌战略。

美国通用汽车是多品牌战略的首创者,通用旗下有凯迪拉克、别克、雪佛兰、庞蒂雅克等多个家族品牌。通用汽车的多品牌战略适应了美国汽车消费者需求的多样化和品牌忠诚度减小的趋势。

美国宝洁公司(P&G)是多品牌战略最成功的推广者之一。宝洁旗下的品牌多达300多个,每个品牌都有其独特的属性,且知名度很高。如宝洁的洗发水在中国市场上就有飘柔(特性:"头发更飘,更柔")、海飞丝(特性:"头屑去无踪,秀发更出众")、潘婷(特性:"拥有健康,当然亮泽")、沙宣、润妍等品牌。

瑞士SMH是全球规模最大的制表集团,SMH旗下拥有欧米茄、雷达、天梭、浪琴等品牌,每一个品牌都是世界名牌,它们各有特色,如欧米茄的特色是"追求卓越、完美",浪琴的特色是"高度准确"。

美国惠尔浦公司对其家电产品实行多品牌战略,旗下有5个不同品牌:帮厨、惠尔浦、套马人、百姓家产和快速王。它们的目标市场、价格或渠道之间均有差异:帮厨家电的目标市场是追求生活格调的层次较高的消费者;惠尔浦家电的目标市场是借助家电更好地处理家务的人;套马人家电的定价特点是具有较高的性价比;百姓家产家电的渠道特点是在大型连锁店进行出售;快速王家电的目标市场是加拿大。

联合利华公司(Unilever)是典型的多品牌公司之一,旗下有力士(香皂)、夏士莲(洗发水)、旁氏(化妆品)、和路雪(冰激凌)、洁诺(牙膏)、立顿(茶)、凡士林、梨牌和金纺等多个品牌,不同的品牌用于不同的产品或品类。

2. 多品牌战略的种类

多品牌战略有两类:一类是市场多样化导向的多品牌战略;一类是产品多样化导向的多品牌战略。

(1)市场多样化导向的多品牌战略,是对同一产品品类在不同的市场细分采用不同的品牌。上述通用、SMH、惠尔浦的多品牌战略都是市场多样化导向的多品牌战略。这类多品牌战略的着眼点是市场的差异或多样化,用不同的品牌去适应不同市场细分的特殊性。品类较少的行业,如家电、汽车等,容易倾向于市场多样化导向的多品牌战略。

(2)产品多样化导向的多品牌战略,是对同一企业的不同产品品类或同一品类的不同品种采用不同的品牌。上述联合利华的多品牌战略是产品多样化导向的,是对同一企业的不同品类(香皂、洗发水、化妆品、冰激凌、牙膏、茶等)采用不同的品牌。上述宝洁的多品牌战略也是产品多样化导向的,是对同一品类(洗发水)的不同品种采用不同品牌。这类多品牌战略的着眼点是产品品类或品种的差异,用不同的品牌代表不同品类或不同品种的产品。品类或品种较多的行业,如精细化工、药品、食品、服装等行业,容易倾向于产品多样化导向的多品牌战略。

二、多品牌战略的作用

美国著名品牌学家凯勒总结过多品牌战略的作用,他指出多品牌对公司有9点作用:①吸引企业现有品牌尚未覆盖的细分市场;②可以用侧翼品牌保护主力品牌;③可以保留"金牛"品牌(长久提供利润的品牌);④可以推出有吸引力的低端品牌;⑤可以推出提升公司整个品牌组合威望和信誉的高端品牌;⑥增加在零售货架的空间和零售商对品牌的依赖性;⑦吸引多样化需求的忠实消费者;⑧增强公司内部竞争;⑨营销(广告、推销和分销渠道等)达到规模经济。

凯勒说的第①点,实际上是填补空白细分市场;第④点和第⑤点可以合并,实际上都与品牌差价有关;第⑨点所说多品牌营销的规模经济,实际上应当是多品牌的范围经济。规模经济是指由于规模(量)的增加而引起单位投入成本的降低,而一家公司在资源投入有限的条件下,品牌的增多,只能造成每个品牌投入量和相应规模的减小,从而导致规模不经济。多品牌的经济原理不是规模经济而是范围经济,即一家公司经营多个品牌比多家公司经营多个品牌要经济。因此,多品牌战略对企业的作用可以归结为以下8点:填补空白市场、保护主力品牌、保留金牛品牌、拉开差价、促进零售渠道、满足多样化需求、增强内部竞争、实现范围经济。

1. 填补空白市场

多品牌战略有利于填补品牌企业的空白细分市场,由此增加市场覆盖率。单一品牌较难覆盖整个目标市场,由此会出现空白细分市场,因为单一品牌的延伸范围或程度总是有限的。首先,品类之间的差异大,品类延伸总是困难的。例如,没有像科龙这样的实力,一个电冰箱品牌要成功地延伸到空调机是很难的。更不用说跨行业延伸的难度。如长虹彩电向电脑的延伸和春兰空调向汽车的延伸都不是很成功。其次,品牌在品种、性能、款式、档次、规格方面延伸相对容易一些,但延伸的范围和程度也是有限的,也需要技术、资金和市场心理等条件。而多品牌战略可以用增加新品牌的办法填补现有品牌尚未覆盖的空白细分市场或加强尚不具优势的细分市场。如福特汽车为了加强自己不具有优势的豪华车市场,不惜花费约26亿美元的巨资收购一个现成的汽车品牌Jaguar,后者在豪华车市场拥有雄厚的品牌资产。

2. 保护主力品牌

多品牌战略有利于保护主力品牌。在市场竞争中,单一品牌多少显得势单力薄,尤其在对手处于优势的细分市场,单一品牌几乎只能放弃争夺。从竞争博弈的角度讲,多品牌比较有利,因为多品牌可以达到"田忌赛马"效果:用上马(主力品牌)对中马,用中马(次主力品牌)对下马,用下马(非主力品牌)对上马。这样,用非主力品牌与对手的主力品牌竞争,可以避开对手的强势和消耗对手的实力,用次主力品牌压住对手非主力品牌(不让它们与我方主力接触以免无谓地消耗我方主力的实力),从而保护主力品牌的优势,取得总体上的胜利。如我国乒乓球、举重、体操和长跑运动队,"品牌"(国际知名运动员或具有国际一流水平的运动员)相对较多,在国际比赛中常常采取多"品牌"战略,以保护主力的优势。又如日本精工手表的多品牌战略也是这样的意图:用不具有优势的Lassale品牌与劳力士等优势品牌在豪华表市场竞争,以牵制对手的主力;用次主力品牌Pulsar和Lorus与西铁城和Swatch等品牌在中档表和大众化表市场竞争,压住这些中低档品牌,以防止它们干扰精工主力,这样,有效地保护精工的主力品牌Seiko在高档手表市场的相对优势。

3. 保留金牛品牌

多品牌战略有利于保留老的金牛品牌。单一品牌战略只有通过新老交替才能完成新品牌的创立,这就容易损失老品牌的金牛效应,即老品牌无须营销支持也能维持一定水平的赢利,而且老品牌的消费者不一定转向新品牌。而多品牌战略为保留老的金牛品牌及其忠实用户、维持赢利提供了可能。例如,吉列刀片的市场大部分都采用新的品牌Sensor,但老品牌TracⅡ和Atra仍然在使用。由于新老品牌的技术背景差距较大,放弃老品牌并不能使这两个品牌的老用户转向新品牌。

4. 拉开差价

多品牌战略有利于拉开差价和发挥差价的吸引力。单一品牌较难在同一品牌下对不同的品种、款式、规格之间拉开差价,并用差价来吸引消费者。例如,海信电器的家电是比较高端的,技术创新含量比较高,海信曾经对其新产品海信纯平彩电和海信变频空调低价促销,以吸引消费者,效果不错,但一部分消费者由此对海信高端形象产生置疑。而多品牌战略为拉开差价提供了条件。在多品牌条件下,可以制定较大的品种差价、款式差价、规格差价、档次差价和性能差价等,并由此增强对消费者的吸引力。首先,同一品类的低端(价)品牌较有市场进入的吸引力。如宝马和梅赛德斯这样的高档车品牌,为了降低消费者进入门槛,也推出一些便宜的小型车品牌,以便先以此吸引顾客上门,然后再劝说顾客购买较高档次的品牌车。其次,同一品类的高端(价)品牌较有威信和声誉方面的市场吸引力,如 Corvette 是雪佛兰家族的高端车,高技术含量比较大,通用雪佛兰推出这一品牌赚不了什么钱,其最大的作用是树立高技术方面的形象,提升整个雪佛兰家族的形象和吸引那些对高端车好奇的消费者。

多品牌差价也包括市场差价,即对完全相同的产品在不同的市场采用不同的品牌,以便获得差价,这在国际营销中用得较多,因为国际市场之间的差异性(包括价格心理)较大,而且相对容易被互相隔离。不过随着现代交通、通信(尤其互联网)和旅游的高度发展,国际市场越来越被连通,不容易被分割为差价区,因此,完全基于市场差异或差价的多品牌战略越来越难以成功。例如,日本小西六公司曾经对其生产的同一种胶卷采用两种品牌打入国际市场,欧洲以柯尼卡为主,而亚洲以樱花为主,后发现柯尼卡品牌成功,而樱花品牌失败,其原因就是欧亚两洲的胶卷市场难以"隔离"。许多使用柯尼卡胶卷的欧洲人到亚洲旅游,仍然购买柯尼卡而不购买樱花;许多亚洲人在购买胶卷时追随欧洲游客的购买行为,也购买品牌名比较"西洋气"的柯尼卡,而不购买具有东方色彩的樱花。这就是说,由于国际旅游业的发展,欧亚两洲的胶卷市场已经相通,因此,建立在这种差异基础上的多品牌战略就失去了意义:经过半年的调查研究之后,小西六公司决定取消樱花这个品牌,而只用柯尼卡一个品牌在世界市场上销售。

5. 促进零售渠道

多品牌战略有利于促进零售渠道。单一品牌较难增强零售商对品牌的依赖性,因为单一品牌在零售商可选择的供应商品牌中的比重比较小或者很小,单一品牌面临较大的被零售商抛弃的风险。而多品牌能增强零售商对品牌的依赖性,因为多品牌能有效地提高某一供应商的品牌在零售商进货品牌中的比重,换言之,多品牌供应商能具有对零售商的控制力,这是与单一品牌相比的一种垄断优势,而且多品牌供应商对零售商货架也有一定的垄断性控制力。如宝洁的5大洗发水品牌飘柔、海飞丝、潘婷、沙宣和润妍一起陈列在一家超市货架上,宝洁在这家超市的地位是不容置疑的。

6. 满足多样化的需求

多品牌战略有利于满足忠实用户的多样化需求。单一品牌无论怎样延伸,所包含的产品的多样性总是有限的,因此,单一品牌的延伸难以进一步满足消费者多样化的需求。当忠实用户进一步的需求难以满足时,用户就可能转向其他企业的品牌。而多品牌可以大大增加产品的多样性。首先,每增加一个品牌,就增加一类个性,也就使与这类个性有关的消费者的需求可能得到满足。例如,宝洁洗头水的5大品牌个个都有个性:海飞丝的个性在于去头屑,潘婷的个性在于对头发的营养亮泽,飘柔的个性则是头发光滑柔顺,沙宣的个性是保湿,润妍的个性则是乌黑。因此,宝洁洗发水能较好地满足洗发水用户个性化或多样化的需求。其次,多品牌组合中每一个品牌又能够通过延伸增加产品的多样性。这样,整个品牌组合产品的多样性等于多品牌的多样性与单个品牌产品平均的多样性的乘积,多样性大大增加了。

7. 增强内部竞争

多品牌战略有利于形成和增强品牌企业的内部竞争。单一品牌缺乏内部竞争,因为单一品牌的企业内部一般实行统一集中管理,资源由企业进行统一配置,企业内部各部门、各分支机构缺乏独立的利益动力,而拥有独立的利益动力是它们之间开展竞争的充分和必要条件。多品牌企业的内部通常按不同的子家族品牌设立战略性事业部(strategic business unit,SBU),即品牌部。品牌部拥有相对独立的利益动力(和风险责任),品牌部之间按外部市场的绩效配置资源和分配利益,这就激励品牌部之间在市场绩效方面开展竞争。宝洁公司认为:最好的策略就是自己不断攻击自己,且同类产品的不同品牌之间适度竞争,能提高士气和工作效率,实现共同进步。对宝洁公司来说,与其让对手品牌向自己挑战,不如让自己的品牌向自己挑战,这样,无论谁获胜,都是宝洁的胜利。

8. 实现范围经济

多品牌战略的作用,从经济学理论讲,就是实现范围经济。范围经济,也称多产品经济,是指一家企业整合生产多种产品的成本低于多家企业分别生产多种产品的成本之和。范围经济产生的原因是:①整体效应,多产品整体生产的成本低于多产品分体生产的成本之和;②内部市场,多产品在企业内部形成合理配置资源的市场机制或竞争机制;③降低风险,多产品增加企业的决策主体,由此增加市场信息和理性决策的概率;④以多应变,多产品企业可以以多应变,增加利用发展机会和克服发展困难的可能性。

一家多品牌企业就是多产品经济,即范围经济。一家企业经营多品牌的成本低于这些品牌分别由多家企业经营的成本之和。多品牌可以形成和增强内部竞争。多品牌能降低企业的经营风险。比如,虽然某一品牌经营失误,但其余品牌经营成功,成功品牌带来的收益弥补失误品牌带来的损失,并适时调整品牌结构,以降低风险。多品牌企业还有更强的应变能力。因此,多品牌比之单一品牌(假定无品牌延伸)的最大优势就是可以充分实现企业整体的范围经济。

三、多品牌战略的管理

范秀成等学者研究和介绍过西方企业多品牌战略管理的问题。根据他们及其他专家提供的资料,多品牌战略管理的主要问题有品牌整合、旗帜品牌、品牌合作、多品牌管理体制等。

1. 品牌整合

多品牌企业可以获得范围经济的效益,但多品牌的品牌数量(范围)不是越多越好,从理论上讲,当品牌增加产生的边际收益等于边际成本时,多品牌的品牌数量达到最佳,超过这个数量,多品牌的范围就不经济。因此,多品牌数量在增加到一定程度时需要加以控制和调整,这就是所谓的品牌整合。品牌整合(brands integrating),是指企业对其多品牌组合进行结构性调整,在此基础上筛除弱势品牌并将它们的产品(或业务)并入强势品牌,以实现企业整个品牌组合范围经济效益的最大化。

20世纪最后10年,西方跨国公司的新品牌不断涌现,企业品牌数量急剧膨胀,从而造成企业资源分散并影响主打品牌的成长,削弱了企业的竞争力。为此,西方跨国公司对其品牌数量进行了大幅度的削减,并取得一定的成效。例如,宝洁公司在1991—1994年间取消了约25%的品牌,而公司的市场份额却比5年前增加了5%,达到了36.5%。

3M公司精简品牌

在精简品牌方面,步伐最大的莫过于3M公司。该公司是一家老牌跨国公司,以技术创新能力出众而著称。1990年,3M公司已经在《财富》500强排名中名列第29位,在全球范围内销售6万多种产品,但公司却发现仅有25%的人熟悉3M品牌。经过调查发现,造成企业知名度如此低的主要原因是公司的品牌战略不当:在一个以技术创新立足的企业中,推出新产品时,研究开发人员和产品经理为了迅速获得同事的认同,倾向于为新产品取新的名称。而企业又缺乏必要的品牌管理制度,从而导致品牌泛滥。20世纪80年代后期,该公司平均每年推出近100种新品牌。在公司拥有的1500个品牌中,平均每一个只得到很少的财务支持,而且所有的产品上都看不到3M的名字,如此低的企业知名度严重限制了3M品牌在市场上的影响力。为了扭转这种不利局面,从20世纪90年代开始,公司制订了"品牌资产管理"方案,规定公司今后基本不再推出新的品牌,而且现有的产品品牌也要大幅度削减,此外还要在剩下的产品品牌前冠以3M的标志。在该方案实施两年后,公司的品牌数量减少到700余个,每年推出的新品牌不多于4个。

2. 旗帜品牌

旗帜品牌就是企业的主打品牌,或主力品牌,是指在企业的多品牌组合中层次较高、发挥核心作用、企业重点进行营销投资的品牌。旗帜品牌一般有很高的知名度和良好的形象,延伸能力强,是企业的标志性品牌;旗帜品牌可以是单个或者就是企业名,如英特尔、耐克、维珍等公司;也可以是几个,也不一定是企业名,如吉列的旗帜品牌有吉列(Gillette)、Sensor、Gel和Series等,其中,Gillette是企业名,其他都不是企业名。又如国内消费者熟知的博士文具用品是兰生集团的一个旗帜品牌,也不是企业名,但其在消费者中的名气超过兰生集团。旗帜品牌有3个主要的来源:金牛品牌、明星品牌和新品牌。

(1) 吉列公司的Gillette是企业名,也是主打品牌之一,Gillette是一个老的金牛品牌,但吉列公司将其重新定位后变成一个新的品牌。这个重新定位就是从"剃须刀"变为"男人的最佳选择"。老品牌重新定位的成功,使得Gillette保住了旗帜品牌的地位。现在Gillette已成为一个领导生活方式潮流的国际品牌。

(2) 明星品牌容易被树立为旗帜品牌或旗帜品牌的候补,因为明星品牌的知名度较高,处于上升时期,代表公司未来发展的方向。大企业发现和培育明星品牌很重要,大企业品牌多,要从中发现明星是不容易的。联合利华公司的Elida和Ponds过去是子公司底下的品牌,后来在整合公司最新研究成果时被发现为明星,并被提升为公司的旗帜品牌。

（3）新品牌除非有突破性表现，否则较难一下子被树立为旗帜品牌。吉列公司的 Sensor 之所以被树为旗帜品牌，就是依靠技术上的突破。

有学者提出评估旗帜品牌的两个标准：一是被选品牌的市场发展前景以及该品牌在消费者心目中的地位。前者可以通过利润率、市场占有率、市场吸引力等指标加以评估；后者可以通过顾客忠诚度、顾客偏好度等指标加以评估。二是品牌的涵盖性。一般而言，一个好的旗帜品牌要有一定的涵盖性，避免高度定位。只有当一个品牌具有广泛的涵盖性时，这个品牌的信息才能更好地被传递，该品牌也才更容易得到扩展和延伸。

3. 品牌合作

多品牌中不同品牌之间的合作和配合，可以起到优势互补和互相促进的作用。合作品牌已经成为西方跨国公司多品牌管理的一个新策略、新趋势，品牌合作有以下 4 种。

（1）与供应商的品牌合作。如戴尔（Dell）电脑的品牌与其两个供应商品牌英特尔（Intel）和视窗（Windows）合作，一个提供关键硬件，一个提供关键软件。与名牌供应商的品牌合作，可以有效地增强用户对戴尔的有利联想和提升戴尔的形象。反过来，英特尔或视窗也等于利用戴尔电脑及其品牌展示做了品牌广告，也从品牌合作中受益。

（2）与公司的品牌合作。这又分两种情况公司的不同层次的品牌合作和公司的同一层次的品牌合作。例如，雀巢公司在许多子品牌前面都加上"Nes"这个字头，如 Nescafe（咖啡）、Nestea（茶）和 Nesquik（奶昔）等，这就是不同层次即公司子品牌与公司品牌（Nestle）的合作。这样使雀巢在推出众多子品牌时，可以利用雀巢品牌的知名度和良好信誉带动子品牌的销售，同时也强化了雀巢品牌的市场地位。

（3）与合资伙伴的品牌合作。如三洋科龙、一汽大众、上海贝尔、首钢日电、北京松下、北京飞利浦、广州本田等。这种品牌合作非常普遍，因为品牌也是一种资产，合资行为本身可能就包括品牌合作在内。在中国市场，这种外资背景的合作品牌有很大的吸引力，因为这种合作品牌所明示的内容给消费者许多对品牌或产品的有利联想。

（4）联盟者的品牌合作。如 Taligent 是苹果电脑、IBM 和摩托罗拉结成的一个技术联盟的合作品牌。

4. 多品牌管理体制

宝洁公司于 1931 年首创的品牌经理制，是西方企业多品牌管理的标准模式。宝洁的多品牌战略的目的非常清楚，就是使宝洁在各产业中拥有极高的市场占有率，为了实现这一目标，宝洁建立了品牌经理制。传统上以职能形式的营销使各职能部门都竞相争取预算，而又不对产品的市场负责任。在品牌经理制中，品牌经理只对一个品牌负责，就像一个品牌的"总经理"对各个部门进行协调，保证各部门的行动统一在"战略或消费者价值"之下。品牌经理制可以大大地提高品牌的竞争力。它使公司各部门都围绕着品牌经理运作，而品牌经理围绕市场运作。这是一种以消费者为核心的市场导向的管理模式。在品牌经理制条件下，公司品牌与产品品牌的关系是：在新产品推出阶段使用公司品牌，一旦获得市场认可就只强调产品品牌，不再把公司名称和品牌混用。这样一种做法反映了宝洁的基本信念：每一个品牌都是独一无二的，每个品牌必须独立地建立顾客忠诚度。在这种信念下,宝洁的每个品牌都必须有明确的独特价值定位,每个品牌都必须经过严格的市场测试,这就是为什么宝洁新产品推向市场的速度非常慢,可一旦推出就势不可挡。比如在美国市场里,宝洁有9种洗衣粉品牌、5种肥皂品牌、5种洗发水品牌和3种牙膏品牌,每种品牌所针对的消费者价值都不一样。

长期以来,品牌经理制发挥了很大作用,但也存在明显的缺陷:①品牌之间竞争有余而合作不足。由于企业把品牌决策权授予品牌经理,而品牌之间缺乏合作和协调。品牌经理争夺企业资源,品牌业务相互重叠,有悖于范围经济。②品牌经理容易产生不顾公司整体利益的短期行为。③品牌经理制缺乏统一的规划和领导,资源浪费和管理失控。

20世纪90年代以来,西方企业开始探索新的多品牌管理模式,主要动态有:增加品牌经理管理的品牌数量,越来越多的品牌经理管理至少3个品牌;企业积极提倡品牌经理之间的合作和信任;建立企业高层次品牌管理机构或团队,通常由一名高级副总裁主管;在品牌经理制的基础上增设品类管理层,赋予其利润责任,由品类总经理统一管理同一品类的品牌,这就减少了企业内部各品牌之间的无序竞争。新的多品牌管理体制的构架由3个管理层次组成。

(1)产品品牌管理。由基层产品品牌经理负责,任务是了解顾客对品牌的看法,向企业的生产、研发和营销部门反馈市场信息,并参与产品的研发和技术设计,并在营销部门的配合下,进行所负责品牌的营销。

(2)品类品牌管理。由品类经理负责,任务是协调品类内部各品牌之间的关系,合理分配资源,以及建立与中间商的关系。

(3)企业品牌管理。由企业高层管理负责,建立企业合理的品牌组合和品牌建设的总体规划,管理企业品牌、旗帜品牌和企业形象,发挥他们对基层品牌的指导作用。负责企业品牌管理的高层管理叫首席品牌官或CBO(chief brand officer)。

首席品牌官

随着全社会品牌意识的提高,国内某些企业开始设立首席品牌官(CBO)。首席品牌官是和首席执行官(CEO)并列的一个高层职位,全面负责企业发展中的品牌营造、维护、宣传和推广等相关事宜。也有企业采取设立品牌经理的做法,使其与市场、财务、人事经理等重要职位相提并论。

首席品牌官的设立,是企业管理的一项机制创新,即把品牌专管提上管理日程。所谓品牌专管,指的是企业设立专人或专门机构,对自有品牌实行专业化管理。品牌之所以需要专管,第一个理由是它是企业最大的一笔无形资产。尽管这笔资产在许多企业还没有被列入财务报表,但它的确为企业所有,是企业人力、物力和财力的长期积聚。比如,为了树立企业形象和提升商品信誉,争取特许经营等,企业不得不投入大量劳务资源;为了增强核心竞争力,提高商品与服务的高科技含量,企业积极收购并利用发明专利、设计权、著作权、计算机软件、集成电路布图设计等知识产权;为了扩大商品或服务的知名度,占据更大的市场份额,企业着力强化商标、商号、域名等标志的识别功能,为此投入大量的标志资源;同时,为了实现上述目标,企业还形成了长期且持续的公关与广告投入机制。实践证明,这些集聚在品牌之下名目繁多、数额巨大的劳务、知识、标志和公关广告资产,只要经营得当并持之以恒,其资产总额完全有可能赶上甚至远远超过有形资产。

品牌需要专管的第二个理由,在于它是企业生存发展的命脉所系。品牌意味着竞争力、意味着商誉、意味着市场份额。在一定意义上甚至可以说,企业的厂房、机器等全部有形资源和所有人力资源,统统有赖于无形资产,特别是有赖于其中居于核心地位的品牌来为它们赋予意义。一旦品牌出了问题,牌子倒了,那么厂房机器只能闲置,广大工人和技术人员只好遣散,企业随之走到了尽头。反过来,哪怕一把大火把机器厂房全部烧毁,灾难过后只要品牌挺立,就不愁找不到贷款,聚不起人才,赢不得新的生存与发展空间。

品牌专管的第三个理由,是以信用抵押的特殊形式解决困扰市场交易的信息不对称障碍。品牌专管的重要作用在于企业通过抵押自身产品信誉,使消费者能够逾越因"不对称信息"而产生的消费障碍,也就是让消费者"买牌子,买名牌,心里有底"。这无疑对坚定消费信心,扩大市场交易规模大有裨益。

第二节 品牌延伸战略

一、品牌延伸的定义和种类

1. 品牌延伸的定义

品牌延伸,是指品牌企业用原有品牌为新的产品命名。原有品牌也称原品牌或母品牌、主品牌等。如科龙原来是电冰箱品牌,后被用于科龙电器的新品类——空调机、冷柜和小家电等的命名,出现与科龙电冰箱一样品牌名的科龙空调机、科龙冷柜和科龙小家电等,这就是科龙品牌的一种延伸。品牌延伸就是将原品牌用于延伸产品。一个新产品可能在原材料、零部件、生产工艺、技术、价值链、产业链等方面与现有产品相同,而新产品只要在其中的一方面与现有产品相同,就可以看作现有产品的延伸产品。在科龙的例子中,空调、冷柜和小家电都是电冰箱的延伸产品。延伸产品,可以是与现有产品不同的新品类,也可以是现有产品品类下的新品种。在不至于概念混淆的情况下,"延伸品牌"与"延伸产品"可以互相通用。如科龙冷柜可以说是科龙电冰箱的延伸品牌,也可以说是科龙电冰箱的延伸产品。

又如,娃哈哈的品牌从最初的儿童食品营养液已经延伸到12个品类,包括果汁饮料、乳品饮料、饮用水、碳酸饮料、茶饮料、运动饮料、保健品、八宝粥、瓜子、方便面和童装等。大多数品类又各自延伸出少则3个多则10个以上品种。如碳酸饮料又延伸到可乐、柠檬水、汽水等品种。现在,以娃哈哈冠名的果奶、八宝粥、燕窝、绿豆沙、清凉露、AD钙奶、第二代AD钙奶、纯净水、非常可乐(系列)等产品,正在中国食品饮料市场迅速扩展。

2. 品牌延伸的种类

品牌延伸有两类:品种延伸和品类延伸。

(1) 品种延伸。品种延伸,也称线延伸,是指现有品牌向同一品类的不同品种(或性能、款式、规格、档次等)的延伸。线延伸通常伴有副品牌的命名,即用副品牌表示线上不同的品种(或性能、款式、规格、档次等)。如科龙空调有2个品种:高效型和节能型,科龙在品种(线)延伸时,用双效王和节能2个副品牌分别代表这2个品种,并形成2个延伸品牌:科龙双效王和科龙节能。这是科龙第1层次的线延伸。科龙第2层次的线延伸是规格延伸,有大小2种规格,其中小的命名为"精灵",这是第2层次的副品牌。科龙第3层次的线延伸是性能延伸,有大功率和高能效比2种性能,其中高能效比命名为"N13",这是第3层次的副品牌。因此,3个层次的线延伸结果之一是形成了一个表征品类+品种+规格+性能的复合的延伸品牌——科龙节能精灵N13,其中"科龙"是主品牌,而"节能""精灵"和"N13"是副品牌。

(2) 品类延伸。品类延伸,是指现有品牌向不同品类的延伸。如科龙电冰箱的品牌向空调机、冷柜和小家电的延伸,就是品类延伸。品类延伸通常不另外引入副品牌,而把品类名作为副品牌与主品牌复合,如科龙电冰箱、科龙空调机、科龙空调冷柜和科龙小家电等。

品类之间的差异一般大于或远大于同一品类不同品种之间的差异,因此,品类延伸的难度一般大于甚至远大于品种延伸或线延伸。品牌的品类延伸相对较少,大多数是品种延伸。当品类延伸的难度过大,超出品牌主的生产能力和消费者的心理接受能力时,品类延伸就可能被多品牌所替代。

降低品类延伸难度的策略总的来说,就是增强与品牌延伸有关的现有品类与新品类之间的联系和对这些联系的联想度,使二者在消费者心目中的距离接近。例如,盾牌链条(杭州一家企业的品牌)延伸到盾牌电梯,链条和电梯是不同的品类,但它们之间联系密切,链条是电梯的主要部件之一。又如,科龙电冰箱延伸到科龙冷柜,冷柜的功能和生产与电冰箱有很大的相同点。由于用户凭常识就知道链条与电梯的联系,电冰箱与冷柜的联系,因此,这两种品类延伸较容易被用户接受。

二、品牌延伸的作用

品牌延伸对品牌主企业的作用主要是:降低新产品不确定风险,节约新产品推广的成本,满足消费者多样化的需求,丰富原品牌的内涵,获取更大范围的经济效益。

1. 降低新产品不确定性风险

品牌延伸有利于降低新产品具有的不确定性风险。消费者对新产品不是很了解,较难预期购买和使用新产品的结果,这就是新产品的不确定风险。如果新产品启用新品牌,就会加重这种不确定性,使得消费者更难于接受,因为新品牌也具有不确定性。而新产品采用老品牌延伸,可以减小新产品的不确定性,降低相关的风险。因为老品牌已为消费者所熟知,消费者可以根据老品牌的信息对它延伸的新产品的效用加以联想和预期,因此,新产品的不确定性和风险会有所减小。例如,科龙在推出延伸新产品——空调机时,科龙电冰箱已经在市场上有很高的知名度,因此,消费者可以根据科龙电冰箱的表现推断科龙空调机的表现,科龙空调机的风险就降低了。又如,娃哈哈进军可乐市场时,推出一个响亮而富有朝气的副品牌:"非常可乐"。但娃哈哈这一主品牌没有抛弃，在品牌设计上，非常可乐还将"娃哈哈"用比较大的字体，放在比较明显的位置上，以起到以老带新的作用。娃哈哈领导人说："也许，将来'非常可乐'的品牌知名度提高了，我们会考虑突出副品牌的位置和影响。"

品牌延伸不仅有利于消费者接受新产品，也有利于中间商接受新产品。中间商经营大量的供应商产品和品牌，为了减少交易费用一般更愿意经营成熟的产品和品牌，因为这类产品和品牌更具有确定性，交易费用也较低。因此，中间商一般不愿意购买那些刚入市的新产品，尤其是新品牌的新产品。而供应商老品牌的延伸新产品较容易被中间商所接受，因为中间商比消费者更熟悉和了解供应商的老品牌。

2. 节约新产品推广的成本

品牌延伸有利于节约新产品推广的成本。新产品启用新品牌会引起较大的推广成本：①需要支付大笔的新品牌开发和设计费用。②新品牌与老品牌之间的不协调会影响消费者对新产品的认知和使得消费者对老品牌产生怀疑，这些对消费者心理上的负面影响都间接地增加了新产品推广的成本。③需要新投入一笔新品牌传播费用，包括广告、展销乃至公关等费用。品牌延伸首先省掉了新品牌开发和设计费用；其次，延伸新产品与老产品之间有较密切的联系，这有利于消费者对其产生有利的联想，因此可以减小消费者的认知矛盾造成的间接成本；最后，延伸品牌的传播费用可以大大节约。如延伸品牌的广告宣传只要重点介绍新产品本身，而老品牌就无须多介绍了。而且延伸品牌的广告无须做大改动，老品牌的广告设计、广告媒体和广告代理渠道都可以沿用。另外，品牌延伸的成本节约还体现在可以沿用老品牌的包装。

3. 满足忠实消费者多样化的需求

品牌延伸有利于满足忠实消费者多样化的需求。一家企业增加新品牌能更好地实现产品品类的多样化，但品类多样化对企业资源的要求比较高，没有一定的实力难以做到。而品牌延伸虽然不适合品类多样化，但对大多数资源约束较紧的企业来说，是实现多样化经营的最好选择。因为品牌延伸中的线延伸对资源的要求相对不高。与线延伸相关的产品多样化是品种（以及性能、款式、规格、档次等）的多样化，而品种的多样化比品类的多样化要容易得多，对资源的要求相对不高。可以看到，大多数企业在多样化（或多元化）发展的进程中，都先进行品牌延伸（品种延伸和品种多样化），等到具备一定实力后再进入多品牌战略（品种和品类同时多样化）。因此，品牌延伸有利于实力一般的企业实现产品和业务的多样化，以此满足忠实消费者多样化的需求，维持品牌忠诚度。

4. 丰富原品牌的内涵

品牌延伸有利于丰富原品牌的内涵。新产品启用新品牌意味着对老品牌的一种"抛弃"，企业的新陈代谢容易造成消费者的喜新厌旧，这不利于维护好的老品牌。而品牌延伸意味着对老品牌的继承和弘扬，能使原品牌（也称母品牌）的内涵更丰富、更深刻，在消费者心目中的印象更深，形象更完美。

科龙品牌从电冰箱延伸到空调和冷柜，科龙品牌的内涵大大丰富了，科龙含义不再仅仅是电冰箱，而变成家用制冷设备。科龙的延伸品牌科龙节能精灵 N13 空调，则更进一步丰富了科龙的内涵:科龙是节能、绿色产品;科龙像精灵一样灵巧和有惊人的能力;科龙是追求高价值(高性能比)的。

施乐公司的品牌从办公复印机延伸到数字式打印机、扫描仪、文字处理软件等以后,提升了施乐品牌的数字化和高技术形象,并且将品牌内涵从一家"复印机公司"扩充为一家"文件公司"。

娃哈哈品牌从小小的儿童食品营养液延伸到12个品类,上百个品种,其品牌内涵自然丰富了。娃哈哈不仅在"饮料"概念上日趋全面,而且在"食品""儿童"概念上也有很大的扩充。"娃哈哈"已经成为中国知名度最高的品牌之一。

5. 获取更大的范围经济效益

品牌延伸比多品牌有更大的范围经济效益。品牌多个延伸产品之间的联系比多品牌之间更加紧密,更加有整合性或一体化。因为从产生范围经济的多样化结构看,品牌延伸造成的多样化主要是品种(或线产品)的多样化,多品牌造成的多样化主要是品类的多样化,而同一品类的品种(或线产品)之间的联系自然要比不同品类之间的联系更紧密。因此,在可比条件下,在同一品牌下的范围经济效益要高于在同一企业不同品牌下的范围经济效益,因为前者更好的整合性可以更多地节省多种产品之间的协调成本。换言之,品牌延伸可以在一个品牌下实现更大的范围经济效益。当然,品牌延伸作为范围经济,像多品牌一样,还是有一个范围限制,超出限制,就出现范围不经济了。

三、影响品牌延伸的因素

据凯勒的研究文献综述,总的来说,消费者对原品牌的态度和消费者认知的原品牌与延伸产品的关联度是影响品牌延伸成败的两个关键因素。这两个因素对品牌延伸的影响及其规律可叙述如下。

(1)如果消费者对原品牌持肯定的态度,并且消费者认知的原品牌与延伸产品之间的关联度比较高,那么品牌延伸就容易成功。因为消费者认为好的品牌具有"光环效应",可以照亮关系比较密切的延伸产品,所谓爱屋及乌。例如,国内外市场对杭州盾牌链条的评价比较高,当盾牌链条向盾牌电梯延伸时,吸引了大批订单,因为用户知道链条与电梯之间的关联度很高,而且"盾"牌的含义"坚固耐用"也完全适合电梯。

如果品牌主错误地高估消费者对品牌的态度,那么有可能导致品牌延伸的失败。因为品牌主如果高估自己的品牌实力,就可能将品牌延伸的战线拉得过长、过宽,就会分散精力,而导致最终失败。20世纪60年代,美国第一香烟品牌宝马延伸其品牌时,推出了薄荷烟、特级淡烟、淡味百公里,结果前两个品牌败给清凉和万事发,致使宝马的市场份额大幅缩减,从此一蹶不振。

(2)如果消费者对原品牌持肯定的态度,但消费者认知的延伸产品与原品牌之间的关联度较低,那么品牌延伸就不容易成功。例如博士伦隐形眼镜及其延伸产品博士伦清洗液是受消费者欢迎的名牌产品,但博士伦再推出的一项延伸服务——博士伦"无酒精清洗牙齿"却遭到失败,因为消费者认为洗牙与洗眼之间的差别太大,缺乏关联度。

(3)如果消费者对原品牌肯定的态度比较强,那么延伸产品与原品牌之间的关联度适当降低也可以使品牌延伸成功。如果消费者对原品牌肯定的态度一般（不很强），那么延伸产品与原品牌（产品）之间的关联度需要提高，以保证品牌延伸的成功。例如，手表与戒指的关联度不是很高，但市场实验证明：劳力士手表延伸到劳力士戒指是能成功的，因为劳力士品牌是被市场高度肯定的。而市场对天美时（Timex）电子表肯定的态度一般，因此，天美时选择天美时电池、天美时计算器等与电子表关联度较高的产品作为延伸产品，以保证延伸的成功。

（4）如果原品牌是品类市场的领头品牌，那么进行品类延伸的难度最大。因为品类市场的领头品牌，已经被消费者认知和评价为"最具品类代表性或特征的品牌"。既然消费者认为一个品类的领头品牌最具有这个品类区别于其他品类的特征，那么这个品类的领头品牌与其他品类的差异就最大，也就是最难以与其他品类接近和关联，即关联度最小，因此，消费者最难以接受这个品类的领头品牌延伸到其他品类。长虹彩电向电脑延伸的不成功，就是一个证明。长虹是彩电市场的领头羊，大名鼎鼎，但这也有负面作用，即长虹被彩电市场套住了。消费者的认知定势是"长虹就是彩电，彩电就是长虹"。无形之中，长虹在消费者心目中似乎与其他品类无关了。因此，长虹要跨出彩电市场、进入电脑市场，就要改变消费者的认知定势，但这是很难的。这就是长虹的"悲喜剧"。所以，任何品类或行业的领头品牌面临的品牌延伸或跨行业发展的风险要比一般品牌大得多。这里，市场认知心理起到重要的影响。

（5）原品牌的正面联想可能变成延伸品牌的负面联想。例如，金宝汤延伸到金宝番茄酱，就产生这样的负面影响。原品牌的核心内涵是"汤"，对品牌有正面影响，延伸品牌的核心内涵是"番茄酱"，如果"番茄酱"做得像"汤"，显然变成一种负面影响。

（7）如果延伸产品是较简单的容易生产的产品，那么品牌延伸会冲淡原品牌的价值。如果延伸产品是较复杂的很难生产的产品，那么品牌延伸会增大原品牌的价值。例如，喜力啤酒是名牌啤酒，但喜力啤酒延伸为喜力爆玉米花，会降低喜力品牌的身价，因为消费者感觉爆玉米花太容易生产了，喜力生产爆玉米花是"大材小用"。而且爆玉米花的简单性使得这个市场成为无差异化的完全竞争市场，在完全竞争的状况下，市场供应者的产品之间几乎没有差异，市场需求者买谁的产品得到的效用都几乎一样，因而无须识别供应者的品牌，品牌的价值大大降低了。

（8）如果延伸产品与原品牌的关联度较低，那么品牌延伸的失败对原品牌形象的损害不大；如果延伸产品与原品牌的关联度较高，那么品牌延伸的失败对原品牌形象的损害比较大。

（9）如果原品牌的品牌资产比较大，那么品牌延伸的动机比较强烈，也比较持久。因为这样的品牌已经获得消费者十分有利的态度，即较好地具备了品牌延伸模型中两个要素之一，只要在另一个要素上下功夫，品牌延伸就能成功，因此信心比较充足。

（10）品牌向上下游品类的垂直延伸比较困难。品牌的垂直延伸比水平延伸难，因为垂直延伸是品类延伸，水平延伸大多数是品种延伸，而如前所说，品类延伸比品种延伸难。垂直延伸中，向上游延伸比向下游延伸难，因为下游产品中包含着原品牌产品，关联度比较大，而上游产品只是品牌产品的一部分，原品牌与上游产品的联系只是部分的联系，关联度比它与下游产品要小，因此原品牌向下游产品延伸比较容易成功，而向上游产品延伸相对难一些。例如，像英特尔这样的芯片品牌向电脑延伸，要比像美泰这样的零售商品牌向电脑延伸更能成功，因为"英特尔电脑"听起来比"美泰电脑"更容易被电脑消费者接受。

 **思考题**

1. 品牌战略与产品组合之间是什么关系?
2. 多品牌战略与延伸品牌战略之间有何区别? 有何联系?
3. 市场多样化导向的多品牌与产品多样化导向的多品牌之间有何区别? 有何联系?
4. 为什么多品牌有利于保护主力品牌?
5. 为什么多品牌有利于差价营销?
6. 为什么说多品牌是范围经济?
7. 什么叫品牌整合?
8. 什么叫品牌合作? 它有哪些类型?
9. 为什么说品牌的品类延伸的难度一般大于或远大于品种延伸?
10. 分析品牌延伸的总的框架(模型)是什么? 为什么其中的因素都与消费者有关?
11. 根据影响品牌延伸的因素及其影响规律,对怎样提高品牌延伸的成功率做出思考。

第十一章 品牌评估

 学习提要

本章首先研究潜在品牌资产的评估,即消费者品牌心理的调查,其次研究实在品牌资产的评估,即品牌的货币价值的评估。研究的重点是调查方法和评估方法。

第一节 消费者品牌心理调查

消费者对品牌的心理(回应),作为潜在的品牌资产,包括品牌认知、品牌动机和品牌态度。调查消费者品牌心理,就是调查消费者的品牌认知、品牌动机和品牌态度。

一、品牌认知的调查

品牌认知,是指消费者对品牌的知晓(了解)、记忆和识别,它包括品牌知晓、品牌记忆和品牌识别3个子维度。粗略地说,品牌认知度就是品牌知晓度。精确地说,品牌认知度可以看作品牌知晓度、品牌记忆度和品牌识别度的乘积。

1. **品牌知晓度**

品牌知晓度是衡量消费者品牌认知的一个基本指标。品牌知晓度,粗略地说,就是品牌知晓人数或品牌知晓人数占消费者总数的比例。品牌知晓度精确地说,是品牌知晓人数(或比例)与平均知晓深度的乘积:

$$品牌知晓度 = 品牌知晓人数(或比例) \times 平均知晓深度$$

品牌知晓人数,是指某一特定市场(如城市)了解品牌的人数。品牌知晓人数的调查通常采用分群随机抽样,具体步骤如下:

(1)将所要调查的城市划分为许多居民区,并计算这些居民区的总数。

(2)在这些居民区随机地抽取若干个样本(居民区)。

(3)对样本居民区的居民进行品牌知晓度的普查,从而获得各样本居民区品牌知晓人数。

(4)计算样本居民区平均的品牌知晓人数。

(5)用样本居民区平均的品牌知晓人数乘以该城市所划分的居民区总数,就是该城市的品牌

知晓人数(估计数)。

品牌知晓深度,是指消费者对品牌诸内容了解的深度。品牌内容包括品牌特色、品牌利益、品牌价值观、品牌文化、品牌个性和品牌对象等6大内容。其中,感知品牌利益和感知品牌特色的打分权重比较高,因为它们是最基本的两个认知指标。消费者亲身体验品牌产品的效用和特色,是他对品牌的感性认知,而感性认知是整个品牌认知的基础。一位消费者如果没有亲身使用过某一品牌(产品),并由此感知这一品牌的利益和特色,那么他对品牌的认知总是肤浅的,没有深度的。

消费者平均知晓深度的调查,是与上述知晓人数的调查一起进行的,也是采用分群随机抽样:

(1)根据调查问卷和按照打分标准给样本居民区收集上来的每一份问卷打分(品牌知晓深度总分),问卷的回答与品牌的目标形象和定位越接近,打分越高。

(2)计算单个样本居民区的平均知晓深度(所有问卷知晓深度总分之和除以问卷数)。

(3)计算所有样本居民区平均的知晓深度(所有单个样本居民区平均知晓深度之和除以样本居民区总数)。

(4)所有样本居民区平均的知晓深度,就是所调查城市的品牌平均知晓深度(估计值)。

消费者知晓深度的问卷设计是比较难的,因为品牌的6大题目(内容)都比较抽象、比较概括,要将每一个题目都化为若干具体的小题目(问题)。问卷设计技巧如下:知晓深度的问卷题型尽量采用选择题,而不采用问答题(开放题)。知晓深度的问卷语言尽量通俗易懂,含义明确。比如,调查消费者对品牌价值观的知晓,要尽量避免直接使用"价值观"这样过于专业、过于学术的词汇,而最好使用"理想""追求""向往"等比较通俗的词汇。

2.品牌记忆度

品牌记忆度又是衡量消费者品牌认知的一个基本指标。品牌记忆度是品牌被回忆的概率与被回忆的速度的乘积:

$$品牌记忆度=品牌被回忆的概率\times 被回忆的速度$$

品牌被回忆的概率,可以采用字眼联系法(即投射法)进行调查。比如,典型的字眼联系法是向被调查者出示"空调机"这个字眼,问被调查者:"你想起哪些品牌?"回答时间限定在10秒内。假定被调查者的回答是"伊莱克斯、日立、科龙、海信、春兰、海尔",这些品牌就是被记住的品牌。统计一下某一空调机品牌被被调查者提到的频率,比如是43%,那么该品牌被回忆的概率是43%。如果这个数字是抽样调查后得到的,那么该空调机品牌在所调查市场被回忆的概率可估计为43%。

品牌被回忆的速度,可以从字眼联想的结果中被回忆起品牌的先后次序加以测量:先回忆起的品牌,被消费者回忆的速度较快,后回忆起的品牌,被消费者回忆的速度较慢。根据每一位被调查者的回答,用等级尺度(1~20等级)给品牌(假定10秒钟内最多回忆起20个品牌)打分,被最快回忆的品牌的打分最高,为20分,其他品牌按其被回忆速度从19分往下递减。品牌在所调查市场被回忆的速度打分通常也是抽样调查后得到的估计数。

品牌记忆度的调查中常常要给出提示,包括产品品类、品种、用途、使用时间、使用场合等提示。这些提示的作用,一是有利于被调查者对品牌的回忆,二是便于了解消费者对品牌记忆的广度,因为品牌记忆的广度就是品牌在消费者记忆中出现的时间或场合的次数。

3. 品牌识别度

品牌识别度也是衡量消费者品牌认知的一个基本指标。品牌识别度是指品牌名称看不见或看不清的条件下品牌被识别的概率与被识别的速度的乘积:

$$品牌识别度 = 品牌被识别的概率 \times 被识别的速度$$

品牌识别度调查,可以采用主题认知测试法。这个方法是将所需调查的品牌产品和有关的生活场景隐蔽地拍成卡通片,其中故意让这些品牌产品的名称看不见或看不清。让被调查者观看卡通片,然后向被调查者提问"看到了哪些品牌",从被调查者的回答中可以测得品牌的识别度。被调查者提到品牌的频率就是品牌被识别的概率,从被提到的先后次序可以确定速度打分(回顾前述品牌记忆速度的打分),再将这两个数据相乘。

品牌识别度实际上是对品牌名称除外的其他品牌设计要素的识别度,其中包括品牌标志和品牌附加要素(尤其是包装)的识别。识别度高的品牌,就是其品牌标志和品牌包装等识别度高。因此,增加品牌识别度的关键是增强品牌标志和品牌包装等的识别性。

广义的品牌识别度,不仅指视觉识别度(品牌形式的识别),还指其他感觉识别度(品牌内容的识别)。如在食品、餐饮市场进行品牌识别的调查,可以采用品尝法,品尝就是多种感觉的识别。比如,让被调查者品尝几种消费者常喝的绿茶,让他们说出绿茶的品牌,并由此计算这几种绿茶品牌的识别度。品尝法适用于消费者经常食用和视觉或味觉、嗅觉、触觉差异较大的食品和餐饮品牌的识别度调查。消费者不大食用或各种感觉的差别都不大的食品和餐饮品牌的识别度调查不宜用品尝法,因为只有极少数被调查者(如美食家)能品尝出(识别)品牌。

二、品牌动机的调查

品牌动机,是指消费者购买和消费某一品牌产品的直接原因,它包括消费者的需要和品牌联想两个子维度。品牌动机度可看作消费者需要与品牌有利联想度的乘积。

1. 消费者需要

消费者需要是形成品牌动机的基础。这里所谓的消费者需要,是指对某一类产品而不是某一个品牌的需要。消费者对某一类产品(可以有多个品牌)的需要是客观形成的,与这类产品中的某一品牌之间没有必然的联系。消费者可能买 A 品牌,也可能买 B 品牌或 C 品牌等,只要这些品牌都属于这类产品。因此,消费者需要不属于某一个品牌特有的品牌资产,而属于同类产品品牌共有(共享)的品牌资产。

消费者对某一类产品需要的调查,采用间接询问法或投射法比较有效,因为消费者需要常常难以直接回答,一则可能涉及隐私,二则可能缺乏表达能力。常用的投射法之一是前述字眼联系法,就是向被调查者说一类产品名称(字眼),然后让他(或她)迅速地(如在半分钟内)说出(或写出)尽可能多的关联词,从这些关联词可以分析被调查者对这类产品的需要。

例如,本书编者在一次字眼联系法调查中向某被调查者说出"微波炉"3个字,让他在30秒内写出尽可能多的关联词。该被调查者在30秒后依次写出流行、方便、费电、安全、油烟、煤气等关联词。从这一组关联词,可以投射出该被调查者对微波炉的需要:

流行——如果他购买微波炉首先是为了追随流行,他是一个赶流行的人。

方便——他看中微波炉的一个优点是在烹制和加热饭菜方面的方便性,他是一个需要方便饮食的人。

费电——他比较关注微波炉的耗电,这是经济方面的需要。

安全——他也比较关注微波炉的安全性,如辐射泄漏问题,这是安全的需要。

油烟和煤气——说明他对微波炉相对于煤气灶或煤灶的优点,即卫生比较关心,这也是安全的需要。

从该被调查者写的关联词的顺序看,如果他购买微波炉的话,那么追随流行是他最重要的动机,其次是图方便,再次是卫生;同时,微波炉的耗电性和安全性是影响他购买的两个重要因素;假定多数被调查者在字眼联系中所写的关联词及其顺序与上述被调查者相同,那么这个调查结果对微波炉厂商有参考价值。微波炉厂商可以将自己的品牌产品与这些关联词(及其背后的消费者需要)进行对照,其中比较符合关联词含义或消费者需要的品牌产品有潜在的竞争优势,而离关联词或消费者需要较远的品牌产品缺乏潜在的竞争优势。

在实际调查中,多数被调查者写的关联词及其顺序不会相同。可以采用统计的方法对数据加以处理:在所有被调查者写的关联词中选出若干被提到次数最多(频率最高)的关联词及其排序,并以此作为整个调查(抽样调查)的结果。

消费者需要的调查结果是对某一类产品的各项需要(体现在关联词),这个信息可以帮助调查者进行品牌联想度的调查。如果被调查者对某一品牌的各项动机性联想与消费者的各项需要比较吻合,那么,对品牌主来说,被调查者对品牌的联想是比较有利的联想(下文将深入研究这个问题)。由于消费者需要是所有同类品牌共享的品牌资产,因此,"消费者需要"这个因子的数值对任何品牌都是一样的,如假定都等于1。也因此,在这个意义上,品牌动机度就等于有利品牌联想度。

2. 品牌有利联想度

品牌有利联想度,是指被调查者对品牌的联想组合与消费者需要组合吻合的程度。联想组合,是指有哪些联想和它们按重要程度的排序。消费者需要组合,就是上述调查的结果:有哪些需要和它们按重要程度的排序。品牌有利联想度等于消费者需要吻合的品牌联想个数(比例)与其中排序也吻合的个数(比例)的乘积。

品牌具有一定的有利联想度是形成品牌动机的充分和必要条件。某个品牌的有利联想度越大,这个品牌能满足消费者需要的可能性就越大,消费者购买这个品牌的动机就越强烈。反之亦然,消费者对某个品牌有强烈的购买动机,必定对它产生了一定程度的有利联想。然而,调查品牌有利联想度,首先要调查消费者对品牌全面的联想(包括有利和不利联想)品牌联想调查得越全面,对品牌有利联想度的测算就越准确。品牌联想常用的调查方法有自由联想法和比喻法等。

(1)自由联想法,是向被调查者出示品牌和直接问被调查者"想到了什么"。被调查者回答时,不给予任何提示或线索。有研究者用自由联想法对5个品牌的调查结果如下:

①对AT&T(美国国际电话电报公司)的联想:长途电话,年老、保守、长期、传统,真实的声音和缩小的世界,高质量,稳定、可靠、值得信赖,助人为乐、友好、关心人,规模大、全球性、强大,技术先进、高科技。

②对宝马车的联想:德国轿车,高质量,性能好,昂贵,高档、高层次、气派、名望,雅皮士,最好的驾驶机器,运动、速度。

③对百威啤酒的联想:啤酒、啤酒之王、蓝领、廉价、清水、美国。

④对汉堡王的联想:快餐,庞大,火烤,用你的方式食用,高脂肪含量、油腻、烂糟糟。

⑤对金宝汤的联想:罐头汤,营养、健康、"好食品",红白色罐头,多雨寒冷的天气,咸,儿童、小孩,口感好。

自由联想法的优点是能较大程度地挖掘消费者对品牌的联想,而且所调查的联想都是比较重要、比较真实的,因为人们在自由的环境下比在约束环境下更有思考的积极性,更能披露真实的想法。因此,自由联想的结果,更能反映消费者对品牌重要的、真实的需要和购买动机。自由联想法的缺点,一是调查结果比较分散,不便于数据处理;二是消费者受能力的限制,不能充分表达自己的联想。品牌联想作为品牌资产最终还是要控制在品牌主手里的,而完全自由的联想不便于品牌主对品牌联想的控制。因此,在品牌联想的调查中,适当的引导和控制还是必要的。

(2)比喻法,是让被调查者将品牌比喻为人或事物,即进行比喻性联想。调查者通过分析这些比喻了解被调查者的需要和品牌动机。比喻法也是一种投射法。有研究者采用比喻法调查消费者对品牌的联想,其中,消费者对肯德基、假日旅馆和玉兰油的比喻性联想如表11-1所示。

表11-1 品牌的比喻性联想

比喻的事物	品牌		
	肯德基	假日旅馆	玉兰油
人	普通的人	友好的人	年轻的人
动物	斑马	貂	貂
人的活动	野营	旅行	游泳
织物	斜纹布	涤纶布	丝绸
职业	家庭主妇	卡车司机	秘书
报纸杂志	电视报	《商业周刊》	流行杂志

根据表11-1,可以分析消费者的需要和品牌动机。例如,从消费者对肯德基的比喻,可以分析出以下消费者需要和品牌动机:

①普通的人:消费者需要像肯德基这样大众化的,普通人都可接近的餐饮品牌。

②斑马:斑马容易识别和跑得快,消费者需要像肯德基这样容易找到和用餐效率高的快餐。

③野营:野营指人出门在外的活动,消费者需要像肯德基这样适合出门在外时的饮食。

④斜纹布:手工织平纹布,而机器可以大规模地织斜纹布,肯德基食品是工业化("机器")生

产的,是大规模和标准化生产的,像斜纹布一样;斜纹布的纹路清晰和有立体感,暗喻食品的清洁性和易识别性(后一点与上述斑马的斑纹一样)。总之,从"斜纹布"的比喻,可以看出消费者需要像肯德基这样标准化、清洁性和可识别性的餐饮食品。

⑤家庭主妇:家庭主妇最重要的事是管饭(吃),消费者需要像肯德基这样管饭吃的店家。

⑥电视报:看电视想到电视报,吃饭想到肯德基。肯德基和电视报已经成为人们日常的物质生活(吃饭)和精神生活(看电视)不可缺少的两样东西。

比喻法与自由联想法相比,优点之一是能启发被调查者的联想,它设计的用以比喻的事物都比较具体、生动和形象,对被调查者有启发性,被调查者按目录去联想和表达比自己随意地联想和表达更容易一些,也更全面一些。优点之二是调查结果(看法)比较集中,便于数据处理和分析。优点之三是品牌主对比喻目录的设计实际上就是对消费者品牌心理的一种引导和控制,即让消费者按照品牌主设计的框架去联想,由此建立品牌形象,这样建立的品牌形象比较接近品牌主预定的目标形象。

比喻法的一个主要问题是用以比喻的事物目录的设计可能比较困难。这个目录要求全面,因为不全面的话,就会漏掉消费者对品牌更好的比喻。这个目录又要求深入,即能贴近消费者的心里所想,否则,消费者会感到难以联想和回答问题。

三、品牌态度的调查

品牌态度,是指消费者对品牌的一种比较稳定的评价、情感和意向或行为倾向。消费者对品牌的评价、情感和意向是品牌态度的3项内容。品牌态度的调查按此可分为品牌评价的调查、品牌情感的调查和品牌意向的调查。

1. 品牌评价的调查

消费者对品牌的评价,就是品牌在消费者中间的美誉度。品牌美誉度,又称赞誉度,粗略地说,是指赞扬品牌的人数或人数比例。如果赞扬品牌变成贬低品牌的话,赞扬品牌的人数就为负数。因此,美誉度作为消费者对品牌的评价,它的符号可正,也可负。负的美誉度就是贬誉度,就是不良的评价。精细地说,品牌美誉度等于赞扬品牌的人数与平均赞扬程度(即平均的评价)的乘积。其中,赞扬品牌的人数比较容易调查,平均赞扬程度要通过抽样调查和用样本平均值加以估计。对品牌赞扬程度(评价)的调查可采用语示定值尺度,就是将一组评价语词等距离地、从负向到正向(或从小到大)有序地排列起来并标上数字,让被调查者圈出与其评价相符的语词数字,这个数字就是该被调查者对品牌的评价。

2. 品牌情感的调查

消费者对品牌的情感是他(或她)的品牌态度的一个重要成分。消费者对品牌的喜欢或不喜欢、信任或不信任、爱或不爱、满意或不满意等都带有情感成分。品牌情感有时候对品牌态度起到决定性的作用。比如,对品牌或厂商的信任感可以使得一些客户对品牌或厂商保持忠实的态度。相反,有的人不能保持对品牌的忠实,多少与他们的情感受到挫折、打击或损伤有关。比如,他们原来信任的品牌突然出现了假冒伪劣,于是他们的受骗感促使他们改变对品牌的态度。

品牌情感的调查方法与品牌评价相同,也可以采用语示定值尺度、利克特尺度和配对比较尺度等。

3. 品牌意向的调查

品牌意向,是指消费者对品牌的选择倾向。例如,在速溶咖啡市场,有的消费者的品牌意向是雀巢,有的消费者的品牌意向是麦氏,而有的消费者无明显的品牌意向。品牌意向的调查方法也与品牌评价或品牌情感相同,可以采用语示定值尺度、利克特尺度和配对比较尺度等。与品牌意向和品牌情感密切相关的一种心理回应是品牌忠诚度。品牌忠诚度,习惯上是指对所指品牌重复购买的频率。这个频率超过50%的消费者即品牌的高度忠诚者,在10%～50%的是中度忠诚者,而低于10%是低度忠诚者。品牌忠诚度的调查,就是品牌重复购买频率的调查。这比情感调查或评价调查容易,因为这实际上已经是消费者品牌行为的调查,而购买行为调查比购买心理调查容易。品牌忠诚度通常是一个动态的变化的时间序列。因此,调查品牌忠诚度时的数据可按时间序列的平均数加以处理。

4. 品牌态度与品牌联想

有关消费者品牌态度的信息也能从他们对品牌的动机性联想中获得。消费者对某一品牌的动机性联想,通常含有他们的品牌态度的影响在内,因为品牌动机与品牌态度是相互关联的,品牌态度影响着每一次品牌购买的动机。因此,可以从所调查的品牌(动机性)联想中获得有关品牌态度的信息。

例如,从消费者对假日旅馆的比喻性联想(见表11-1),可以看出以下消费者对假日旅馆品牌的态度:

(1)友好的人。这是消费者对假日旅馆服务质量的一种良好的评价。友好,就是像朋友那样关怀人和帮助人,而关怀性和帮助性(反应性)是服务质量的两个重要维度。另外,友好也包含消费者的情感成分在内。

(2)貂。貂身上最值钱的是貂皮,貂皮比喻假日旅馆的舒适性和对人的尊重性。貂皮做的衣服冬天穿起来非常暖和、柔滑,这是比喻假日旅馆住宿环境的舒适、温馨和宜人。貂皮是贵重衣料,假日旅馆提供貂皮就是提供对顾客的尊重。因此,貂的联想也包含消费者对假日旅馆良好评价在内。

(3)旅行。这个联想是消费者对假日旅馆的一个定位性评价,即假日旅馆是旅行者最容易想到的一个选择,而这一点也正是假日旅馆所追求的一个目标定位。

(4)涤纶布。涤纶布与传统的天然纤维织物相比,是新型的人工合成纤维织物(工业化、标准化生产的织物),有良好的抗磨性,在织物中是比较耐穿的。涤纶布比喻假日旅馆的标准化和耐用性(适合旅客长久享用)形象,也是消费者的一种好评。

(5)卡车司机。卡车司机最重要的事是将客户的货安全和顺利地送达目的地;另外,跑长途的卡车司机与旅馆的关系也比较密切。消费者的这个比喻,一是说假日旅馆能为旅客的安全和旅途的顺利提供保证或帮助;二是说假日旅馆旅客中的一个主要职业成分是跑长途的卡车司机,假日旅馆是卡车司机之家,这两点也是对假日旅馆的评价。

(6)《商业周刊》:这是商务旅客比较关注的一份杂志,消费者将假日旅馆比作《商业周刊》,说明对商务旅客而言,假日旅馆对他们的重要性像《商业周刊》一样。这个比喻,也是消费者对假日旅馆的一个正面的定位性评价。

第二节　品牌价值评估

品牌的货币价值,简称品牌价值,是潜在品牌资产在市场交易中转化而来的实在品牌资产。消费者一旦付货款购买了品牌产品,品牌就与产品一起实现了货币价值。问题在于:品牌价值不是独立的,它是依附在产品上,通过产品交易才能实现的。换言之,品牌价值是分摊在每一次产品交易中的。每一次产品交易所取得的市场效益(价格、销售额、利润、市场占有率),都包含部分品牌价值。品牌价值评估的关键是从产品的市场效益(即产品价值)中分析品牌所引起或所贡献的效益。常用的评估方法有实验法和估价法。实验法是通过市场实验观察品牌因素对消费者购买行为的影响,从中分析品牌价值的方法,它评估的是品牌的单价(值);而估价法是根据产品利润和品牌强度估计品牌价值的方法,它评估的是品牌的总价(值)。

一、实验法

品牌资产,或品牌价值,是产品在有品牌时与无品牌时的市场效益之差。实验法依据的原理是:在其他营销条件不变的情况下,品牌产品与无牌产品或其他品牌产品之间的差价就是品牌的价值(单价)。由于品牌差价是比较而来的,因此实验法也称比较法。

1. **有牌与无牌的差价**

例如,美国一家汽车公司用实验法评估试运行的雷诺 Premier 汽车的品牌价值。该公司让对比组消费者观看一辆不挂品牌的雷诺 Premier 模型汽车,然后问对比组消费者愿意出多大的价钱买这种汽车。对比组的结果是:对比组平均愿意出价 10000 美元。同时,让实验组消费者观看一辆完全一样但挂品牌的雷诺 Premier 模型汽车,并问同样的问题。实验组的结果是 13000 美元。在整个实验中,对比组和实验组的其他营销条件都被控制在相同或非常接近。最后,根据这个实验的结果,可以估计雷诺 Premier 车的品牌单价是 3000 美元。

2. **品牌与品牌的差价**

有研究者用价格与品牌忠诚度关系实验来评估品牌的价值。品牌的忠诚者愿意多支付差价作为忠诚的成本,但如果这个成本过高而超出忠诚者的心理承受力,那么忠诚者会"背叛"或转向其他品牌,成为其他品牌的忠诚者。品牌忠诚者愿意支付的最大差价就是品牌的相对价值。在实验中,有 A 和 B 两个产品几乎相同的品牌,它们之间有品牌差价(A 品牌产品的价格高于 B 品牌)。实验者逐渐拉大 A 品牌产品与 B 品牌产品之间的品牌差价,即逐渐提高 A 品牌产品的价格,并同时不断观察消费者的反应,发觉 A 品牌的忠诚度不断下降,A 品牌持有者中逐渐有人放弃 A 品牌而转向持有 B 品牌,B 品牌的忠诚度不断上升。对 A 品牌持有者个人来说,他(或她)决定放弃时的 A、B 之间的品牌差价就是 A 品牌的相对价值。对 A 品牌持有者群体来说,他们放弃 A 品牌时,A、B 品牌差价的平均数就是 A 品牌的相对价值。

3. 组合分析

上述两个实验都是在除品牌和价格外其他营销条件不变的情况下进行的，目的是通过观察消费者购买行为中品牌与价格之间的替代效应，由此分析品牌的价值。如果其他营销条件有变化，那么不但品牌和价格影响消费者的购买行为，而且其他营销条件的变化也会影响消费者的购买行为。研究品牌的变化、价格的变化和其他营销条件的变化组合（搭配）起来对消费者购买决策的影响，叫组合分析，又称联合分析。用组合分析可以测得消费者对品牌的变化（即不同的品牌）的价值评估。

二、估价法

估价法常用于品牌收购、品牌转让和产权交易等。估价法为著名的英特品牌集团公司所创，由《金融世界》杂志加以完善。估价法的基本模型是把品牌价值看作品牌净利润与品牌价值乘数的乘积。以下参考学者的介绍，以《金融世界》对1991—1992会计年度万宝路品牌的估价为例，说明这个模型的运用。

1. 估算品牌净利润

品牌净利润的估算程序如下：

(1)调查万宝路产品全年在全球的销售额为154亿美元。

(2)计算万宝路产品的税前营业利润。

$$品牌产品税前营业利润＝销售额×营业利润率$$

其中，万宝路的营业利润率是根据咨询人员和烟草行业专家及参考竞争对手的数据加以确定的，利润率为22%。因此，万宝路的税前营业利润估算为34亿美元（154×22%＝34）。

(3)计算万宝路品牌的税前营业利润。

$$品牌税前营业利润＝品牌产品税前营业利润－正常生产投资的回报$$
$$正常生产投资的回报＝正常生产投资×正常投资回报率$$

根据专家分析，在与品牌因素无关的正常条件下，每产出1美元的销售额需要投入0.6美元的生产资本，据此，可以计算万宝路正常的生产投资应当为92.4亿美元（154×0.6＝92.4）。

同时，根据专家的判断，烟草行业正常的投资回报率为5%。由此，可以计算万宝路产品正常的生产投资的回报是4.62亿美元（92.4×5%＝4.62）。

这部分利润不是品牌创造的，应当在品牌产品税前利润中加以扣除，因此，万宝路品牌真正创造的税前营业利润不是前述34亿美元，而是29.38亿美元（34－4.62＝29.38）。

(4)计算万宝路品牌的税后利润（净利润）。

$$品牌税后利润＝品牌税前营业利润×(1－税率)$$

烟草的税率是43%，由此可以估算万宝路品牌的税后利润（净利润）为17亿美元[29.38×(1－43%)≈17]。

品牌净利润是衡量品牌总价值的基础。品牌净利润是一个动态的短中期指标。在短中期品牌强度不变的条件下，品牌净利润的升降决定着品牌总价值的升降。

2. 确定品牌价值乘数

品牌价值乘数,是决定品牌总价值的另一个指标,是中长期战略性指标。按《金融世界》和英特品集团设计的模型,品牌价值乘数的取值范围是6～20。品牌价值乘数又称品牌强度乘数或品牌强度系数,它是由品牌强度所决定的一个乘数,它和品牌强度之间的关系服从正态分布,呈一条生长曲线(S形曲线)。利用这条曲线,可以由品牌强度来确定品牌价值乘数。如某品牌的强度打分为80分,该品牌的价值乘数就约为19。

据英特品牌集团的研究,品牌强度又取决于品牌的领导作用、稳定性、市场、国际性、趋势、支持和保护等7个因素。品牌强度的打分是这7个因素打分的加权平均。品牌强度以及7个因素的打分范围是0～100分,满分是100分。7个因素的权重依次为:领导作用25%、稳定性15%、市场10%、国际性25%、趋势10%、支持10%和保护5%。如某品牌在领导作用、稳定性、市场、国际性、趋势、支持和保护上的打分依次为72、73、70、68、60、80和100分,该品牌的强度打分就是72分(72×25%+73×15%+70×10%+68×25%+60×10%+80×10%+100×5%=72)。

(1)品牌的领导作用,是指品牌拥有较大的市场占有率、市场认知度和垄断性竞争优势等。领导作用是决定品牌强度的两个最重要的指标之一。

(2)品牌的稳定性,是指品牌拥有较长的历史和一贯的传统和形象,拥有一批忠实的用户,比较经得起挫折和考验,有较强的抗风险能力等。

(3)品牌的市场,是指品牌产品所在的行业市场有较好的和较稳定的增长潜力,市场需求的波动比较小。

(4)品牌的国际性,是指品牌拥有较强的跨国界、跨文化传播的能力,拥有较大的国际市场占有率、市场认知度和声望等。国际性也是决定品牌强度的两个最重要的指标之一。

(5)品牌的趋势,是指品牌有顺应时代潮流的发展方向和敏感性,有适应消费者变化并与之保持同步的能力。

(6)品牌的支持,是指品牌有较大的传播投资和密度,有较强的营销支持。

(7)品牌的保护,是指品牌有较好的产权保护性,如商标注册,受商标法、知识产权法等法律的保护,有较强的法律诉讼能力。

根据以上论述,可以评估万宝路的品牌强度和品牌价值乘数。万宝路在美国拥有最大的市场占有率,有很长的历史和受用户喜欢的"西部牛仔"形象,市场稳定,国际市场规模巨大,是国际知名度最大的10个品牌之一,广泛开展体育公关传播活动。因此,万宝路品牌强度的打分应在80分以上,品牌价值乘数可定为19。

3. 品牌估价

万宝路的品牌净利润为17亿美元,品牌价值乘数是19,因此,"万宝路"的品牌价值估计为323亿美元(17×19=323)。

小阅读

《金融世界》对可口可乐品牌的估价

《金融世界》于1993年开始对可口可乐品牌价值进行估算。当时,可口可乐品牌家族全球年销售额约为90亿美元。根据咨询家和饮料业专家的估计,可口可乐的运营边际约为30%,从而得出可口可乐品牌的营业利润为27亿美元。虽然可口可乐延伸产业装瓶和分销系统还产生了约270亿美元的收入和30亿美元的营业利润,但这些数字并不反映直接由"可口可乐"增加的价值,因而在计算可口可乐品牌价值时被排除在外。

为了进一步估算与产品相关的利润,《金融世界》又从上述营业利润中推导出了一个数量,该数量与基本的或无品牌产品预计收入相等。为了进行这项工作,在一些分析家计算的基础上假定:每产生1美元的销售额,平均需投入60美分生产资本——通常略高于净资产、厂房、设备加上净运营资金。《金融世界》从而计算出,可口可乐所需生产资本为54亿美元。又假定一个无品牌的同样产品在扣除通胀因素后,能得到5%的净投资回报率。所以,从27亿营业利润中扣除所用资金2.7亿美元,即得出仅属于品牌名称的利润。经调整后得出的利润数是24.3亿美元,再经税收调整后剩下的数字16.70亿美元,即被视为与品牌相关的净利润。最后的数字还要根据品牌强度加以调整。品牌强度是依内部品牌公司的定义和7个因素计算得出的。根据英特品牌集团的方法,品牌强度乘数为6~20。可口可乐公司获得了最高乘数,从而得出品牌价值为334亿美元。1996年,该数字上升到434亿美元,可口可乐成为《金融世界》价值第二的品牌。

 思考题

1. 什么是潜在品牌资产和实在品牌资产?二者的区别是什么?联系又是什么?
2. 品牌知晓人数的调查通常采用什么抽样调查?
3. 什么是品牌知晓深度?
4. 试解释"消费者需要不属于某一个品牌特有的品牌资产,而属于同类产品品牌共有(共享)的品牌资产"。
5. 什么是品牌有利联想度?
6. 用比喻法进行品牌联想调查有哪些优点?
7. 怎样理解"消费者对品牌的评价,就是品牌在消费者中间的美誉度"这句话?
8. 试研究组合分析法在品牌价值评估中的运用。
9. 什么是品牌价值乘数?它与品牌强度有什么关系?
10. 品牌强度是怎样打分的?

» 案例分析篇

案例分析　（一）农夫山泉品牌推广

企业介绍

农夫山泉股份有限公司成立于1996年,是中国饮料工业"十强"企业之一,也是农业产业化国家重点龙头企业之一。公司的核心品牌"农夫山泉"为中国驰名商标。公司自成立以来,始终坚持"健康、天然"的品牌理念,坚持"水源地建厂、水源地灌装",1996年以来,已相继在国家一级水资源保护区浙江省千岛湖,吉林省长白山靖宇矿泉水保护区,南水北调中线工程源头湖北丹江口,国家级森林公园广东万绿湖建成四大国际领先的天然饮用水及果汁饮料生产基地。农夫山泉的这种优质水源的战略选择以及世界领先的生产设备,在全国饮料、饮用水行业中处于领先地位。1997年,农夫山泉饮用天然水正式上市,此后产值不断递增。2003年后,公司又陆续推出了农夫果园混合果汁饮料、尖叫系列特殊用途饮料、水溶C100柠檬汁和西柚汁饮料。农夫山泉凭借其优质的原材料品质、严格的品质控制程序,以及世界上最先进的现代化生产设备与信息化管理体系,不断提升公司的综合竞争力,品牌地位也日益彰显。

发展历程

- **1996年**　1996年9月,浙江千岛湖养生堂饮用水有限公司(农夫山泉股份有限公司前身)在浙江省建德市成立,位于国家一级水资源保护区千岛湖畔。
- **1997年**　1997年4月,第一个工厂开机生产,推出"农夫山泉有点甜""我给孩子喝的水"广告语。1997年底,"农夫山泉"饮用天然水550 mL运动装上市。
- **1998年**　1998年,公司赞助世界杯足球赛中央电视台五套演播室,搭上了世界杯的"快车"而迅速成为饮用水行业的一匹黑马,广告语"喝农夫山泉,看98世界杯"深入人心。
- **2000年**　2000年4月22日,公司宣布全部生产天然水,停止生产纯净水。同年,公司被授予"中国奥委会合作伙伴"荣誉称号和"北京2008年奥运会申办委员会热心赞助商"荣誉称号。"农夫山泉"饮用天然水被中国奥委会选定为"2000年奥运会中国奥运代表团比赛训练专用水"。
- **2001年**　2001年6月10日,公司整体变更为股份有限公司,公司正式更名为"农夫山泉股份有限公司"。

- **2002 年** 全球最大市场研究机构 AC 尼尔森的数据显示,中国消费者最受欢迎的六大品牌中,"农夫山泉"是唯一的民族品牌。

- **2003 年** 1997—2003 年,公司相继在国家一级水资源保护区千岛湖、吉林长白山靖宇矿泉水保护区、湖北丹江口建成现代化的饮用水及果汁饮料生产工厂。2003 年春季,公司推出"农夫果园"混合果汁饮料,在上市之初即被业界称为"摇出了果汁行业的新天地"。"农夫果园"的上市,标志着公司从单一的饮用水公司跨入综合饮料开发深加工企业的行列。2003 年 9 月,"农夫山泉"瓶装饮用天然水被国家质检总局评为"中国名牌产品"。2003 年 10 月,公司赞助 1000 万元支持中国航天事业,成为中国载人航天工程赞助商,农夫山泉饮用天然水成为中国航天员专用饮用水。

- **2004 年** 公司推出全新功能性饮料——"尖叫"。2004 年初,公司取得国家质检总局颁发的全国工业产品生产许可证,成为饮料行业首批取得食品质量安全市场准入认证的企业之一。公司在广东河源市万绿湖投资建设中国最大的饮用水基地,华南最大的景点式旅游工厂。

- **2006 年** 2006 年 10 月 17 日,国家工商总局商标局认定"农夫山泉"为中国驰名商标。

- **2007 年** 2007 年 4 月,中国商业联合会、中华全国商业信息中心授予农夫山泉股份有限公司荣誉证书,根据全国大型零售企业商品销售调查统计显示:"农夫山泉"牌瓶装饮用水连续五年(2002—2006 年)荣列同类产品市场销量第一位。2007 年 9 月,农夫果园荣获"中国名牌"产品称号。

- **2008 年** 公司新品"水溶 C100"柠檬汁饮料一炮打响,震撼市场。2008 年 5 月 12 日,四川汶川大地震发生后,公司连同母公司养生堂有限公司第一时间加入抗震救灾中,农夫山泉及养生堂有限公司累计向灾区捐赠 2533 万元的物资及资金。地震期间还组织成立"母亲救护队"到当地医院,陪护受灾的孤儿、残疾儿童,被授予"慈善突出贡献奖"。因公司在抗震救灾中的突出表现,公司被《小康财智》评为"抗震救灾最受尊敬十大企业"。

- **2009 年** 继"水溶 C100"柠檬汁饮料畅销之后,公司推出"水溶 C100"西柚汁饮料。经过中国民营企业联合会、中国统计协会、中国管理科学研究院的综合评定,公司入选 2009 年度"中国民营 500 强"企业。根据 2009 年第 1 号《综合信用等级评估公告》,公司再次被评定为 AAA 综合信用等级企业,该项评定是对企业的经营能力、获利能力、履约情况企业素质、发展前景等方面的综合评估。该项评定由杭州市人民政府授权,杭州市信用管理协会颁发。公司技术中心于 2009 年 10 月被认定为浙江省第十六批省级企业技术中心。

品牌推广故事

农夫山泉,四年三步棋

1998年最响亮的广告语恐怕要算"农夫山泉有点甜"了,这一年,农夫山泉凭借一部成功的电视广告和一句耐人寻味的广告语一举打响了品牌,1998年底,农夫山泉一举杀进全国纯净水行业市场占有率前三名。多年来,每年的饮料销售旺季我们都可以感受到农夫山泉出色的行销所创造的市场业绩,作为一个并没有太多科技含量的产品,农夫山泉却能持续保持高度的市场关注度,这主要是深厚的行销理念和精心策划的结果,本书将尝试解析和探讨农夫山泉多年来的行销理念和行为,以1998—2001年为例。

1998—1999年,差异化行销奠定三足之势

娃哈哈、乐百氏纯净水经过1996年、1997年的广告大战,产品已经在消费者心目中建立起比较稳固的地位,品牌认知度很高,销售渠道已经非常成熟,网络的广度和深度都非一般区域性品牌可比。1999年,娃哈哈纯净水又推出了由歌星毛宁和陈明演绎的"心中只有你"的广告片,依然走明星和音乐路线;乐百氏纯净水继续强化27层过滤的独特销售主张,市场份额进一步巩固。这时的饮用水市场可谓竞争白热化。

1998年4月在中央电视台出现了一部饮用水的广告,引起了消费者的广泛关注,这就是农夫山泉。在这部表现农夫山泉独特瓶型结构和饮用方式的广告中,农夫山泉提出了"农夫山泉有点甜"的独特诉求。在创意的表现形式上,采用带有悬念性的故事情节型手法,把农夫山泉独特的饮用方式淋漓尽致地表现出来。产品还没有上市,广告已经把农夫山泉的名字传遍全国,而"农夫山泉有点甜"的广告语也成为消费者谈论的话题。应该说,这一版广告作为农夫山泉系列电视广告的旗舰,在短时间内就使农夫山泉的品牌知名度从零一下子达到了几乎童叟皆知的程度。细分析其成功的原因,最根本之处在于处处体现了差异化的特点,从农夫山泉个性化的名称,到通过拉动瓶盖饮水的喝水方式,再到"有点甜"的侧翼型诉求,农夫山泉做到了不同于其他饮用水的独特形象。另外,农夫山泉的媒介投放也是大手笔投入,在全国性媒体和地方媒体密集投放广告,短时间内强化和确立了农夫山泉独特的销售主张和形象。

农夫山泉的独特销售主张确立了其高价的价格策略,每瓶零售价始终在1.8元以上,保持了一个高价格品牌的形象。1998年在瓶装水市场竞争如此激烈的状况下,农夫山泉凭借一部创意非凡的广告打开市场,实属不易,其成功值得回味。

农夫山泉避开明星效应和对水质的诉求,而是出其不意,采用感性和理性结合的方式,提出"有点甜"的独特销售主张,这在当时的确是一个非常新颖的策略,使消费者耳目一新,把消费者的注意力从水的质感引导到水的口味上,同时这句广告传播语还为后续的传播奠定了很好的基础,使"有点甜"的内涵随着传播内容的演化而不断深化、升华,不仅仅是简单表象上的口味有点甜,其实还是水质上乘的体现。

1999年,农夫山泉继续差异化的行销传播战略,只不过传播主题逐渐从"农夫山泉有点甜"

逐步转化为"好水喝出健康来",更加突出了水质,同时也佐证了农夫山泉之所以甘甜的本质原因。1999年的广告从诉求角度看,农夫山泉开始相对弱化上市初期"有点甜"的概念,而是更侧重于诉求水源——千岛湖的源头活水,通过各种创意表现形式,消费者认识到农夫山泉使用的是千岛湖地下的源头活水,是真正的"健康水"。另外从专题片中我们也看到了农夫山泉现代化的生产线和可靠的质量。作为一个后势品牌,农夫山泉凭借雄厚的资金实力和灵活多变的广告宣传形式,终于稳稳地坐上全国瓶装水市场占有率第三的位置。

2000年,概念之争站立舆论潮头

2000年,农夫山泉搭上奥运列车,出资赞助中国奥运代表团,成为中国奥运代表团指定饮用水,同时也更换了包装,全新奥运包装全面上市。农夫山泉在传播上很讲究策略,对市场也有很好的把握和拿捏。农夫山泉深知瓶装水不过是一种品类关心度很低的产品,因此,在传播方面只有不断地制造概念、话题和卖点,才能不断引起消费者的关注,使自己的品牌成为高关注率的品牌。因此,三年来,农夫山泉不断推出新的产品概念和主题广告,不同版本、不同主题的广告轮番轰炸,同时又赞助各种体育赛事,从世界杯足球赛、世界乒乓球锦标赛到国内乒乓球擂台赛和2000年奥运会,都留下了农夫山泉的足迹。

2000年3月,法国著名食品生产企业达能集团与乐百氏合资组建的"乐百氏食品饮料有限公司"在业界引起关注。此次合作的项目是酸奶和纯净水。乐百氏与达能合作应该是强强联手的结果:乐百氏希望与达能的合资获得企业发展所需的资金和先进的管理经验,而达能则希望借助乐百氏已经积累的品牌资产,完成在中国市场的迅速扩张。在此之前,法国达能已经与中国最大的饮料企业娃哈哈进行了合资。

2000年的市场变化给农夫山泉带来了巨大的压力,因为随着娃哈哈和乐百氏与法国达能的合资,在资金和管理方面实力将进一步增强。在这种形势下,农夫山泉采取了极端的行销策略,广告一经推出就引起市场的巨大波澜。

在农夫山泉后来的广告中,做了"水仙花对比"实验,分别将三株植物放在纯净水、天然水与污染水之中,我们会发现,放在纯净水与污染水中的植物生长明显不如放在天然水中生长迅速,体现天然水才是有营养水,最后农夫山泉宣布停止生产纯净水。

这个广告在媒体上一播出就引起强烈的震动,不但其他纯净水生产商大为不满,而且媒体也是连篇累牍地报道、追踪,一时间成为热门话题。对于农夫山泉的做法,炒作也好,挑战也好,总之,宣传的轰动效应是达到了,农夫山泉成为2000年瓶装水市场上最引人注目的焦点。其"天然水比纯净水健康"的观点也通过学者、孩子之口不断传播,因而赢得了影响力,农夫山泉一气呵成,牢牢占据瓶装水市场前三名的位置。

一直以来,农夫山泉都强调天然水的产品概念以区别于纯净水,1999年的专题片就强调被污染的水无论怎样净化都不可能恢复到最纯净的地步,就像白色的衣服弄脏以后,无论如何清洗都不可能恢复到原来的白色程度一样;除此,农夫山泉还常常在全国的报纸媒体上发布软性的科普教育文章,介绍天然水的优点;农夫山泉认为纯净水几乎不含任何物质,对人体健康并无好处,

而含有矿物质和微量元素的天然水对生命成长有明显的促进作用。

2000年农夫山泉正式宣布停止生产纯净水,同时,投资3亿元的亚洲最大的水厂——农夫山泉淳安生产基地——建成投产,引进国际一流专业公司的生产设备,采用国际流行的吹瓶—灌装一条龙的生产工艺,全部生产线由电脑自动监控,生产工艺达到国际水平。

2001年,奥运牌确立长远战略

农夫山泉一直以来都与体育有着很深的渊源,除了常规的行销主题传播外,赞助体育比赛也是农夫山泉的重要行销举措之一,1998年赞助法国世界杯,1999年赞助第45届世界乒乓球锦标赛,2000年赞助中国奥运会代表团,这些公益赞助活动对于农夫山泉品牌的提升也都起到了不小的推动作用。但真正形成整体战略性的还要算赞助2008年中国奥运代表团,成为中国奥委会指定"荣誉赞助商"这一重大举措。

赞助2008年中国北京申奥活动具有深远的战略性意义,申奥成功对于赞助商来说自然非同寻常。赞助申奥只是整体策略的开始,关键是怎样利用好赞助2008年申奥这一重大事件,挖掘出鲜明的主题来。在这方面,农夫山泉无疑是行销的高手,农夫山泉在2001年初就点名,由世界冠军孔令辉和刘璇担任农夫山泉的申奥形象大使。这一举动足以说明农夫山泉独特的思路。

2001年1月农夫山泉推出了"一分钱"的电视广告,宣布从2001年1月1日开始到7月31日为止,农夫山泉每销售一瓶天然水都提取一分钱,捐献给中国奥委会,用来支持中国2008年申奥行动。随着孔令辉和刘璇那亲切的笑脸频繁地出现在电视媒体上,农夫山泉支持申奥的主张和独特的方式逐渐深入人心,随着申奥日期的日益临近,申奥气氛日益升温,农夫山泉也不知不觉成为瓶装水市场上的热点。

应该说,农夫山泉的"一分钱"活动是很高明的,企业不以个体的名义支持申奥,而是代表消费者的利益和主张来支持北京申奥,这是一个全新的思路,既不容易看出企业支持申奥背后的商业意味,又可以支持北京申奥的巨大影响赢得消费者的认同和响应,从而促进农夫山泉的销售。为了配合整体的行销,农夫山泉的包装更换成了申奥主题的包装,并把价格降到每瓶1元,有力地配合了"一分钱"的活动,同时也与纯净水直接展开了价格战。

2001年,农夫山泉借北京申奥的主题开展的"捐献一分钱"活动可谓一石击三鸟。首先,奥运主题是一个很好的行销题材,在瓶装水销售的旺季直接借助支持申奥可以赢得更多的注意力和公众好感,借助申奥打价格战则显得自然和顺理成章;借助申奥题材推出的活动可以企业行为带动社会行为,以个体力量拉动整体力量,以商业性推动公益性,是经济效益和社会效益的最佳结合;随着北京申奥的成功,农夫山泉的体育战略有了可持续性和延展性,从2001年到2008年的7年间,农夫山泉无疑将成为北京主办奥运过程中的受益者,农夫山泉可以与北京主办奥运会过程中每一个动作保持紧密的联系,从而产生更多的关注。

瓶装饮用水作为日常生活中一种低关心度产品,能够在短短的四五年时间里,发生如此巨大的变化,除了市场需求变化的影响外,策略性的行销力量一定程度上拉动着市场的需求,推动着行业的发展。

农夫山泉的成功在于深谙瓶装水市场的游戏规则,作为一个市场的后入者,用差异化行销切入市场,并以大手笔的广告投入在短时间内迅速建立品牌认知,从而确立市场地位;在成长过程中,农夫山泉不断地制造话题和行销主题,把一个低关心度的产品制造成为一个高关心度的品牌,这完全是精心策划的结果和策划背后深厚的行销理念的反映。

系列产品

产品名称	产品包装	诉求点	目标人群	广告	主要竞争对手
农夫山泉		弱碱性的天然饮用水	所有人群	农夫山泉有点甜,我们不生产水,我们只是大自然的搬运工	康师傅、乐百氏、娃哈哈
水溶C100		五个半柠檬C,满足每日所需	都市白领、年轻人群	五个半柠檬C,满足每日所需(翻跟头)	"娃哈哈"Hello C饮料
农夫果园		好果汁是种出来的	注重健康的消费者	农夫果园三道关	"娃哈哈"果钙果汁、汇源果汁
尖叫		随时随地,放松自己	运动型饮料	情绪饮料(起跳)	"乐百氏"脉动

分析讨论

1. "农夫山泉"在初期能快速进入饮用水市场是何原因?有何可取之处?

2. 作为"农夫山泉"旗下的各产品线,你认为哪些产品是成功的,哪些是不成功的?面对当前的市场状况,如果你是企业的决策人,下一步将如何调整产品和营销活动?

案例分析 (二)腾讯发展的品牌之路

2010年3月5日19时52分58秒,腾讯QQ同时在线用户数突破1亿,这在中国互联网发展史上是一个里程碑,也是人类进入互联网时代以来,全世界首次单一应用同时在线人数突破1亿。

发展历程

作为在深圳成立的高科技、高成长型企业,腾讯公司在不到10年的时间里,依靠对市场的独特把握,将互联网技术与创意设计相结合,建立了囊括即时通信、门户网站、博客等内容的庞大互联网创意帝国。

专家指出,与新浪、搜狐等门户网站主要靠新闻信息聚拢人气,阿里巴巴靠电子商务赚取利润的商业模式不同,腾讯一开始就把主要精力放在创意产业上,即通过贴近市场需求,设计出个性时尚的虚拟产品,吸引用户使用和购买。这种开拓性的经验,对其他互联网创意企业具有较强的借鉴作用。

腾讯10年时间成长为创意型互联网企业。

腾讯公司于1998年11月在深圳成立,是中国最早也是目前中国市场上最大的互联网即时通信软件开发商。1999年2月,腾讯正式推出第一个即时通信软件——"腾讯QQ",并于2004年6月在香港联交所上市。

作为网络科技创意产业的领军企业,腾讯公司提供多种互联网增值和移动及电信增值等文化产品和服务,为用户带来丰富的"在线生活"互动体验。通过即时通信工具QQ、门户网站qq.com、QQ游戏门户、多媒体博客服务QQ空间和无线门户等网络平台,腾讯服务于中国最大的网络社区,满足互联网用户的在线沟通、信息、娱乐和电子商务等方面的需求。

2010年,在网络游戏方面,腾讯通过增加产品线,并完成对QQ游戏的升级,收入达到1.412亿元。其中,"QQ游戏"门户最高同时在线账户数超过300万。此外,腾讯还提供大型网游、中型休闲游戏、对战平台等近六十款游戏。其中,QQ宠物同时在线突破100万,QQ幻想公测同时在线突破66万。在移动和电信增值业务方面,腾讯收入1.965亿元,仅次于TOM。这些收入主要来自中国移动等运营商的合作,双方共同推广短信业务,从而推动了业务的迅速增长。目前,腾讯移动和电信增值业务还在稳步发展中。在网络广告业务方面,腾讯收入7410万元,这主要归功于腾讯网巨大的人气。据国外专业机构统计,成立仅三年的腾讯网从2006年7月起已成为中国流量第一的互联网门户网站。

腾讯发展创意产业成功,主要是由于以下原因。

(1)庞大的具有高度黏性的用户群。由于开发早,贴近用户需求,腾讯目前已经拥有了一支数量巨大、忠诚度极高的用户队伍。这些用户对腾讯有着很强的依赖性。在现在的网民当中,无论看新浪还是网易的新闻,无论玩盛大还是九城的游戏,电脑上都会挂一个QQ的客户端。

为利用好这一宝贵资源,腾讯通过用户需求分析制定产品战略,围绕用户在不同年龄阶段及不同生活场景中的需求变化进行产品设计,提供更深层的内容服务。目前,腾讯已经拥有QQ、qq.com、QQ游戏,以及QQ空间等四大核心平台社区,根据不同年龄的用户群在不同的使用环境下的各种需求,在这四大核心平台上定制不同的功能应用及增值服务。

(2)"在线生活"的价值理念和个性时尚的文化内涵。腾讯在设计产品时,不仅考虑到用户的需求,更多的是在其中注入自己的价值理念,使其成为一种时尚前卫的网络文化,吸引用户体验、使用、购买。

腾讯公司产品总监介绍,"在线生活"就是腾讯着力打造的价值内核,所谓"在线生活"就是指在互联网普及融入生活的环境下,用户随时随地都能使用网络服务满足日常生活中信息获取、信息沟通、休闲娱乐和交易的需求。

据了解,由于"在线生活"给腾讯的技术产品注入了文化之魂,如今QQ的产品遍地开花,拥有了庞大而忠实的用户,一些不用QQ的人都会被说成是"土"。

(3)成熟、多元的商业模式。任何创意产业想要获得稳定、长远的发展,必须找到成熟的商业模式。腾讯公司针对旗下不同产品,探索建立起不同的商业模式。如作为其核心产品的互联网增值服务,他们就建立了以Q币为基础的交易支付模式,将QQ秀、QQ宠物等虚拟产品直接出售,获得了良好的经济回报。

在线下产品方面,腾讯公司注意与大型企业合作大打"广告牌"。可口可乐、招商银行、联想、中国移动等很多大型企业,已经开始尝试利用腾讯的平台与消费者进行全方位的线上品牌沟通。此外,为利用腾讯巨大的品牌影响力,2000年腾讯开始开展QQ品牌及卡通形象授权业务,授权专业公司生产销售QQ周边产品,并在全国连锁特许零售店销售。

目前,发展创意产业已经上升成为国家战略,互联网创意产业更是大有可为。专家表示,由于互联网的巨大虚拟性和影响力,它与创意产业有着天然的亲和性,"网络+创意"的产业模式将成为未来新型的商业模式。

深圳市特区文化研究中心研究员胡野秋说,当计算机网络的建立使得人类的交往范围急速扩张,网民接触每个单位信息的时间越来越短,与现实环境相比,互联网更容易成为创意设计产品的体验者和传播者。如果探索出成熟的商业模式,互联网将可以将创意转化为效益良好的规模产业。

探究腾讯成功的原因很多,有几点是值得互联网创意企业思考和借鉴的。首先,腾讯在企业文化中确立了"通过互联网服务提升人类生活品质"的企业使命及"以用户价值为依归,发展安全健康活跃平台"的经营理念。发展互联网创意产业,必须注重核心价值的培育和传播。其次,注重研发投入及自主创新。腾讯逐年加大自主研发的投入,研发经费支出占产品销售收入的比重在20%以上。目前腾讯的员工中有50%以上从事研发工作,公司建立了三级的研发体系,第一级是公司级的平台研发体系,第二级是核心产品的平台级研发,第三级是以增值应用为核心扩展应用研发。

此外,发展互联网创意产业还必须重视专利及知识产权保护。作为深圳本土成长起来的创意与科技结合的典范企业,腾讯将知识产权保护及"版权兴业"作为企业发展的重要保障,建立了一套内容涵盖域名、商标、版权、专利、商业秘密的全方位知识产权保护体系。

基于即时通信的电子商务

2005年9月12日,腾讯拍拍网上线发布,2006年3月13日宣布正式运营。依托于腾讯QQ的庞大用户群以及活跃用户的优势资源,腾讯开始发展电子商务平台。

拍拍网目前主要有女人、男人、网游、数码、手机、生活、运动、学生、特惠、母婴、玩具、优品、酒店等几大频道,其中的QQ特区还包括QQ宠物、QQ秀、QQ公仔等腾讯特色产品及服务。拍拍网同时拥有功能强大的在线支付平台——财付通,为用户提供安全、便捷的在线交易服务。

2006年9月12日,拍拍网上线满一周年。通过短短一年时间的迅速成长,拍拍网已经与易趣、淘宝共同成为中国最有影响力的三大C2C平台。2007年9月12日,拍拍网上线发布满两周年,在流量、交易、用户数等方面获得了全方位的飞速发展。据易观国际报告显示,2007年第二季度拍拍网获得了20%的增长,并迅速跃居国内C2C网站排名第二的领先地位。据iResearch艾瑞咨询推出的《2007—2008中国网络购物行业发展报告》数据显示,2007年中国C2C电子商务市场交易规模达到518亿元,其中拍拍网的成交额首次超越TOM易趣,以8.7%的交易份额位居第二。2008年第二季度据艾瑞咨询最新数据显示,拍拍网充分整合了腾讯客户端资源并在购物体验功能上进一步优化,2008年第二季度拍拍网实现了30%以上的环比增长。根据艾瑞咨询《2008—2009年中国网络购物行业发展报告》研究显示,2008年拍拍网交易额增长迅速,份额提升至9.9%,继续稳居国内第二大电子商务平台。

拍拍网一直致力于打造时尚、新潮的品牌文化。2008年11月11日,拍拍网正式宣布:网站新的品牌口号定位于"超值购物、值得信赖",未来拍拍网将着力打造一个"最便捷、最贴心、最值得信赖"的社区电子商务平台,为用户提供诚信、安全的在线网购新体验。作为腾讯"在线生活"战略的重要业务组成,拍拍网依托于腾讯QQ以及腾讯其他业务的整体优势,现在已成为国内成长速度最快、最受网民欢迎的电子商务网站之一,并且帮助几十万社会人员和大学生解决了就业问题。

打造零售金融营销的临界ROI

2008年末,由美国次贷危机引爆的世界金融危机愈演愈烈,这场弥漫全球的金融危机给广告主和消费者都带来了巨大的冲击,广告主营销预算普遍削减,更注重广告投放的ROI,希望把钱更多地投放在媒体价值更高且价格更低的媒体上。

另一方面,中国消费者获取信息的方式也正在改变,根据麦肯锡的数据显示,电视、报纸、杂志等传统媒体的影响力正在逐步下降,而互联网广告影响力增长最为迅猛。以腾讯网等为代表的一批门户网站提供的在线整合营销正是在这样的背景下助力广告主实现高效营销,化解危机。

1. 激活信用卡营销

如果用"瘫过去"来形容各种银行发行的"睡眠卡""死亡卡"的客户,那么,用高效率找到那些单卡消费额和单笔消费额较高的客户,并且激活他们的使用习惯,则可让零售金融的营销"活"起来。而令我们惊讶的是,位居信用卡市场占有率前三名的工行、招行、中信,都无一例外地选择了腾讯。以中信银行腾讯QQ信用卡为例,线上线下申请人次共达54.79万人,半年内成功发卡次数为25.38万张。信用卡活跃度超过95%,63.2%的金卡持卡人月消费额在2000元以上!而腾讯与招商银行的合作也创下了"激活营销"的金融业标杆,对于成功申请招商银行QQ VIP的用户来说,如下的奖励措施简直不可抵挡。2009年11月30日前任意刷卡消费一次,即可获赠两个月QQ会员资格;2009年11月30日开卡并且在开卡后两个月内刷该卡消费满3000元,更可多获赠四个月QQ会员资格。转换一个普通的开卡用户为活跃用户,其实依然有规律可循。

2. 唱响网络经济

实际上,零售金融业与网络的密切结合,并不是偶然。

许多零售金融的从业者都有这样的感受,如果发卡量可以突破某个门槛,则其上升速度会呈现井喷状态。实际上,这和网络业的梅特卡夫定律的作用相同。它表示,网络的价值随着用户数量的平方数增加而增加。换句话说,某种网络,比如电话的价值随着使用用户数量的增加而增加。

而在零售金融业也存在着这种状况,一旦某种应用被大众接受,成为风潮,则非常容易形成快速增长。招商银行的网络银行就是一个典型案例。

从零售金融营销的角度来说,梅特卡夫定律也同样有效,营销平台的价值与其用户基数密切相关。在2008年12月艾瑞对广告主的调查中,网络平台用户访问量被排在了关键因素的第一位。

据腾讯2009年第二季度财报数据显示,腾讯总收入为28.8亿元,环比增长14.9%,同比继续保持79.9%的大幅增长率,其中互联网增值服务收入继续保持惯性增长,环比增幅13.2%,达到21.6亿元。统计数据表明,腾讯网已经成为中国浏览量第一的综合门户网站,电子商务平台拍拍网也已经成为中国第二大电子商务交易平台。这意味着,在相同的投入下,拥有更大用户基数的腾讯,将令千人广告与互动成本更低,且更容易产生网络规模经济,形成消费热潮。

3. 从一开始就找对用户

传统的电视、户外广告媒体,几乎很难得知一个用户的全面信息。因此,多数银行只能通过自己业务数据的累积,来逐步了解用户,然而,这种"马后炮"式的了解,带来的风险隐患也是巨大的。有没有可能从一开始就将客户了解得清清楚楚呢?

这就是腾讯的独到之处,通过"门户+社区+IM"的三大接触点,腾讯已经拥有中国互联网上最大的用户覆盖和最可靠的用户识别能力,能配合金融行业不同产品体验的需求,实现不同产品与不同目标用户群体之间一对一的深度沟通与互动。

在腾讯与中信银行的合作中,就有效地运用了腾讯定向工具TTT(tencent targeting tools),追踪了100万财付通最活跃用户并定向发送弹出窗口,给予这些用户优先申请中信银行腾讯

QQ信用卡的特权,由于这些用户本身就已经在网络支付上相当活跃,因此收效显著,线上申报人数达30万,半年内成功审核20万。

"与传统的门户或者单一的游戏网站相比,腾讯拥有更多用户非常在意的筹码,比如Q币、虚拟形象、会员资格等,所以可以很大程度上激励用户的行为。让用户按照我们的奖励步骤一步步走,从一个贡献度很低的用户成长为真正的VIP客户。银行的单卡消费额、单笔消费额、用户的忠诚度、满意度都在提升,这对大家都是多赢。"

4. 腾讯智慧

在尼尔森中国合资公司CR-Nielsen对银行广告主的一次分析中,他们借鉴了广告投放筹备工作评分卡(readiness scorecard)模型,选择银行广告主作为样本进行分析。结果显示,不重视在线推广的配套工作,可能也是导致传统企业ROI不高的主要原因之一。

CR-Nielsen的副总秦宇认为:"当说到广告投资回报率时,企业往往把更多的责任推给了在线媒体,但却忽略了相当一批企业还用传统的思路去看待网络推广。"依照上述标准可以看出,抽样广告主普遍体现了以"展示效果"为核心的策略,如冗长的文案说明、让人迷失的路径设计、反馈或联系方式不显著,甚至有的就是把宣传册扫描成图片放到了网页上去,至少从表面上没有看出这些广告充分利用了网络的互动特性。

腾讯公司网络媒体执行副总裁刘胜义则认为,腾讯的"门户+社区+IM"的一站式服务,恰恰可以弥补上述互动的不足。他表示,作为中国领先的在线整合营销平台,腾讯公司率先推出包含"可衡量的效果、互动式的体验、精确化的导航、差异性的定位"四元素的Tencent MIND高效在线品牌解决方案,将为中国金融业实现高效、精准、互动的市场营销提供帮助。"人在险境的时候,往往能够有临界状态,发挥高超的技艺,金融业面对危机,对营销ROI的要求也达到了临界状态,我们希望,腾讯可以帮助金融业突破营销极限。"

国际化之路

已经成为世界级公司的腾讯,也开始制造世界级的话题。

腾讯宣布其上市以来最大的海外投资计划之一,拟以3亿美元入股俄罗斯互联网公司Digital Sky Technologies(DST)10.26%经济权益。

腾讯的国际化大动作也引发了种种猜想,但是一个最关键的追问是:腾讯到底有多少国际化的底气?一直以来,中国互联网公司击败跨国互联网巨头已经成为一个本土创新的典型,但是他们也面临一个本土魔咒——很难把自己的彪悍与凶猛向本土之外的市场复制。

首先,看看腾讯国际化的动机。中国公司进行海外并购通常是两类目的:一是为了达成某些战略目标,如进入某个新的市场,获取新的技术,比如联想就是属于第一种;二是追求协同效应。目前来看,腾讯不管是谋求海外市场、技术的动机,还是追求协同效应的动机,都不太强烈。不管联想并购IBM PC,还是吉利并购沃尔沃,那种对非线性变革的渴求非常强烈,有的并购也达到了非线性变革的目的。

再看看腾讯的国际化底气。腾讯之所以成为一个令人恐惧的"本土杀手",就在于它有着强大的底气,可以将它归纳为几种重武器。

（1）平台级公司。"平台"就是在腾讯的体系当中，插什么长什么，长什么活什么。目前看来，它还是一个中国式平台，比如它不够开放。

（2）应用创新＋商业模式创新。应用创新是指腾讯有着强大的基础应用开发及创新，从QQ到QQ邮箱、QQ影音等，它负责吸引用户。商业模式创新则是腾讯庞大而精妙的微支付系统。

（3）数据挖掘。通过对庞大数据流的挖掘，发现大问题及大趋势。

（4）10000小时法则。通往成功的背后，至少有10000小时的刻苦训练。不管是腾讯做邮箱，还是做游戏，能看到这10000小时的艰难。

世界级公司腾讯的确在面临一个世界级难题：相对于产品、技术的全球化扩张，用户体验的全球化扩张更加凶险，一直没有最佳答案，即便是Google、星巴克，也多次焦头烂额。

1. 选择两三家知名网站，对比其定位及发展方向，讨论腾讯的智慧究竟是什么？

2. 发展即时通讯业务对腾讯的意义是什么？对比阿里巴巴等电子商务平台，腾讯的优、劣势在哪里？如何提升腾讯QQ用户对电子商务业务的黏着度？

3. 你认为腾讯的国际化发展之路是否会顺利，对比goole退出中国，腾讯的国际化发展的最大障碍会是什么？

4. 如果你是一个青年创业者，选择互联网形式的创业方向，你更注重哪些因素，为什么？如果让你经营一家网站，你会选择何种经营方向和推广方式？

案例分析　（三）世博会

世界博览会(World Exhibition or Exposition, World Expo)又称国际博览会,简称世博会、世博,是一项由主办国政府组织或政府委托有关部门举办的有较大影响和悠久历史的国际性博览活动。参展者向世界各国展示当代的文化、科技和产业上正面影响各种生活范畴的成果。

基本介绍

世界博览会是一个富有特色的讲坛,它鼓励人类发挥创造性和主动参与性,它更鼓励人类把科学性和情感结合起来,将种种有助于人类发展的新概念、新观念、新技术展现在世人面前。因此,世博会被誉为世界经济、科技、文化的奥林匹克盛会。

世博会举办时间不定,有时数十年举办一次。世博会已经历了百余年的历史,最初以美术品和传统工艺品的展示为主,后来逐渐变为荟萃科学技术与产业技术的展览会,成为培育产业人才和一般市民的启蒙教育不可多得的场所。世界展览会的会场不单是展示技术和商品,而且伴以异彩纷呈的表演,富有魅力的壮观景色,设置成日常生活中无法体验的、充满节日气氛的空间,成为一般市民娱乐和消费的理想场所。

世界博览会是人类的聚会,人们从世界各地汇聚一处,展示各自的产品与技艺,赞美各自的故乡和祖国。世博会会集人类文明之大成,因而具备了无与伦比的感染力,使人心情激荡。这样的聚会可以上溯至古时,早在公元5世纪,波斯举办了第一个超越集市功能的展览会。18世纪末,人们逐渐想到举办与集市相似但只展不卖的展览会。而现代意义的世博会则发源于19世纪中叶工业革命萌芽之际。至今,世博会已经先后举办过40多届。

世博会的由来

在古代农耕社会,人们往往在庆丰收、宗教仪式、欢度喜庆的节日里展开交易活动,后来逐渐发展成为定期的、有固定场所的、以物品交换为目的的大型贸易及展示的集会。这就是世界博览会的雏形。

公元5世纪,波斯举办了第一个超越集市功能的展览会。

18世纪,随着新技术和新产品的不断出现,人们逐渐想到举办与集市相似,但只展不卖,以宣传、展出新产品和成果为目的的展览会。

1791年捷克在首都布拉格首次举办了这样的展览会。随着科学技术的进步,社会生产力的发展,展览会的规模也逐步扩大,参展的地域范围从一地扩大到全国,由国内延伸到国外,直至发展成为由许多国家参与的世界性博览会。

世博会的历史

最早的现代博览会是由德国举办的世界工业展览。1851年,"万国工业博览会"成为全世界第一场世界博览会,在英国首都伦敦的海德公园举行,展期是1851年5月1日至10月11日,主要内容是世界文化与工业科技。借此博览会,英国在当时展现了工业革命后其技冠群雄、傲视全球的辉煌成果。

1855年巴黎世界博览会,主题为"农业、工业和艺术"。1855年巴黎世博会是为了庆祝自滑铁卢战役以来欧洲大陆享受的40年和平。巴黎世博会耗资约500万美元,约有2.1万件展品参展,展现了当时工业和艺术方面的成就。1855年巴黎世博会展出了混凝土、钢制品、铝制品和橡胶等。

二战后,世界人民在满目疮痍的废墟上重建家园,并在恢复生产、复苏经济的基础上,于1958年在比利时首都布鲁塞尔举行战后第一个世界博览会,主题是"科学、文明和人性"。为了体现科学这个主题思想,布鲁塞尔世博会建造了一座原子能结构的球型展馆,代表人类进入了科技进步的新世纪。

1962年美国西雅图举办了一次规模不大的专业性的博览会"太空时代的人类"。博览会展出全新的先进科技——自动售货机和单钢轨铁路,获得了巨大的成功。

1964年为了纪念纽约建城300周年,纽约举办了一次世界博览会,虽主题的格调高雅,即"通过理解走向和平",然而这次世博会浓重的商业气氛,使观众驻足不前,失去了纪念活动的意义。

1967年巴黎世博会已经具备了现代世博会的雏形,会期为1867年4月1日至1867年11月3日,主题为"劳动的历史"。

1970年,日本大阪首次举办了世界博览会,日本人称之为"万国博览会",体现"人类的进步与和谐",向观众展示了继东京奥运会之后,日本在各方面的发展和成就。得益于这次博览会,日本在以后10年的经济发展中,一直保持强劲的势头。

1985年日本再次举办世界博览会,会址是在新城筑波市,即一座距东京50多公里的全新科学文化城。博览会的主题是"居住与环境 人类的家居科技"。

时隔一年,加拿大为纪念温哥华建城100周年,举办了一次以"交通运输"为主题的博览会。

1988年是英国人在澳大利亚建立居住点200周年,为铭记这一日子,澳大利亚在东部黄金海岸城市布里斯班举办了世界博览会。这次博览会的主题是"科技时代的休闲生活",体现了人类在当今科学技术极其发达的时代中的休闲和娱乐。各国都围绕这个主题大做文章,以体育、文娱、旅游、休闲、烹调、园艺等各种内容来体现人类生活的丰富多彩。

1990年日本大阪举办了专业性的国际花艺博览会,主题是"人类与自然"。这次展览会共有82个国家参加,55个国际组织与日本各县市和大企业都单独设立了展馆或展台。

1992年是哥伦布发现美洲500周年,为此,西班牙政府在塞维利亚举办了世博会,把博览会的主题命名为"发现的时代"。世博会占地面积478万平方米,有100多个国家和地区参加,观众达6000多万人次。中国馆展出四大发明及长征系列火箭等,被评为"五星级展馆"。

1993年韩国大田博览会,这是世界上第一次由发展中国家举办的世界博览会(认可类),主题为"新的起飞之路"。中国馆展示了航天科技、三峡工程等,共接待观众350万人次,为各展馆之最,被评为五大最佳展馆之一。

1998年在葡萄牙里斯本举办世界博览会。1998年是联合国批准的国际海洋年,博览会的主题为"海洋——未来的财富"。

2000年德国汉诺威世博会,主题为"人类、自然、科技",参展国家和组织共计172个,为往届世博会参展国家、地区和组织最多的一届。

2005年日本爱知世博会,主题为"自然的睿智"。中国馆接待观众570万人次,为接待观众最多的展馆。

2008年西班牙萨拉戈萨世博会,水塔是2008年萨拉戈萨世博会的标志性建筑,也是萨拉戈萨城市最高的建筑。水塔是世博园中三大主题展馆之一,展览"水——生命之源"主题的场所,为此也称水塔馆。

2010年中国上海世博会,主题为"城市,让生活更美好",它反映了全球城市化进程中对更好生活的追求,同时也体现了对未来城市发展的美好愿景。

世博会管理组介绍

负责协调管理世界博览会的国际组织是国际展览局,英文简称为BIE。国际展览局成立于1928年,总部设在法国巴黎,其章程为《国际展览公约》。该公约由31个国家政府代表于1928年在巴黎签署,分别于1948年、1966年、1972年以及1988年5月31日做过修正。

国际展览局的宗旨是通过协调和举办世界博览会,促进世界各国经济、文化和科学技术的交流和发展。国际展览局的常务办事机构为秘书处,秘书长为该处的最高领导。

世博会分类简介

按照国际展览局的规定,世界博览会按性质、规模、展期分为两种:一种是注册类(也称综合性)世博会,展期通常为6个月,从2000年开始每5年举办一次;另一种是认可类(也称专业性)世博会,展期通常为3个月,在两届注册类世博会之间举办一次。注册类世界博览会不同于一般的贸易促销和经济招商的展览会,是全球最高级别的博览会。认可类博览会分为A1、A2、B1、B2 4个级别。A1级是认可类博览会的最高级别。

A1级世界园艺博览会主要规定如下:

(1)A1博览会必须包括含园艺业的所有领域;

(2)最小展出面积50万平方米,其中建筑物所占最大面积为总面积的10%(不包括用于室内展览的建筑面积);

(3)展览用地面积至少5%应留给国际参展者;

(4)至少有10个不同的国家参展;

(5)财政保证金:20000瑞士法郎;

（6）A1级博览会每年不超过一次；

（7）每个国家每10年中不能举办一次以上A1级博览会，举办时间最短3个月，最长6个月；

（8）对不发达国家免费提供场馆。

世博会品牌效应

世博会究竟可以带来多大的经济效益？这个问题从历届世博会的盈亏不一来看，是一个未知数。但是，毫无疑问，世博会为企业塑造的品牌效应不容小觑。

1853年美国纽约水晶宫世博会一大特色功能，就是孕育并展示了一系列百年品牌。当时，来自二十多个国家的5272位参展商中，许多著名的国际品牌首次露面。

众所周知，奥的斯（Otis）是世界上最大的电梯公司之一，可以说是1853年的世博会成就了奥的斯电梯。其创始人以利沙·奥的斯在1853年只是一个名不见传的机械工程师，正是他在水晶宫旁的观览塔上，对带有安全装置的电梯进行演示，而后使得摩天大楼拔地而起，现代城市迅速长高。

世界上最大的珠宝公司之一——蒂芙尼（Tiffany），最初它只是开在纽约百老汇大街259号的一家文具及日用品精品店。1853年纽约世博会上，蒂芙尼展出的银器获得银奖，从此，它演绎了贵族奢侈品的传奇。而今，它已成为"经典"的代名词，象征着身份与荣耀。

胜家（Singer）缝纫机公司是美国第一家成功的跨国公司，它在1853年纽约世博会上展出的胜家缝纫机已经具备了此后一百多年间的家用缝纫机的基本功能。俄国亚历山大三世命令工人为其帝国军队制作25万顶帐篷时，特地吩咐要用胜家缝纫机。

著名音乐家鲁宾斯坦曾说过："施坦威就是施坦威，世界上没有任何东西可以与之相仿。"以"制造最好的钢琴"为宗旨的亨利·施坦威于1853年在纽约成立施坦威公司，该公司的钢琴随即在水晶宫世博会上展出，并以卓尔不群的品质载誉而归。此后，施坦威钢琴多次在世博会上展出，施坦威公司也成为伴随世博会一起成长的经典案例。

以"美味和娱乐的盛宴"著称的1893年美国芝加哥世博会，成功塑造了琥珀爆米花、蓝带啤酒、凯洛格麦片、箭牌口香糖等品牌形象。

世博会上，中国的品牌第一亮点，当属1915年巴拿马世博会上"一摔成名"的茅台酒。当时参展的中国商家没有包装、广告的概念，别的洋酒都包装得精致、典雅，唯有中国的茅台异常低调。因此，造成了顾客寥寥，少人问津。在临近尾声的时候，一个中国参展人员忽然灵机一动，装作不小心将一瓶茅台摔在地上，顿时浓郁的酒香弥漫四周，众人齐声称赞好酒。于是，茅台酒名声大振，不仅获得了本次博览会金奖，还被评为了世界名酒。

分析讨论

1. 你认为世博会举办的意义有哪些？
2. 成为世博会的合作伙伴，对合作企业来说意味着什么？
3. 有人说，世博会本身就是一个巨大的国际品牌，你认为这样说对吗？为什么？
4. 举例说明国内外知名品牌如何搭载上海世博会进行品牌推广。

案例分析　（四）雨润集团的品牌发展之道

从依靠单一品类起家,并最终走向全产业链梦想的实践者,双汇和雨润无疑是肉制品行业的两个佼佼者。在庞大而繁杂的中国食品领域,这样的企业并不在少数,无论是中粮还是新希望,乃至浸淫多年的金龙鱼,它们与双汇和雨润的产业梦想如出一辙,异曲同工。

立足:竞出 Vs 切入

双汇是从来都不惮于市场竞争的。1984年,双汇的传奇人物万隆临危受命就任厂长时,这个年年亏损的企业一度走到崩溃的边缘。但在万隆的运筹下,漯河肉联厂(双汇前身)将目光朝外,向轻工业缺乏的苏联大举出口分割肉,很快就成为全国最大的肉制品出口基地。不过苏联随后解体,双汇又调整思路,将突破口选在了火腿肠上。与其说是看到了火腿肠市场,不如说是看中了肉制品加工市场。发达国家肉制品消费需求占肉类总量30%～50%,而中国不足1%,肉制品的深加工才刚刚起步。彼时,和万隆有同样眼光的,是一个名叫高凤来的工程师,他领衔春都集团在国内生产出了第一根火腿肠。万隆拿出了企业仅有的1000多万元,从日本、法国、瑞士引进了10条火腿肠生产线。1994年,双汇集团又与香港华懋集团合资,引进资金1.27亿元,建立了亚洲最大的肉制品基地,当年实现销售收入9.9亿元,利税8600万元。

1998年之后,国内火腿肠市场竞争达到了白热化,由于巨额资金集中进入,接踵而至的是整个市场供过于求,价格一落千丈。这期间爆发了一场空前绝后的价格战,发起者是双汇,狙击者是春都。价格战中,100克火腿肠中的猪肉成分,由85%调低到70%,价格随之由每根1.1元调低到9角钱。双方都铆足了劲死掐,60%、50%、40%,比例逐步下调,一直调到15%。当火腿肠降到5角钱一根时,被人生动地调侃为,火腿肠卖的不是肉,而是面粉。

此时的双汇做了一个聪明的决定:声东击西分开产品档次。当年,双汇推出了"双汇王中王"高档产品,以添加大瘦肉块作为产品卖点,以热播的"狮子王"为吉祥物,随后还请来葛优、冯巩做广告。这一招使得其知名度迅速蹿升,在价格恶战中异军突起,"双汇王中王"一跃成为中国高档火腿肠的代名词。此后,春都深陷盲目多元、四处扩张之痛,双汇一举将春都击溃,登上了火腿肠老大的宝座。

1998年,双汇又加快了低温肉制品市场的开发,与意大利著名食品企业——圣福特公司——签订了紧密合作协议,向中国市场引进意大利著名品牌——"马可波罗",生产低温火腿,产品投放市场后同样引得热捧。随后,双汇利用该品牌进行产品延伸,成功推出了高温产品。当年，中国肉类加工第一股——双汇实业——5000万A股股票在深圳证券交易所成功上市。

火腿项目无疑是双汇的起家项目，时至今日，都占据着国内绝对的统治地位。在当年推广资金有限、市场竞争过于惨烈的局面下，初生的双汇选取了一条资源集中于品牌的单品牌发展策略。这样的策略决定了其后来推出的高温、低温、中式肉制品，以及速冻制品、冷鲜肉、冻分割肉等，无一都打上了企业品牌"双汇"Logo，双汇意图以此结成一个战略整体，也给后来者一副神圣不可侵犯的凛然姿态。但这并没有吓到一些善于把握机会者，祝义财便是其中一位。

祝义财出生于安徽桐城，一个出过不少诗人和政治家的地方。祝义财做过公务员，小打小闹地搞过水产生意。1993年，祝义财决定怀揣300万元的原始积累到经济更为发达，信息更为通畅的南京去一展身手。

做贸易出身的祝义财对市场需求非常敏感，他也选中了肉制品加工行业。理由很简单，经济发达了，老百姓开始有钱了，吃肉不再奢侈了。

这一观念并非祝义财独具慧眼，事实上，那时的中国市场如雨后春笋般冒出了2万多家肉制品加工企业，其中双汇、春都、金锣三大巨头垄断了高温肉类制品80%以上份额。雨润曾经也贸然地推出过火腿肠产品，事实证明跟风者只能遭遇溃败。针对当时已经非常火爆的春都、双汇，在迁址南京后，祝义财决定避开它们所在的高温肉方向，搞国际市场上新的主流方向——低温肉制品加工。

1994年，雨润以敏锐的战略眼光，明智地选择了低温肉制品这一最具增长潜力的崭新品类为突破口。此时的双汇、春都、金锣对低温肉制品市场尚无暇顾及，此时的雨润无疑是进入了一个惬意的"市场蓝海"，从而也悄无声息地在高温为主导、铜墙铁壁般的肉制品市场撕开了一个缺口。到1996年，雨润年产值已经超过亿元，迈入国内低温肉制品行业的领军之列。

在占领了江苏全省和上海的市场后，祝义财开始实施攻城略地的计划，并着手梳理和健全现有的营销体系，首先把全国市场划分为华东、华南、华中、西南、西北、东北等片区，相继在全国建立了300多家销售办事处。

1996年，祝义财重组南京罐头厂，这一"蛇吞象"的成功壮举成为全国首例"民企重组国企"的案例，而被外界解读为很好地解决了雨润扩张的模式问题，也给其全国性扩张从实操上提供了一个很好的论证。雨润以低温肉制品这个大类树立起了自己的江湖地位。尽管1998年以后双汇、得利斯、美国荷美尔等发起了一轮轮低温肉制品猛烈攻势，但已经于事无补。

在市场竞争的洗礼中壮大起来的双汇明白这样一个道理，任何的疏忽都可能成为致命的隐患，尤其是像雨润这样的善于把握机会的后起之秀。另一方面，已经成长为巨头的双汇不得不面对的一个现实是：肉制品加工行业产业链过长，市场容量过大，养殖、屠宰、初加工、深加工、高温制品、低温制品、冷冻制品……单纯一个企业不大可能实现对每个环节的控制，每个环节中都有可能冒出一个咄咄逼人的挑战者来。

殊途：单品牌纵横延展 Vs 多品牌精细耕耘

相当长的时间内，双汇选择了主业突出的产业聚焦战略。其思路是：把有限的资源和精力投入到一个主业上，依靠主业的发展带动相关产业，相关产业又反哺主业，支持主业进行市场竞争。

这样的决策来源于试错,有个小插曲是:双汇一度也投资方便面,结果大败而归。在春都多元化溃败的前车之鉴下,痛定思痛的双汇体会到,如果主业未稳就上马其他产业,一是成本极其高昂,二是分散了主业的投入造成主业地位不保。因此,双汇把肉类制品作为自己的核心产业,一切相关产业都只能是为主业的发展服务。1998年后,双汇对产业链进行了横向延伸,并先后上马了纸箱包装、PVDC肠衣、骨素、香精、种植、养殖、大豆蛋白加工、商业连锁、软件等相关产业,全部为支持肉制品加工主业的发展。

在市场范围的选择上,双汇采取了全国性的市场布局策略,这是一种在食品行业被通常采用的模式。中国各区域消费者对肉类的需求有着非常大的差异,单一口味和产品显然无法满足全国市场消费者的需求。同样,在各中心区域的中心城市设厂,则可以更大幅度地降低运输成本。另外,肉制品生产加工需要消耗大量的生猪资源,在生猪主产区设立屠宰加工厂,同样可以保证原料的品质。

双汇的市场布局主要以两种方式展开:一种是资源主导型,如在四川仁寿、山东济宁、湖北宜昌、河南商丘等生猪主产区建立屠宰基地,确保了肉类制品加工的原料肉来源和供应;另一种是核心市场主导型,如在四川绵阳、辽宁阜新、浙江金华、北京、上海等地设立肉制品厂,体现了深入肉制品主销区、占据主要市场份额的战略意图。至2007年,双汇已通过合资、兼并等形式在四川、辽宁、内蒙古、河北、河南、湖北、湖南、浙江、上海、广东、江苏等省市建立了21个屠宰和肉类加工基地,年屠宰生猪1500万头,生产生鲜肉及肉制品220万吨。当然,在这个时候,低温肉制品还只占双汇产业中的一小部分,其主要业务依旧是高温肉制品。

作为一家后起的民营企业,雨润则更熟谙在产业发展战略上的整合之道。民企在快速扩张中急需大量资金,而这样的资金筹措渠道有限而更多是靠自身滚动积累,企业根本不可能有多余的资金用于发展其他产业。

雨润也有过在火腿肠上溃败的切肤之痛,因此在产业链条上,其精力更加专注地用在了低温肉制品的市场开拓上。雨润用整合的方式与全国大量的屠宰厂家建立起了紧密联系,而后者负责为其提供优质的低温肉制品。

由于低温肉制品需要严格的冷链式运输条件,低温产品更有着300公里销售半径的要求,因此,雨润的市场布局,较之双汇更为精细和深入。从1996年雨润兼并南京市罐头厂之后,先后在黑龙江绥化、黑龙江哈尔滨、辽宁开原、北京通州、甘肃白银、新疆石河子、河北邯郸、山东聊城、山东济南、河南开封、安徽宿州、安徽阜阳、安徽寿山、安徽安庆、安徽马鞍山、安徽固镇、江苏连云港、湖南澧县、湖南长沙、江西新余、广西桂林、广东广州、四川内江、四川广元等地建立了36家子(分)公司。

网点看似复杂交集,但由于双汇和雨润主营业务的不同取舍,因此在相当长一段时间内,两者并没有直接的交手,直到2002年之后。

近年来随着消费者生活水平的改善和对营养成分的重视,高温肉制品销量增长开始逐步放慢,特别是城市居民高温肉制品消费量正在下降。而在发达国家消费的生鲜肉中,冷鲜肉已占到90%左右,市场消费取向出现转变。

2003年,双汇上马了生鲜冻品项目,并有意加大低温肉制品市场的投入和产能的扩大,就此形成了高温肉制品、低温肉制品、生鲜冻品三大业务。到了2005年,双汇的低温肉制品销售收入比2004年增长83%。

雨润也反过来开始侵入双汇的领域,并先后上马了高温肉制品、冷鲜肉、中式肉制品、速冻制品等。相比双汇而言,雨润采取了多品牌策略,针对低温、高温、生鲜、速冻、中式、焙烤等肉制品六大类别设立雨润、旺润、福润、雪润、福润得、法香六大品牌,不同品类使用不同的品牌。雨润认为,多品牌可以抢占更多的细分市场份额,又整体增强了企业集团的实力,同时还能够规避某一个品牌的危机对其他品牌的不利影响。

中国肉制品市场容量巨大,渠道终端鱼龙混杂,相比而言还是一个不太成熟的市场。作为非工业化品,品牌形象如何树立?食品安全如何保证?基于诸多考虑,双汇决定自建渠道,开始在中国率先引入"冷链生产、冷链运输、冷链销售、连锁经营"的肉类营销模式。

从1998年开始,双汇把在全国建设2000家冷鲜肉专卖连锁店作为企业发展的重大战略,并通过直营、合资、加盟等方式,在北京、河南、四川、山东、湖北、湖南、河北和安徽开设了500多家连锁店。此方式节约了终端的高昂营运成本,还以独特的销售形式扩大了企业品牌的知名度和影响力,更把竞争对手排除在外。

2002年,双汇更是把肉类连锁店开到了雨润的大本营——南京市。此方式很快为雨润所效仿,2003年5月,雨润投资1000万元注册成立了南京雨润商业管理有限公司,也开始大力发展特许加盟连锁店。

双汇的要求条件较高,而雨润食品专卖店更具有投资少、店面小、加盟方式灵活等特点。其所要求的专卖店面积只需30～40平方米(双汇为100平方米以上),门店装修只需区区5000元,特许品牌使用费也只有5000元,这样只要投资5万元就可以设立一家雨润食品专卖店,这使加盟的速度远远超过双汇。短短两年的时间,雨润就在全国发展了连锁专卖店810家,遍布全国11个省、直辖市的40多个城市,形成了以宁沪杭为轴心、各冷鲜肉加工公司为中心的连锁网络。雨润的渠道战略推进的速度更快,对渠道掌控能力的优势也更加凸显。

资本:系统化谋局Vs战略式变身

2004年,双汇销售额突破150亿元大关;同期的雨润销售额为80亿元。

梳理两者的产业链条,不难发现,双汇和雨润不知不觉中已囊括了主营产品、相关产品多元、上游布点、渠道终端四个环节的把控,这在其他行业中鲜见。事实上,对有着特殊要求和客观限制的肉制品加工行业而言,这只是一条再简单不过的逻辑。对双汇和雨润而言,主营产品都只是产品中的一个小类,只有相关产品的多元化才能实现产品线的丰富;再由于对生猪资源的依赖以及冷链产品的特殊性,只有在各地设点布局才能满足要求;肉制品非工业化品的特性也决定了要保障食品安全,因此需要完全把控渠道,从而又有了肉制品连锁店这一新鲜业态。

由于全国性扩张的大量布点,雨润和双汇都面临着一个问题,即需要大笔的钱才能支撑这个体系,但钱从何来?雨润将目光盯在资本市场上,肉制品行业由此开始步入资本时代。

祝义财在资本市场上无疑是个高手,这位肉食大亨的胃口并不小。他曾为自己定下了一条规矩:三年收不回成本的项目坚决不做。雨润集团先后切入房地产、高科技和金融等领域,无一不是收获颇丰。

2002年4月,祝义财出手收购了香港上市公司东成控股,迈出了向资本市场进军的第一步;其后,祝义财又通过雨润旗下的江苏地华房地产公司连连举牌,在二级市场悄然购入南京中商。2004年11月,江苏地华举牌南京中商,并最终成为南京中商第一大股东。2005年3月,高盛鼎晖和新加坡政府投资基金联合向雨润食品投资约7000万美元,并约定帮助雨润在香港H股整体上市。

高盛入股雨润并非仅仅是一个简单的战略投资,这个对产业无比敏锐的PE掠食者通常都选取最优质的对象作为合作伙伴,而最终往往可以左右行业大势。2005年10月,雨润在港整体上市,一举募得资金20多亿元。上市当日,祝义财信心满满地预计来年,全年的纯利将不少于3.35亿元,较去年增长逾1倍,派息率将不少于纯利的25%。

雨润宣称将"继续通过选择性收购,改善现有生产设施及兴建新厂房,扩充生产能力",雨润财务总监表示,该公司在2007年至2008年间的资本开支将达到9.8亿人民币。这笔资金主要投资在扩展上下游业务、自建厂房及并购领域。

相对于雨润的频频发力,双汇压力倍增。作为一家国有企业,漯河是双汇的生产基地,该市的一半税收来自双汇。漯河雄心勃勃地要打造"中国食品名城"。在各级政府的规划中,双汇进一步做大做强,走国际化道路,成了一件刻不容缓的事情,"到'十一五'末期,双汇肉制品产量进入世界前三强,销售收入达到500亿"。初步测算,双汇此后五年要投入100亿元。在计划中,双汇还将进军医药领域,这些无疑都需要资金的支撑。

双汇也选择了引入国际战略投资者的道路,只不过,它选择的方式是将自己卖出去。2006年5月,高盛通过旗下的罗特克斯公司以20.1亿人民币的价格收购了双汇集团100%股权,间接控股上市公司双汇发展35.72%的股权。

在两巨头还来不及大展拳脚时,一场"猪荒"却不期而至,这让双方都有点措手不及。自2007年5月开始,由于国内生猪供需失衡,加上饲料价格大幅上涨,2007年下半年,国内生猪价格较2006年平均上涨63.5%。随着原料成本上涨,全国肉制品加工企业普遍开工不足,大型企业产量减少30%~50%,大量肉制品加工企业因为猪源不足而停产。

在肉制品行业中,生猪价格通常占到成本的50%以上,2007年生猪价格大幅上涨,雨润的平均生猪采购价格上升了63.5%,在猪源上并不占优势的雨润显出了它的市场短板。

在此之下,一直以整合方式展开业务的雨润,开始考虑进入上游的"生猪养殖业"。雨润董事长祝义财表示,雨润一直有意拓展生猪养殖行业,目前已取得相当的养殖知识。在实施上,雨润还是表现出了一定程度的谨慎,宣称最快会在2010年涉足生猪养殖业务。

双汇相对而言压力稍轻。早在2000年,双汇就切入养殖业务,建有种猪场和商品猪场。2004年,双汇又开始与日本、韩国合资,建立了四个养猪场,并首次引进1000头丹麦纯种良种猪进行培育。"猪荒"来临,双汇有意调整了策略,2008年7月,双汇宣布,将联合另一投资方,增加投资7155万元,用于建设年出栏商品猪20万头规模的养殖场,该项目将于两年内建成并投入使用。

祝义财的考虑和双汇20万头猪养殖计划的试探,都谈不上大手笔,更多是在观望。双汇发展董事长秘书说:"虽然目前处在停产边缘的肉类加工企业为数不少,可以趁这个机会扩张,不过现在是否是合适的并购时机,我们依然要慎重考虑。"雨润在外界看来的洗牌机会面前,也显得非常冷静,雨润投资发展部总经理表态称:"标的企业还是很多的,不过我们收购屠宰企业的标准是产能50万头以上。"

彼时,双汇和雨润的处境可用一幅漫画来形容:拿着大把的钱,站在牌桌前,桌上一副好牌,但拿钱的人却没有下注——蛰伏是这一阶段最贴切的描述。

提速:横向激进并购 Vs 上游小心求证

2008年8月,国家《生猪屠宰管理条例》出台,条例首次体现了国家规范生猪屠宰行业、扶植大型企业的决心和意志。

自2008年下半年以来,外资进入中国"跑马圈猪"的消息开始层出不穷地出现,无论是美国的艾格菲,还是泰国的正大,都显示了要在中国大干一场的热情,它们马不停蹄地收购工厂、扩充产能,毫不掩饰对这个行业的热情;这一期间,国内的热钱资本也开始冲动地切入这个领域。

到了这个时候,两巨头都不约而同地意识到:机遇来了,挑战也来了!一头生猪从仔猪到出栏通常要较长的时间,产业的布局通常都需要提前修整。肉制品领域已进入了整条产业链竞争的时代,也只有通过从上游并购到下游品牌整饬,构筑一个较高的产业链壁垒,才能在未来的竞争中掌握话语权。

向上游扩张,而后成了两大巨头的共同目标,一场收购的比拼在2009年由此不宣而战。

雨润迅速将目标调整为扩大产能,并锁定上游的屠宰领域,力图有更大作为。中国的生猪屠宰还是一个比较分散的产业,国内包括雨润在内的前三大生猪屠宰企业每年的屠宰量不到3000万头,占全国生猪出栏头数比例不足5%。而在美国,猪肉加工四强企业占全国加工能力的50%以上,荷兰猪肉加工三强企业的加工能力占全国的74%,丹麦最大猪肉加工企业的加工能力高达全国的80%,作为一个国家极力推动的产业,屠宰必将面临一个较大的整合。雨润采取了一种激进的扩张方式。2008年11月,雨润与周口市政府签订了投资协议,建设生猪屠宰、分割、冷藏、肉类深加工项目,预计每年屠宰250多万头生猪,销售额达30亿元;2008年12月23日,雨润食品通过全资附属的马鞍山雨润食品有限公司收购了湖南辉鸿食品有限公司;2009年1月,雨润收购了腾尔(河南)牧业科技有限公司全部屠宰、生产及销售冷鲜肉及冷冻肉业务连同相关资产;2月10日,雨润以1.82亿元的价格,收购山东滕州东启肉类加工有限公司。雨润的连续出招还包括:投资2.5亿元的百万头生猪屠宰加工项目在新疆石河子开工;总投资10亿元的沈阳雨润已开始试运行;2009年7月,雨润在新乐市的120万头生猪屠宰加工项目也正式签约;12月22日,雨润绵竹福润肉类加工有限公司正式开工建设,该项目计划年屠宰生猪能力达到150万头,实现年产值15亿元。

至于在养殖环节,雨润依旧保持谨慎,不过祝义财表示,雨润并不会放弃生猪养殖,而是在等待适当的时机:选择在生猪、仔猪的交易价格比较低的时候介入。

双汇则将重点放在了养殖和相关肉制品领域的横向延展上。比起雨润,双汇的决定经历了一个反复思考的过程。双汇发展部负责人曾说:"我们现在做的也是一种尝试,要根据结果再决定接下来的扩张计划。"至于产业链的建设方面,他一度表示,还没有一个明确的思路,要看目前项目运行的情况。

双汇的犹豫并非毫无道理,事实上,生猪规模化养殖成本高,疫情控制风险较大,长期来看对于企业盈利能力的增强不一定明显,双汇多年的养殖业务也还仅仅停留在试探阶段。不过在外资的跑马圈地和雨润的强大压力下,双汇很快意识到,在自己已有一定基础的养殖领域上纵横延伸并非毫无作为。

2009年5月20日,河南叶县双汇牧业有限公司15万头生猪育肥项目正式开工,双汇继在叶县上马20万头商品猪项目之后,又一重大养殖项目上马;8月,双汇集团与济源市正式签约,宣布在该市开工建设50万头生猪养殖项目;2010年1月,双汇集团和日本火腿集团合作,总投资达17.2亿元的中国最大养鸡项目在河南省漯河市正式开工。漯河市官网披露,双方合作的项目为双汇万中禽业,一期为5000万只肉鸡产业化项目。此前不久,雨润位于四川绵竹总投资为2.5亿元的生猪屠宰项目也急速开建。

由养猪到养鸡,双汇的这一举动被解读为推进新产业的有效尝试。双汇的介绍中,该项目实行"公司＋基地"的生产模式,涵盖种鸡饲养、种蛋孵化、饲料加工、肉鸡屠宰、肉制品加工、物流运输、有机肥生产等众多环节,形成从自繁自养到鸡肉销售的大产业链,双汇意图在其他领域复制猪肉制品加工模式。按照双汇规划,在2010年屠宰生猪达到2500万头。2009年,双汇总计约投资30亿元,在本地和异地建设项目20个,用于发展饲养、屠宰和肉制品加工以及配套产业化项目。

中国的生猪多以散养为主,如果这些资本大佬们所养的猪占总量的5%,而其他的养猪户仅占0.001%,那么PE就占有了绝对的定价权。绝对的定价权就产生绝对的垄断地位,它们可以通过降价的方式使小的养猪企业退出,最终形成垄断。而定价权要依附于健全的产业链,所以一体化的企业成了控制定价权的"金钥匙"。

分析讨论

1. 对比雨润与双汇两家企业发展方向的异同。
2. 谈谈你对中国农副产品的认识。

案例分析 （五）中国电影品牌——华谊兄弟

企业介绍

华谊兄弟传媒是中国最知名的综合性娱乐军团之一，由王中军、王中磊兄弟于1994年共同创立，其前身是华谊兄弟广告公司。

1998年，华谊兄弟投资了著名导演冯小刚的影片《没完没了》以及姜文导演的影片《鬼子来了》，正式迈入电影行业。此后，华谊兄弟全面投入传媒领域，其投资及运营领域涉及电影、电视剧、艺人经纪、唱片、娱乐营销，在国内业界迅速崛起，声名远扬，现已成为中国最成功的民营影视公司之一。

2009年9月27日晚，中国证监会宣布，华谊兄弟传媒股份有限公司顺利通过第七批创业板拟上市企业审核，计划发行4200万股A股，发行后总股本将达到约16800万股；在发行前，公司每股净资产为2.22元。

公司构架

1. 华谊兄弟影业公司

从1998年，投资冯小刚电影《没完没了》以来，华谊兄弟分别出品、制作发行电影近百部，到2009年为止，华谊兄弟电影每年都有多部影片成为年度票房前列，其中《可可西里》《天下无贼》《卡拉是条狗》等优秀影片更是在国际、国内荣获多项奖项，赢得了广泛的认可与赞誉。

华谊兄弟影业形成了电影策划投资制作、营销、发行的完整电影运营阵容，是少有的具备完整产业链的电影企业。

2. 华谊兄弟文化经纪公司

华谊兄弟文化经纪有限公司是一家专业的文化经纪公司。公司创建于 2000 年,是国内较资深的经纪公司之一。

华谊兄弟文化经纪有限公司主要从事艺员影视剧拍摄、广告代言、形象包装、演出、法律咨询等工作。公司签约了如周迅、李冰冰、张涵予、黄晓明、王宝强等诸多明星,雄厚的实力在中国的经纪公司中首屈一指。

3. 华谊兄弟音乐公司

华谊兄弟音乐有限公司是目前国内原创歌手实力最强的唱片公司。公司涉足唱片制作、发行、艺员经纪及商务发展等音乐领域,利用自身资源优势,整合旗下艺人,互动合作,为大众制造品质超值的视听盛宴。

4. 华谊兄弟娱乐营销公司

华谊兄弟娱乐营销公司是国内首家且唯一一家具备卓越专业能力、拥有独立优势的娱乐整合营销公司。公司依托华谊兄弟传媒丰富的娱乐资源,以策略为引领、创意为核心,植入营销为手段,为客户提供专业化的娱乐营销方案服务和品牌推广策略规划,全力打造国内一流的整合娱乐传播品牌。

5. 华谊兄弟电视剧公司

电视剧是华谊兄弟传媒产业链条中的重要一环,华谊兄弟电视剧事业部致力于秉承专业精神,打造电视剧精品。公司每年以高达 500 集的生产量占据中国电视剧市场的领军位置,并形成了一套从策划、投资、制作到发行的完整运营体系。公司旗下现有张纪中工作室、李波工作室、周冰冰工作室、王芳工作室、陈剑飞工作室,康洪雷工作室。

近年来推出了一系列优秀剧作,并与海内外合作伙伴建立了相互信任的关系。

经营理念

(1)华谊的核心竞争力:强势产业链。

(2)华谊最依赖的融资方式:银行贷款和上市。

(3)华谊最看重的成功元素:品牌和人才。

运作特点

(1)大制作。成功借鉴好莱坞大投入、大产出的商业模式是华谊兄弟在国内业界频频取得成功的法宝,今天"大制作、大手笔加影视大腕"已成为华谊兄弟的投资经验和原则。同时,在运作的每一个环节上,华谊都在力求从三个方面做到专业化:第一是密集资本投入实现规模化生产;第二是专业化分工;第三是技术先导。

(2)海外分账。在中国电影界,华谊兄弟是第一个吃螃蟹的人,除了票房收益外,影片发行的海外渠道是华谊兄弟得到的最大硕果,由此一条中国电影打向世界的道路展现在华谊的面前。

管理机制

出色的资金链管理,使华谊兄弟实现了小制作向大片的转型,并通过收购向电视领域扩张。同时,其独到的人才管理模式则大大拓展了明星代言等收入,齐全的架构也为它未来的业务拓展做了铺垫。

对导演:华谊兄弟采取独立制片人制度。

对演员:演员不仅受导演管理和调度,而且独立计算贡献,即计算单个演员为公司带来的利润。

资本运作

华谊在运用资本的过程中,手法的高明之处,就在于始终处于主导地位,将资本驯服为企业的工具。华谊巧妙地选择和利用自己的优势地位,始终控股50%以上,充分保证了对企业的主动权。

华谊成功运作资本的另外一个策略,是将引入的资本额始终控制在企业发展的预期之中,既保持充足的来源,又不至于使企业最后被资本拖累,无退出的能力。

华谊成功的第三个因素,在于其本身的业绩良好。对于投资机构与企业而言,资本的意义是不同的。对于企业来说,资本始终是一个助推器,而非企业之根本。华谊在数次引入资本的过程中,均是在企业处于快速发展阶段,因业务拓展而产生资金需求,而不是企业遭遇危机时,寻求资本以解燃眉之急。

三次私募

华谊先后进行了三轮私募,采用国际流行的"股权融资+股权回购"的操作手法,先从其他原股东手中溢价回购股权,再向新投资者出售股权融资,这样不仅保全了影片版权的完整性和对公司的控股权,也强化了外部资金的流动性,以便在获利后安全退出。

(1)回购太合股权,引进TOM集团。2000年3月,太合集团出资2500万元,对华谊兄弟广告公司进行增资扩股,并将公司变更为"华谊兄弟太合影视投资有限公司",太合集团与王中军兄弟各持50%股份。2004年底,一直在国内谋求机会的TOM集团,表示有意入股华谊兄弟。王氏兄弟觉得正好可以借此机会,回购太合集团的股权。

(2)游说马云入股,回购TOM股权。2005年12月,华谊兄弟进行了新一轮私募,这次引进的对象是马云所掌控的中国雅虎。

(3)引入分众,为IPO铺路。2007年,华谊兄弟展开第三轮私募。分众传媒联合其他投资者向华谊兄弟注资2000万美元。

目前王氏兄弟在华谊兄弟持股大约占50%,冯小刚、张纪中、黄晓明、李冰冰等明星都持有公司的股权。

融资形式

第一,引进其他影业公司合拍影片。《功夫》和《可可西里》均与索尼—哥伦比亚合拍;《大腕》也是与哥伦比亚(亚洲)共同投资2500多万元所拍;《情癫大圣》是与香港英皇合作;《天下无贼》《夜宴》与香港寰亚合拍,分别投资了4000万元、1.28亿元;《墨攻》则采取了亚洲四个主要发行地区的公司联合投资,并负责各自区域电影发行的方法。

第二,引入风险投资(VC)或私募股权投资(PE)。此举除了引入资金,更重要的是引入了审计和财务管理制度,引入了资金方对资金使用的有力监管,从而保证了严格的成本控制。

第三,运用版权从银行等金融机构贷款。收编冯小刚、张纪中对于华谊兄弟版权融资意义重大。由于有大牌导演、大牌明星加盟作为票房保证,中国信保帮助《夜宴》从深圳发展银行拿到了5000万元的单片贷款,冯小刚的《集结号》争取到5000万元无抵押贷款,张纪中的《鹿鼎记》也得到银行资金支持。

第四,开拓版权预售,加快回笼资金。大片上映之前,片商即可以通过向海内外的发行公司和放映公司预售发行权、放映权,收取定金或"保底发行金"以支持影片的制作,同时也能以预售合同为担保融资。而通过海外版权预售,《大腕》改变原来买断发行的方式为全球票房分账体系,获得了不菲的版权收入,《墨攻》则拓展了日本、韩国、港台等市场。

第五,拓展电影后衍生品市场。长达50年的著作权保护期限,使得电影后衍生产品可以异常丰富,版权交易是个尚待开发的巨大金矿。《手机》铃声出售给摩托罗拉,《天下无贼》短信满天飞等创新,都是华谊兄弟成功运作电影后衍生品的结果。

第六,通过贴片广告与植入式广告获得收入。由于受众数量巨大,电影及相关场所天生是个广告载体。在植入式广告的运用上,华谊兄弟的电影也远远超过其他片商,《大腕》《手机》《天下无贼》等都大量植入了摩托罗拉、淘宝网等广告,由此带来了不菲的收入。

开国内"植入式广告"之先河

在《非诚勿扰》中,一眼被观众看出的广告就达15处之多。中国移动、海南航空、清华同方电脑、茉莉餐厅、巴黎贝甜咖啡、剑南春、招商银行、摩托罗拉、杭州西溪湿地、斯巴鲁汽车、北海道旅游局、中信证券、温莎威士忌等商品或被特写,或被加入台词。

在美国电影营销中植入式广告已成惯例,中国在这一方面还在逐步成熟中。在植入式广告的运作方面,华谊兄弟在国内是走在最前面的。他们的经验积累可以追溯到冯小刚导演的早期作品《不见不散》,那部影片的赞助商就是宝马。现在华谊兄弟在影片中插入广告已得心应手,这大大减小了投资风险。

电影出品方华谊兄弟表示,电影植入广告基本是制片人直接与广告商进行洽谈,合同细致到产品究竟出现几秒钟。在引入广告时,根据具体的剧情要求来寻求合作方。

影视公司会先了解企业和产品的发展、特点、档次、消费人群等,从而向他们推荐能植入的场景。简单的场景植入并不是不好,也要看企业产品的具体情况,比如成熟的品牌就是比较适合做这种植入的。另外还需根据剧情,把产品尽可能地融入情节中。至于电影的植入广告会不会引起观众反感,关键要看导演的功力,巧妙做到"润物细无声",让它们自然地与剧情、人物融为一体也是各方的目标。

华谊,未来华纳?

华谊兄弟这个名字会让人联想起那个汉语译名只差一个字的好莱坞电影大鳄——华纳兄弟。这一字之差的用意很容易地得出一个结论:"华谊兄弟"自降生的那一刻开始,它的创始人王氏兄弟就给予其极大的厚望。他们希望将华谊兄弟打造成中国娱乐事业中的百年老店,成为影响力巨大的娱乐公司。经过一系列的调整,华谊兄弟在中国娱乐公司里是公司架构最合理、产业链条最成熟、发展模式也是最先进的公司之一。

随着中国文化产业的发展,以及中国电影市场的成熟,相信华谊兄弟一定会在国际市场占有一席之地。

分析讨论

1. 近年来,电影市场火热,谈谈你的看法。
2. 华谊兄弟的上市,对华谊兄弟的影响是什么?
3. 什么是"植入式广告"?你如何看待电影植入式广告?

案例分析 （六）通用汽车的品牌衰退

通用汽车在多次请求政府资金援助未果的情况下,于2009年6月1日正式宣布申请破产保护,全球一片哗然!是什么原因让这个百年老店难以为继?混乱的多品牌策略使通用汽车市场份额连年缩水,并导致严峻的资金链问题、劳工问题等。让我们来了解一下这家汽车公司品牌百年兴衰的"前世今生"。

利润导向成为始作俑者

威廉·杜兰特(William Durant)于1905年创建通用汽车公司,那时他就预见到一个巨大的"全方位"市场,杜兰特打算向市场的各个阶层提供汽车,因此,公司创立没多久,他就开始着手并购已有的汽车公司。到1910年,他已经收购了17家汽车公司,其中包括奥兹莫比尔、别克和凯迪拉克,通用汽车王国逐渐形成。同一化战略确实为通用汽车带来了短期的可观利润,可是慢慢地,各个品牌无论从内部还是从外部,都丧失了原有的个性。与此同时,收购的品牌由于没有进行合理规划,混乱的局面也开始逐渐产生,产品定位和价格区隔并没有呈现出明显差异。当杜兰特的后继者阿尔弗雷德·斯隆(Alfred Sloan)在1921年接管通用时,通用汽车的品牌架构简直是个品牌大杂烩。在价格方面,这些不同品牌之间的差异并不那么明显。而在那个时代,价格是区隔市场最为主要的标准。价格的趋同必然导致内部不同品牌之间的相互竞争,而不是和真正的对手福特公司较量,由此必然形成巨大的内耗。当时拥有七个品牌的通用汽车公司的市场占有率仅为12%,而只拥有一个品牌的福特公司占据了美国汽车市场一半以上的市场份额。斯隆接手之后,决意改变这种局面,推出品牌方阵来与福特对垒。他推行事业部制管理模式,筛选出五大品牌,并分别制定了相互没有重叠的价格区间,那些不符合此计划的品牌则被放弃。经过十年努力,通用汽车旗下各个品牌的定位逐渐被市场所认同,到1931年,它在美国市场的占有率达到31%,从福特(28%)手中夺得了领导地位。福特公司此后再也没有能够回到这一位置。而到了50年代,通用汽车一度占领了57%的美国市场。至此,斯隆领导的这个公司开始受到人们的顶礼膜拜,而斯隆为通用汽车设计的事业部制也成为管理学界的组织典范。然而,多品牌的发展容易趋于无序。如果没有高层决策者的铁腕统治,各个品牌的定位就会变得涣散、混乱。到1958年,财务出身的CEO弗雷德里克·唐纳(Frederic Donner)掌握了通用汽车公司的领导大权,他决定通过"产品同一化"来增加利润。从此高层管理者不再协调监督下属分公司,也不再保持和强调每种品牌的独特特征,而是以利润为导向。于是,每个事业部都开始偏离斯隆苦心制定的品牌政策。为了追逐短期的数字目标,通用旗下的不同品牌,分别推出了不同价位的汽车,每一个事业部都试图为所有顾客提供所有产品。同一化战略确实为通用汽车带来了短期的可观利润。可是慢慢地,各个品牌无论从内部还是从外部,都丧失了原有的个性。本来,通用汽车的五大品牌都有自己的特征。由于标准化的、通用的汽车部件的使用,许多品牌汽车的外形开始趋同,价格也开始趋同,以至于在1983年,《财富》杂志在一期封面文章中,把通用汽车公司旗下的雪佛兰、奥兹莫比尔、别克和庞蒂亚克4款车停放在一起的照片登在封面上,从4款车的外形上看几乎一模一样。到1980年,通用汽车的整体市场份额开始逐渐缩水,降低至40%左右,而在1990年,则连30%都不到了。斯隆对多品牌的超凡理解再也无人欣赏,各种品牌之间变得没有什么清晰的界限,价位重叠,互相竞争。其中价格落差最小的是土星和凯迪拉克,而它们正好是当时通用汽车旗下最成功的两个品牌。

虎头蛇尾的"土星计划"

土星是通用汽车为与日本车抗衡而推出的小型车品牌。众所周知,从20世纪70年代中期到80年代中期,日本车在美国轿车市场的占有率迅速攀升到30%。但鲜为人知的是,这些市场份额1/3是从德国大众手中夺得,该公司在20世纪70年代曾拥有10%的市场份额,10年后几乎全部拱手相让给日本企业;另外20%的美国市场,却是从通用汽车那里夺过来的,因为福特和克莱斯勒的市场份额实际上是增加的。通用汽车在这些年里除了在价格和折扣上做文章以外,几乎无所作为,而价格和折扣的把戏如石沉大海,收效甚微。终于,为了抵御日本车的压力,通用汽车在1983年11月推出"土星计划"。这项计划是根据美国20世纪50年代的太空计划而得名,该太空计划旨在赶上苏联的人造地球卫星在太空竞赛中所处的领先地位。通用汽车公司的"土星计划"也是旨在赶超日本人,并为此成立了独立的土星公司,创建了新的销售模式及分销网络。由于许多美国人都十分渴望拥有一辆新款的美国车,土星车于1990年一上市就轰动一时。1992年,它被评为"最受欢迎的国产车";1993年,土星公司销售28.6万辆,并且无法满足其分销商对货源的需求。与此同时,它在加利福尼亚击败了日本汽车厂商,那里基本上是本田公司和丰田公司的大本营。1994年初,土星公司出现了存货飞涨、销量下降、广告宣传停止、生产能力有限、增加经销商计划搁浅的局面。因为在土星销售额增加的同时,其他品牌(如奥兹莫比尔和别克)的销量却在下降,通用汽车公司的一位高级执行副总裁说:"土星公司已经和公司其他业务一样在争夺资金,它给公司其他业务带来麻烦。"随后,通用汽车开始扼杀土星,不再向它投入扩大生产、开发新车型的资金,资金被用来改进奥兹莫比尔和别克。这意味着土星公司不得不推迟升级新车型的内部构造、完善它们的外形、安装更现代的发动机和底盘、增加生产能力以实现年产50万辆车的计划。就在土星即将进入轨道并战胜日本汽车厂商时,通用汽车公司却停止资金支持。情况实在令人费解,因为在最初构思土星公司的时候,认为它只有年产50万辆并生产较大车型时从经济上才是可行的,但在建立一个新企业所必要的所有研发、生产和营销投资投入之后,通用公司突然决定把其投资转向其他事业部,可奥兹莫比尔和别克并没有得到好处,它们仍然是江河日下,而土星几乎被毁了,土星工厂的生产能力停留在年产30万辆的水平,生产较大车型的计划也延迟到以后年度。在2009年通用汽车的重组计划中,土星已明确将被出售。它会不会像奥兹莫比尔一样,从"合金之王"最终变成一堆废铁呢?

"老爷车"淡出历史

奥兹莫比尔(Oldsmobile,国内也有人把它译为"老爷车")诞生于1897年,1908年奥兹莫比尔公司并入通用汽车公司,后来成为通用汽车五大核心品牌之一,为公司在20世纪50年代占领美国汽车市场57%的份额立下了汗马功劳。名字就是定位,由于名字带有"老"(olds)字,这个品牌始终没有脱离豪华保守的形象。事实上,奥兹莫比尔一直是车坛的先锋,1901年率先给汽车装上车速表,20世纪20年代最早在车上使用镀铬合金装饰而被称为"合金之王",十年后,成为美国第一款拥有全自动变速箱的汽车,但名字给人的印象很难改变。1977年,奥兹莫比尔成为通用汽车旗下除雪佛兰之外销售超过100万辆的第一个分支品牌,1985年产量1168982辆,达到了它的最高峰。然而到20世纪90年代初,奥兹莫比尔是通用汽车所有品牌中销售最差的。由于与别克品牌重叠,通用汽车公司决定让别克继续留住老用户,而让奥兹莫比尔吸引年轻人,光是数款新车的推出,耗资就超过30亿美元,可惜收效甚微。它推出主题为"这不是你老爸的奥兹莫比尔"的广告宣传项目,并砸下了上亿美元的资金,可就是不招年轻人的喜欢。2000年12月12日,通用汽车公司不得不宣布"一个痛苦的抉择":将放弃奄奄一息的奥兹莫比尔。这一决定令全球汽车界震惊,也令那些奥兹莫比尔的拥趸们倍感伤心。甚至有一个专门网站致力于让通用汽车公司改变让奥兹莫比尔淡出的决定,但登录这家网站只会提醒你这样一个事实:奥兹莫比尔品牌的意义仅限于过去,对它的喜爱只充满着怀旧的色彩。事实上,如果说塑造品牌的工作是在消费者心目中将一种产品与另一种产品区分开,那么奥兹莫比尔在几十年前就已经失败了。2004年4月29日,最后一辆奥兹莫比尔汽车驶离了生产线,从此,经历了107年的风风雨雨,奥兹莫比尔正式淡出了历史。

"大品牌"带来大麻烦

虽然淘汰了奥兹莫比尔,可通用汽车产品线复杂凌乱的状态依然如故,每个品牌的定位都十分模糊。2000年,财务总监出身的里克·瓦格纳(Rick Wagoner)担任通用汽车CEO,他宣称自己会是带领通用汽车走出困境的最佳人选,但9年后,他的"进一步降低成本"的努力不仅无力回天,反而使通用汽车越陷越深。由于来自美国政府的压力,瓦格纳于2009年3月30日被迫辞职,由韩德胜(Henderson)接任CEO。为求奥巴马政府资助,在韩德胜的领衔主导下,通用汽车将只保留四个核心品牌:雪佛兰、别克、凯迪拉克和GMC,而旗下其他品牌诸如萨博(Saab)、悍马(Hummer)、土星和庞蒂亚克等,都将被出售或关闭。根据通用汽车的破产保护申请,其将在未来的60~90天内成立一家精简的新公司,即新通用汽车,而旧通用汽车则包括那些将被剥离的部分。新通用意图以更少的品牌和车型、更低的运营成本、更多的营销资源支持来增强与日本车争夺消费者的竞争力——这使它在"大品牌"策略的道路上愈行愈远。非常有趣的是,通用汽车新任CEO韩德胜曾自问:如果斯隆再回到这个位置上,他会做什么来拯救通用汽车?现在看来,或许韩德胜永远也无法理解斯隆的理念。如今,除了凯迪拉克,通用的多品牌阶梯已经不复存在,而"瘦身计划"也扼杀了重新构筑品牌方阵的可能,"大品牌"不可避免地将带来很多大麻烦。

未来的通用汽车将何去何从,依然充满了许多变数。通用汽车的例子,带给中国企业的启示在于对多品牌战略的重新认识。众所周知,多品牌战略对提高市场占有率的好处是显而易见的,但许多人忽略了多品牌的本质仍然是单一定位战略,即每个品牌都在顾客心智中拥有一个明确的位置。公司在推行这类品牌战略时,需要使品牌之间互相补充,并不断推陈出新,构筑一个兼具多面进攻和多面防御功能的品牌方阵,而不应再花力气去改变品牌的定位。很多情况下,如果想让一个品牌样样都有,往往带来的结果是一无所有。通用汽车在其品牌定位上犯的错误,当为中国企业所鉴。

分析讨论

1. 结合案例,谈谈你对价格策略的认识和理解。
2. 四川腾中重工收购美国通用旗下悍马品牌,你有何想法?
3. 你认为通用"瘦身计划"对于品牌的取舍是否合理?如果你是通用的决策者,会进行怎么样的多品牌阶梯设计?
4. 多品牌战略的建设有哪些好处?应该注意的因素有哪些?

案例分析 （七）格力电器的品牌战略

格力与国美对峙而屹立不倒,甚至涨势凶猛,因此,格力的渠道模式十分引人注目。不少专家解读格力成功的秘诀,都把其股份制区域销售公司列为首要因素,甚至美其名曰"21世纪经济领域的全新营销模式"。其实,这是一种误读,它既与事实不符,也与营销的本质相去甚远。

市场是认知之战

首先要指出的是,市场营销不存在做一件事只有一条途径的情况。格力独特的市场模式无所谓优劣,它只是一种渠道策略而已,它能获得不凡成功,原因不仅在于它本身,还在于格力的对手们"自己打败了自己"。实际上,无论对格力的渠道模式是褒是贬,或困惑,或忧虑,反映出的都是目前中国营销的同一个"情结"——从商品流通角度看待渠道在营销中的作用,很容易把渠道置于主导两端的枢纽地位。这只是一种浮于表面的因果联系,真正驱动这个枢纽转动的力量,既不在厂商手里,也不被渠道商所掌握,而是存在于市场的本质——顾客的心智(认知)中。顾客对你所持的看法,也就是你的"定位",才是决定市场营销成败的关键。格力之所以能在市场上纵横笑傲,最重要的是在人们心目中,格力首先就代表"空调",其次它意味着"空调专家",而在这两点上它的对手们都无法望其项背。海尔、美的、春兰、科龙、长虹等都是延伸品牌,多元化稀释了它们在顾客心智中的位置。近年来增长颇为快速的志高是相对专业化的,但在人们心智中它是一个新品牌,本质上与格力处在不同的市场上。也就是说,在人们大脑里,"空调"这个品类的品牌阶梯上,"格力"已经牢牢占据了第一的位置。正是这个位置,给了格力用之不竭的力量,打赢了一场又一场"人民战争"。

历史中藏着真相

渠道也是传播。那么格力的定位是不是其渠道之功呢?

在20世纪90年代初的窗机时代,格力窗机就一枝独秀,"在市场上,一提窗机,人们都会想到格力";在分体机逐渐受到市场青睐时,格力又及时推出世界领先水平的"空调王";1994年,格力已经上升到全国第二位;1995年,格力又以微弱优势超过了昔日中国空调业领航者——春兰,从此将第一的位置保持至今。而格力第一家股份制销售公司在湖北成立的时间是1997年底,此前"好空调,格力造"的广告语已经家喻户晓。不久,格力又于1999年春获得"中国驰名商标"称号。可见,格力强大的定位在其渠道模式开始前就已经形成,并且它是格力区域销售公司能够成功的保证。遗憾的是,很多人忽视了这段发展史,相反却津津乐道于格力的渠道模式是其营销制胜的法宝,大有舍本逐末之感。市场营销是长期的游戏。可以肯定,那些没有格力般的心智地位却学其模式的企业,纵然得逞一时,也会因后继乏力而使渠道一朝瓦解。董明珠曾说,厂商双方真正是一种典型的"博弈"关系,"我们与经销商的关系是建立在利益之上的,所以你首先得想象他们是趋利的,并肯定其趋利的正当性"。朱江洪也说,经销商"有奶就是娘,奶多娘就好,奶少就踢开"是正常的,所以一定要保护经销商利益。这说明格力并没有被时尚的"伙伴关系"迷住双眼。保证经销商利益绝非"股份制"一捆就灵,而靠的是有利润的规模销量,归根结底来自强大的品牌力量。品牌就是向消费者预售产品,渠道只不过是实现它,所以格力的经销商都比较"好做"。

聚焦成就定位

那么,要怎样进行定位呢?首先要明白的是,定位是顾客给予你的,你不可以一厢情愿(自己给自己定位,是目前营销界对定位的最大误解),但你可以在顾客大脑中塑造它。塑造它的方法有三个要素:抢占第一、好名字和聚焦。所谓"先入为主",人们总是对第一有特殊的好感。不过,你的第一必须要让消费者感知到。格力善于搞第一,不仅在于它每年的研发资金超过销售收入的3%,是中国空调业技术投入最高的企业,还在于它每有重大创新必在媒体上广泛宣传,树立并巩固了其行业领先者的形象。名字是打造品牌中最不可忽视的要素。就空调产品来说,格力不仅中文名字好听,其英文名 GREE 也高人一筹,简短、有力,与 SONY 颇有异曲同工之妙,天生具有成为世界级品牌的模样。最重要又最难做到的是聚焦。如果说定位是发外力,那么聚焦就是练内功,内功愈深厚,外力愈持久。聚焦要求企业围绕定位进行配称运营,持之以恒,心无旁骛,集中、集中再集中,专注、专注再专注。格力就是依靠聚焦的累积效应,不断巩固其作为空调专家的市场定位,与竞争对手的差距也日益拉大。相反,其竞争对手大多是多元化的,精力分散,焦点涣散。这也难怪,20世纪90年代中期是有利于多元化发展的时代,今日中国的家电巨头除格力外无一不是在那时开始走上多元化快速扩张之路的。格力决策者1995年经过深思熟虑,将走专业化道路确立为格力长远的发展战略,至今不动摇,从而给中国营销贡献了一个最具价值的独特典范。

格力未来怎样走?

明白了格力是怎么成功的,我们就能对其正确的营销战略作出预见。因为能让你登上成功巅峰的,往往就是带给你最初成功的——你的定位。

问题是格力要怎样沿着它的定位大道走下去呢?首先,格力要清晰认识到自己的成功之本,不断强化并发挥其心智优势。虽然格力的多数作为是合乎定位法则的,但它在建立顾客心智优势上仍然非常不足。实际上,对中国许多真正有竞争力的领先品牌来说,未充分释放心智资源的潜力是普遍现象,这是中国企业对定位理论掌握还不够的缘故。格力如果补上定位这堂课,其品牌威力将更加强大。其次,格力还要解决顾客心智中的一个定位冲突。目前虽然格力在这场"定位战争"中占了优势,但要将这种优势保持下去,必须在人们心智中将买空调的渠道与买其他家电的渠道区隔开来。所幸的是,空调确实有这种特殊性。空调是一种半成品,不像其他家电买回来插上电源就可以用,它必须经过专业的选型、设计和安装,所以发达国家规定空调必须由有专业技术的经销商经营。格力有信心建立其4S专卖店即在于此。不管格力与渠道商将来怎样合作,服务是格力始终可以握在手里的牌。格力玩好这张牌的关键就是与其产品专业化的定位一脉相承,大力宣传服务专业化,并坚持不懈地提升其专营店及专业服务队伍的服务水平。

要聚焦,不要"模式"

定位理论进入中国已有多年,但依然曲高和寡,导致对格力模式的误读长时间得不到纠正。在这种误读指导下,一些企业踏上了危险的模仿之途。颇具讽刺意味的是,当它们偷师不成时,又会有人把原因归结在企业文化这种过于复杂的东西上。其实,我们并不需要什么"模式",更不必把成功弄得那么玄虚。每个真实的案例都可以供我们罗列出很多经营和营销的要点,但这些绝大部分都不值得我们亦步亦趋。真正最有效又最简单的学习,就是像格力那样建立起自己的定位,并数十年如一日地聚焦在这上面。如果一门心思把所有的时间和资源都花在能让你与众不同的事业上,那么比那些三心二意的业余玩家做得更好并非难事,你也一定会创造出自己的模式来。董明珠说得好:"越是单纯的东西,越是需要一个人付出百倍的努力去捍卫她。她需要疯狂的热情去浇灌,也需要坚强的内心去支撑。为单纯的信念而生活,总是美丽而动人的。"这固然是董明珠对生活的感慨,但用在营销上,也十分贴切。格力的成功,昭示出中国营销正在进入定位时代。但对于定位论,中国企业还极为缺乏了解。蒙牛只是对定位进行了一定程度的有意识运用,创造了近乎神话的高速增长奇迹。王老吉在短短的五六年间,销售额从最初的1亿多元增长到70亿元,更是定位论威力发挥的充分证明。如果我们有更多的企业能够完整掌握定位观念,那么我们必能创造出更多的顶级品牌,与那些跨国公司在日益全球化的市场上争衡决胜。

分析讨论

1. 产品线的单一化与产品线的专注,你认为孰重孰轻?
2. 格力坚持自我渠道营销,不进卖场销售,你认为是何原因?试分析两者的优劣势。
3. 究竟什么是渠道营销?

案例分析　（八）网络实体店的品牌发展

当今世界,网络化席卷全球,同时带动的产业数不胜数,带来的经济效益更是异常可观,网络购物正是其中一个不得不提的重要组成部分!

现如今,网上购物早已不是什么新鲜事儿,淘宝、易趣、当当、数码、食品、用品,全新的、二手的、进口的、本土的,可以说,网上购物已经进入一个混战时期,只要是你想要的,在网上都能找得到。网上商店以其商品种类多样、购买简单便捷、商品价格低廉受到了越来越多人的认可和喜爱。而在网上开一家店铺也成为时下很多人的梦想,网上开店手续简单,零店铺租金,风险较低,对专业性要求不高,正是因为门槛低、收益高,购物网站越来越多,网上店铺越开越多,而越来越多的消费者也涌进了网络购物的大潮。可以说,当前网络购物正进入一个不断发展的美好时代。

网络实体店的现状

网络实体店掀起了网购的新潮流,打破虚拟空间买卖双方互不信任局面的瓶颈,让消费者更放心购物,满足实体购物的真实体验。

在南京,出现了越来越多的网络实体店,并且逐渐形成了规模化的、有组织的实体店街区经营模式。其中,淮海路香港城(淘淘巷)最为著名,从开始的为数不多的几家零散小店,到现在200多家网络实体店扎堆于此,打造出了一种全新的零售模式。网络实体店扎堆在一定程度上为经营者们减小了风险,也方便了开发商的管理和规范。

这种将网络销售与实体店铺结合在一起的新型销售模式,一经出现就受到了追捧,尤其是受到年轻人的喜爱。经营的项目多样化、够新颖、性价比高等因素都使得香港城人气急剧上升。这样的高人气必然带来了高关注度,继香港城后,天时商贸淘宝吧、集庆门西祠街区等项目纷纷上马。

西祠胡同网站鼎盛时期拥有注册用户3000万人,讨论版超过80万个,"胡同文化"孕育了无限的商机,西祠街区则是将西祠胡同上的商业精华移至线下,打造西祠网民线下的家。然而,人气的聚集、品牌的打造还是需要时间沉积,根据香港城的成熟周期,基本在一年半的时间,同时还要考虑各项目本身的区位因素等。

总体而言,网络庞大的经营者团体,为网络实体店的存在和发展奠定了坚实的基础,网上和网下的经营互动是网络商业发展的必然趋势,网络实体店的前景是非常乐观的,而其所带来的收益也将是巨大的。

网络实体店的发展

网上购物经过一段时间的经营和发展,已经被很多人接受,甚至是热衷。当然,随着这种交易量的急剧增加和商品种类的日益增多,网上经营不可避免地遇到了发展瓶颈,网上支付、实物配送和信用等作为电子商务系统工程中的重要环节,成为制约电子商务应用与发展的"瓶颈"。

也正是基于这样的交易问题,交易双方需要一个更加安全可靠的交易空间,很多人开始将网上店铺又"复制"一个到现实,于是,网络实体店应运而生了。久而久之,许多交易空间汇聚成了一个街区式的线下交易大厅。

除交易信任问题外,购买者在经过了虚拟网络购物的新鲜感之后,希望能在回归到实物性质的购物体验的同时,继续享受网上商品种类多样化、价格低廉化。这是基于这些消费者的新型需求,网络实体店的发展得到了可持续性的支撑,形成了这种新兴的商业形态。

网上商店的经营正在从最初的多样化商品累计和消费者可接受度培养,发展到了新的阶段,即网络消费诚信化、网络消费服务化、网络消费真实化。在这样的发展阶段里,实体的商品交易大厅就是解决买卖双方需求的最有效方案。

从经营者的角度,网上店铺再增加一个实体交易场所,可提升自身的信用值,网络经营加上传统经营,可汇集更多人气,交易过程变现更快。

从购买者的角度,交易大厅更具有真实感,商品种类聚集,而且价格并不会因而提高,还可满足购物逛街的感觉。

从商业投资者的角度,交易大厅的形式不需要很大规模的项目建设和高成本的资金投入,同时,投资回报周期短,持续盈利时间长,因此是企业投资商业项目的绝佳选择。

南京的网络实体店

案例1

物业名称	淘淘巷	地理位置	江苏省南京市白下区洪武南路
策划公司	南京聚博商务有限公司	物业形式	4~5层网络实体店
主力面积(含公摊,使用率70%)	10平方米 20平方米	租金价格	3.5元/平方米·月
用电管理	各户分表	物业管理费	0元/平方米·月(提供冷热水)
商业经营方式	经营权出租	租售情况	100%

续表

图片信息	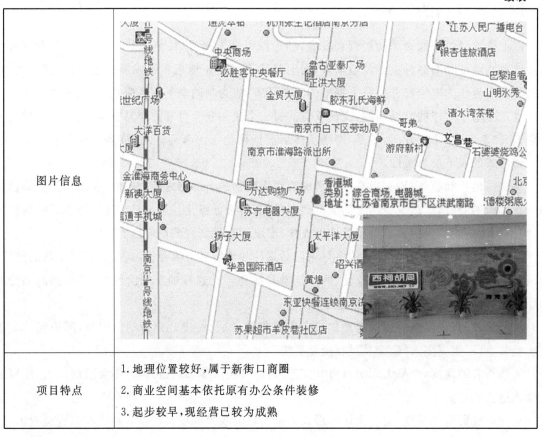
项目特点	1. 地理位置较好,属于新街口商圈 2. 商业空间基本依托原有办公条件装修 3. 起步较早,现经营已较为成熟

案例 2

物业名称	淘宝吧	地理位置	新街口中山东路 9 号
策划公司	—	物业形式	2 层餐饮火锅店 3～5 层网络实体店街区
主力面积(含公摊,使用率70%)	15 平方米 25 平方米 35 平方米	租金价格(均价)	3.0～4.4元/平方米·月
用电管理	各户分表	物业管理费	1元/平方米·月 (提供冷热水)
商业经营方式	经营权出租	租售情况	90%

续表

图片信息	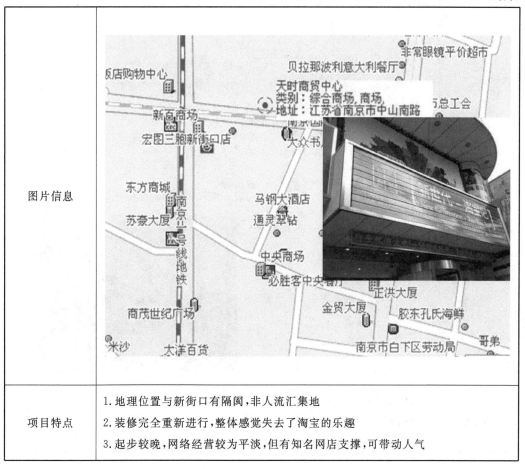
项目特点	1. 地理位置与新街口有隔阂，非人流汇集地 2. 装修完全重新进行，整体感觉失去了淘宝的乐趣 3. 起步较晚，网络经营较为平淡，但有知名网店支撑，可带动人气

案例 3

物业名称	西祠街区（已转型）	地理位置	茶亭东街69号
策划公司	南京合众创智商业管理有限公司 （南京1912、德基广场商管顾问机构）	物业形式	网络实体店 餐饮店 台球俱乐部
主力面积（含公摊，使用率70%）	10平方米 20平方米 40平方米 120平方米	租金价格区间	2.0~4.7元/平方米·月 （前期推广有按月减免）
用电管理	各户分表1.3元/度	物业管理费	6元/平方米·月 （提供冷热水）
商业经营方式	经营权出租	租售情况	20%

续表

图片信息	
项目特点	1. 地理位置较偏，体量很大，周边商业氛围不浓 2. 西祠主力打造，目前处于推广阶段 3. 入住商家较少，还不成为气候

分析讨论

1. 你进行过网购吗？给你印象最深的是什么？
2. 谈谈你对网络实体店的认识，对比商场购物、网络购物、网络实体店购物的特点及优劣势。
3. 案例中列举了南京的3个网络实体运营的场所，其中有成功的也有失败的，试分析原因。除了南京，在哪些城市还存在这样的网络实体运营场所，举例说明。
4. 如果你是一位网络实体店的业主，你会怎样经营好你的线上、线下店铺？

案例分析 （九）华为的品牌之路

2019年,华为在《财富》世界500强榜单上的排名达到第61位,首次跻身前100强。这一成就不仅是对华为过去一年发展的肯定,也是对其未来潜力的期许。同年,华为在研发方面的投入也持续加大,研发费用达到1317亿元,占全年销售收入的15.3%,展现了华为对技术创新的坚定承诺。2020年,尽管面临外部环境的挑战,华为依然保持了稳健的发展态势。在《财富》世界500强榜单上,其排名微调至第49位,体现了华为在全球市场的强大韧性和竞争力。同年,华为的年营业收入达到8914亿元,净利润达到646亿元人民币,展现了华为在复杂环境下的稳健经营能力。2021年,华为在《财富》世界500强榜单上的排名再次上升,达到第44位,进一步巩固了其在全球企业界的领先地位。同年,华为的年营业收入达到6368亿元,虽然受到外部环境的影响有所下滑,但其在研发方面的投入依然保持高位,研发费用达到1427亿元,占全年销售收入的22.4%,彰显了华为对技术创新的持续重视。

公司简介

华为技术有限公司,自1987年成立以来,已逐渐发展成为全球领先的ICT(信息与通信)基础设施和智能终端提供商。华为以"把数字世界带入每个人、每个家庭、每个组织,构建万物互联的智能世界"为愿景,致力于通过创新的技术和解决方案,推动全球数字化转型。华为的业务范围广泛,遍及全球170多个国家和地区,为超过30亿人口提供服务,展现了其全球化的市场布局和强大的品牌影响力。

华为的成功并非偶然,而是源于其对技术创新的持续投入和追求。近十年来,华为累计投入的研发费用超过11100亿元,这一数字彰显了华为对技术创新的坚定承诺。截至最新数据,华为在全球共持有有效授权专利超过14万件,这不仅体现了华为的技术实力,也为其在全球市场的竞争中提供了有力的知识产权保障。

华为文化

华为文化是其品牌之路的重要支撑。华为文化的核心是"以客户为中心,以奋斗者为本",这一理念贯穿于公司的所有业务活动和员工行为中。华为注重培养员工的"狼性"精神,即敏锐的市场洞察力、快速的反应能力和团队协作的攻击力。这种精神不仅体现在市场拓展和产品销售上,也贯穿于产品研发、技术创新和客户服务等各个环节。

华为还通过文化培训、文化活动等方式,将企业文化深植于员工心中。公司定期举办各种文化讲座、研讨会和活动,让员工深入了解华为的历史、使命和价值观,增强员工的归属感和使命感。这种强大的企业文化为华为的品牌之路提供了源源不断的动力和支持。

坚持之路

华为在品牌之路上始终坚持自主创新的发展战略。面对外部压力和挑战,华为没有选择妥协和放弃,而是坚定地走上了自主创新的道路。在芯片领域,华为自主研发的海思麒麟芯片逐渐成为其技术层面的强大后盾,为公司的智能手机和其他智能终端产品提供了有力的支持。在操作系统方面,华为推出了鸿蒙操作系统,打破了国外操作系统的垄断,为公司的未来发展奠定了坚实的基础。

华为还积极拓展新的业务领域,如云计算、人工智能、物联网等,不断提升品牌的竞争力和影响力。公司通过持续的技术创新和业务拓展,逐渐形成了完整的产业生态链,为客户提供了更加全面和优质的服务。

财务独立

自 2000 年起,华为聘用独立审计师。审计师负责审计年度财务报表,根据会计准则和审计程序,评估财务报表是否真实和公允,对财务报表发表审计意见。华为基于组织架构和运作模式设计并实施了内部控制(简称"内控")体系,发布的内控管理制度及内控框架适用于公司所有流程(包括业务和财务)、子公司,以及业务单元。该内控体系基于 COSO 模型而设计,包括控制环境、风险评估、控制活动、信息与沟通、监督五大部分,同时涵盖了对财务报告的内控,以确保财务报告的真实、完整、准确。

员工激励制

华为公司在物质激励方面采取的是薪酬与股权激励相结合的方式,华为公司员工的收入组成包括基本工资、奖金、股票分红。华为目前是中国员工收入最高的公司之一,华为的高薪一方面使得优秀人才聚集,另一方面也调动了人才的积极性,是对公司员工长期激励的有效方法。全员持股制度的推行使得企业与员工的关系得到了根本的改变,员工对企业的归属感进一步加强。

精神积累也就是内部激励,华为的精神激励主要是荣誉激励、职权激励。华为专门成立了荣誉部,专门负责对员工的考核、奖评,对员工的进步给予奖励。另外华为对于员工的晋升制度也是很有吸引力的,晋升看能力,不看资历。

企业价值观

在以前的媒体宣传中,外界总认为华为的企业文化就是总裁任正非的众多管理思想,例如"狼性文化""军事化管理"等一系列新式的企业管理文化,集中体现在"华为基本法"中。实际上,在全球化运营的发展时期,华为真正的企业文化在于其核心价值观,即华为 2012 年总结"以客户为中心,以奋斗者为本"的企业文化。而其主流文化的形成,也有许多长期相传的支流文化,具体如下所述。

(1)成就客户：为客户服务是华为存在的唯一理由，客户需求是华为发展的原动力。

(2)艰苦奋斗：华为没有任何稀缺的资源可依赖，唯有艰苦奋斗才能赢得客户的尊重和信赖。坚持奋斗者为本，使奋斗者获得合理的回报。

(3)自我批判：只有坚持自我批判，才能倾听、扬弃和持续超越，才能更容易尊重他人和与他人合作，实现客户、公司、团队和个人的共同发展。

(4)开放进取：积极进取，勇于开拓，坚持开放与创新。

(5)至诚守信：诚信是华为最重要的无形资产，华为坚持以诚信赢得客户。

(6)团队合作：胜则举杯相庆，败则拼死相救。

社会责任

华为面向全球提供创新的通信解决方案，帮助不同地区的人们更便于接入信息社会，积极履行企业公民职责，长期致力于社会经济与环境的可持续发展。

华为可持续发展战略分为四个部分：消除数字鸿沟、保障网络安全稳定运行、推进绿色环保和实现共同发展。

在菲律宾、孟加拉国、喀麦隆、博兹瓦纳、沙特、白俄罗斯等国家，华为赞助ICT知识竞赛、提供奖学金，向偏远地区的学校、青年学生、女孩捐赠电脑和手机等，让他们有机会享受互联服务。此外，华为继续实施CSR旗舰项目"未来种子"，促进全球知识迁移，帮助当地培养人才，增强人们实现数字化社会的能力。

此外，华为还注重保护用户隐私和数据安全，确保用户在使用华为产品和服务时的权益得到充分保障。公司严格遵守相关法律法规和行业标准，加强数据安全管理和风险控制，赢得了用户的信任和好评。这种高度的社会责任感为华为的品牌之路赢得了良好的社会声誉和口碑。

知识产权体系

华为深知知识产权在科技创新和企业发展中的重要性，因此建立了完善的知识产权管理体系。公司设立了专门的知识产权管理部门，全面负责企业知识产权管理工作，包括知识产权信息的收集、市场调研、专利申请、维权诉讼等各个环节。

华为注重知识产权的保护和运用，通过专利申请、商标注册、著作权登记等方式，确保公司在技术创新方面的成果得到有效保护。同时，公司还积极开展知识产权合作和交流，与国内外知名企业和研究机构建立合作关系，共同推动科技创新和产业发展。

华为还注重知识产权的培训和普及工作，定期组织员工参加知识产权培训和学习活动，提高员工的知识产权意识和保护能力。这种完善的知识产权体系为华为的品牌之路提供了有力的法律保障和支持。

分析讨论

1. 简单分析华为成功的因素。
2. 华为公司的"员工激励制"对企业有什么好处，简单谈谈你的看法。

案例分析　（十）顺丰快递的品牌战略

顺丰于1993年3月27日在广东顺德成立。初期的业务为顺德与香港之间的即日速递业务，随着客户需求的增加，顺丰的服务网络延伸至中山、番禺、江门和佛山等地。在1996年，随着客户数量的不断增长和国内经济的蓬勃发展，顺丰将网点进一步扩大到广东省以外的城市。顺丰作为一家主要经营国际、国内快递业务的企业，为广大客户提供快速、准确、安全、经济、优质的专业快递服务。

发展历程

1. 第一桶金

1992年后，"前店后厂"模式在深港之间形成。深港线上的货运商机，是那个黄金时代的缩影。

公司成立之初，王卫不仅是老板，也是员工，亲自上阵送货。在这样发展不规范的模式下，许多在这条线路上起家，看似光鲜的企业最终逃不出"昙花一现"的命运，但顺丰的深港货运，却成就了王卫的第一桶金。

2. 扩大市场后的整改

创业之初，由于缺乏资金的支持，顺丰因此选择了加盟制。顺丰客户对价格相对不敏感，而是更重视速度和可靠性。而在加盟制下，顺丰很多地方公司由于出身于运输公司，它们在承揽快件的同时，本身还会接一些别的货。这就出现了一个问题：无论是时效性还是装卸质量，顺丰人为造成了与服务定位之间的背离。

2000年，在发生了几次大的事故之后，顺丰创始人王卫终于下定决心抛弃加盟制，重新自建网点，因而建立起国内快递市场中除中国邮政之外唯一的直营网络。

这个行业的竞争格局在过去的五年中被颠覆，曾经毫不起眼的顺丰速运，通过选择高价值的"小众市场"或者按照现代流行的说法是"利基市场"，重新构建资源和能力，最终成为整个行业的游戏规则制定者。

3. 危机也是转机

2003年的"非典"，让很多人在足不出户的无奈选择下开始尝试网络购物。网络购物所依赖的快递服务，也进入了一个爆发增长期。那些城市中的年轻白领们，也开始通过网店购买一些电子产品和其他价值更高的消费品。为了消除这种非体验消费模式下的不安全感,他们中的很多人在购买商品时,宁愿多花 5~10 元钱,也希望找到一家更可靠的快递公司。顺丰抓住了这样的心理,快速发展,也成就了顺丰自己的粉丝圈。

4. 全面发展

2003 年,顺丰速运集团成为国内首家包机夜航的民营速递企业。

2009 年 12 月,顺丰集团旗下的顺丰航空有限公司也正式开航。

2010 年创建了属于自己的航空公司,并且顺丰将以每年平均新增 2~3 架自有货机的速度逐步扩充,同时,顺丰也仍将继续使用外部包机和散航班作为补充,结合航空枢纽基地的建立,顺丰将抢滩国内外货运快递市场。

2013—2015 年,顺丰速运集团开始涉足重货运输领域,推出重货运输产品,以满足市场对大件货物运输的需求。这一业务的推出,标志着顺丰在快递业务之外,开始拓展新的物流业务领域。

2016 年,顺丰速运集团正式推出快运业务,该业务主要面向生产制造、商业流通领域有大件配送、批量运输需求的客户。顺丰快运依托其强大的网络布局和运输能力,迅速在市场中占据一席之地。

2017 年,顺丰速运集团开始涉足同城即时配送领域,推出同城即时配送服务。这一业务的推出,使得顺丰的服务范围进一步延伸到城市内部,满足了消费者对即时配送的需求。

2020 年,顺丰速运集团的国际业务在这一年持续拓展,服务网络覆盖全球多个国家和地区。顺丰通过加强与国际合作伙伴的合作,提升了其国际物流服务能力,为客户提供了更加便捷、高效的国际物流解决方案。

2021 年,顺丰速运集团收购嘉里物流,这是顺丰在物流领域的一次重大战略举措。通过收购嘉里物流,顺丰进一步完善了其国际物流网络,提升了其一体化综合物流解决方案能力。

2022 年至今,顺丰速运集团继续拓展其多元化业务布局,积极探索和拓展新的业务领域。例如,顺丰在供应链、国际快递、即时零售等领域均取得了显著进展。同时,顺丰还加强了对新兴技术的研发和应用,如无人机配送、自动化仓储等,以进一步提升其物流服务能力。

商业模式

1. 价值主张

(1) 探索客户需求,为客户提供快速安全的流通渠道。速度是快递市场竞争的决定性因素,也是顺丰的核心竞争能力。顺丰有着自己的专运货机。这无论从配货的机动性上,还是从输送快件的时效性上,都富有相当的主动性。

(2) 统一全国网点,大力推行工作流程的标准化,提高设备和系统的科技含量。

(3) 打造民族速递品牌。以客户需求为核心,提升员工的业务技能和素质,谨守服务承诺,建设快速反应的服务团队,努力为客户提供更优质的服务。全天候不间断提供亲切和即时的领先服务。从客户预约下单到顺丰收派员上门收取快件,1 小时内完成;快件到达顺丰营业网点至收派员上门为客户派送,2小时内完成,实现快件"今天收明天到"(除偏远区域将增加相应工作日)。尽量缩短客户的贸易周期,降低经营成本,提高市场竞争力。

(4)不断推出新的服务项目,帮助客户更快更好地根据市场的变化而做出反应。顺丰把快递服务当作一般商品,不时地推出新的营销计划或者是类似电信业的套餐,时常有优惠活动。如2010年7月1日起,顺丰打造高价值物品的安全通道,为客户的高价值物品(2万元以上,10万元以下)提供优质安全的快递服务。资费标准是快递的标准运费+保费(保费=声明价值总金额×5‰)等。把服务完全当作一种产品。在这样一个多变的市场条件下,消费者面对的是更多的选择、更多的优惠,如何才能抓住顾客的心,如何才能抓住市场,就是要不断地推新。

2. 消费者目标群体

顺丰的价格与其他家快递公司相比相对较高,标准的价格是20元左右,其他几家都差不多在10元左右,有的甚至更低。它的价格也就决定了它的目标客户。顺丰的大客户也是它的主要客户,属于月结客户,对象主要是企业。顺丰可以按照寄件方客户(卖方)与收件方客户(买方)达成交易协议的要求,为寄件方客户提供快捷的货物(商品)专递,并代寄件方客户向收件方客户收取货款;同时,可以提供次周、隔周返还货款的服务。企业由于贸易的需要,需要选择一家有能力承载大批量运载,效率高又安全的物流公司来帮助他们实现价值的转移。而顺丰正是看中了这样的机会。虽然事实上,由物流公司代收款项,从以往的不愉快的经历(物流公司携款而逃)来看,对企业来说似乎存在着很大的风险。但是,随着物流行业的再次崛起以及顺丰这个品牌的形象地位不断提高,代收的业务还是会有很大市场的。所以,顺丰要提升自身的层次级别往高端发展。

3. 分销渠道

顺丰的网点覆盖范围正不断扩大。在中国大陆,目前已建有12000多个营业网点,覆盖了国内31个省、自治区和直辖市,300多个大中城市及1900多个县级市或城镇。1993年在香港特别行政区设立营业网点。2007年在中国台湾设立营业网点,覆盖了台北、桃园、新竹、台中、彰化、嘉义、台南、高雄等主要城市。2010年在新加坡设立营业网点,覆盖了新加坡(除裕廊岛、乌敏岛外)的全部区域。

对于一家物流公司来说,真正能够给顾客带来便利的是覆盖全国最大范围内的网点,这也是抢占市场的关键。但是,顺丰在全国的网点建设不够健全,在涉及较偏远和不发达地区,顺丰的业务尚未到达。

4. 客户关系

在客户关系管理这一方面,顺丰做得最多的是它的公共关系。由于顺丰自身业务的性质,即为一个传递方,它在传递货物、服务的过程中,也在传递着作为一个行业巨头的风范——在"非典"人心惶惶的时候,在地震一片混乱的时候,在世博被世界关注的时候,顺丰都在第一线以它的高效和专业的服务传递温暖。顺丰没有花很多的资金做营销,创始人甚至多次拒绝电台的专访。这些传递的其实是公司的品牌,让潜在顾客、固有顾客时刻感受这样一家快递公司的存在。顺丰在自身的企业文化建设上特别注意"企业公民"形象的建设。从2002年起,顺丰先后为希望工程、各大慈善基金、地震灾区、各大贫困山区捐赠现金和物资,助养地震灾区儿童,为少数民族村落修建水电站等,并在2009年正式成立广东省顺丰慈善基金会。

经营模式

1. 明确的战略定位

顺丰扎根中端,发展中端产品,逐步拓展中高端。中高端的企业品牌,既对现有中高端客户产生拉动作用,也与未来的中高端客户的需求相匹配。顺丰在致力于提供质量稳定的标准产品、服务来满足目标客户基本需求的同时,研究开发各种增值服务,构建合理的产品体系,以满足更广泛类型的中高端客户的差异化需求,来打造中高端的企业品牌,提供给客户超值的感受。

2. 未来业务发展方向

立足核心业务、强化支持手段、稳步拓展多元化业务。顺丰将坚持以速递业务为核心业务,通过整合航空和地面关键资源、发展强大的信息系统等支持手段,保障核心业务领域的竞争力;以相关多元化为业务主要延伸方向,积极探索仓储配送服务、电子商务等与速递业务相关的多元化领域,并作为种子业务加以培育,储备未来业务新兴增长点。

3. 主要措施

(1) 自建网点,两级中转。顺丰坚持以自建网点的形式拓展业务,确保对运营网络的控制,从而保证快递产品流转过程中的作业标准化和信息透明化。顺丰目前拥有3个先进的分拨中心,通过建立两级中转模式,100余个一、二级中转场,应用大批先进设备,配备自动、半自动化分拣系统,全部实现流水线作业,实现快件分拣数据传输信息化。干线采用航空,中短途采用中小型车辆发运,速度快,安全有保障,网点丰富,但价格较高,仅适用于个人的零散小件,或高附加值货品。顺丰兼顾网点覆盖范围、密度和中转层级,保证快件产品的整体流转时效。顺丰在国内包括香港、台湾地区建立了庞大的信息采集、市场开发、物流配送、快件收派等业务机构,为广大客户提供快速、准确、安全、经济、优质的专业物流服务。

(2) 广泛的运营网络。顺丰集团分别从空中和地面两个纬度构建快速高效、覆盖广泛的运营网络。自2003年开始包租货机运送快件以来,顺丰集团在空中运营网络方面取得了显著成就。其航空运输能力不断增强,拥有多架全货机,并与多家航空公司合作,执行数百条航线,覆盖国内外众多城市和地区。顺丰航空作为其核心航空运输力量,以深圳、杭州、北京等城市为枢纽,辐射全国乃至全球,形成了强大的航空运输网络。这一网络确保了快件能够迅速、准确地抵达目的地,为客户提供了"飞"一般的快递服务体验。顺丰集团的地面运营网络同样庞大而高效。其拥有数千条陆运干线,连接了全国各大城市和地区,形成了密集的地面运输网络。同时,顺丰在全国范围内设有数万个服务网点,包括自营网点和代理服务点,这些网点为客户提供了便捷的寄递服务。此外,顺丰还运营着大量的仓储设施,为快件的存储、分拣和配送提供了有力支持。

顺丰集团的空中和地面运营网络并非孤立存在,而是实现了紧密配合和有效衔接。通过航空运输和地面运输的协同作用,顺丰能够为客户提供更加快速、高效的快递服务。例如,快件可以通过航空运输迅速抵达目的地附近的机场,然后再通过地面运输网络送达客户手中。这种空中与地面的紧密配合,使得顺丰的运营网络更加灵活、高效。

(3)直营网络自主化管理。顺丰为提升服务质量和快件安全,公司按照网点自营方式进行网络扩张,实现网点管理自主化、人员管理自主化、车辆管理自主化,但同时分区管理,每一级组织、每一个收派人员负责某个区域的业务拓展,职责明确。相对加盟商运营的方式,增加了公司对终端网络的控制能力,保证了派送时效和服务质量,确立收派提成制度,将收派人员的收入与业绩挂钩,充分调动收派员的工作积极性和主动性。在服务流程方面,公司从接单、收件、中转、分拨、航空、派件全流程实现上、下流程和系统间的计算机智能交叉验证和责任人到相关领导的 KPI 考核追究制度,建立了三级营运质量保证机制,能实时发现和纠正绝大部分差错,极大提升了运作质量和客户满意度。

(4)服务模式。顺丰竭力构建一个专业、安全、快捷的服务模式。①专业:专业的流程、专业的设施和系统,并且开通了 VIP 绿色通道等。②安全:全方位的检测体系、严格的质量管控等。③快捷:构建了 12 种服务渠道,使顾客能时刻体验轻松、便捷的顺丰服务。其中包括 4 种人工服务(收派员提供收派任务、服务热线、营运网点、在线服务),8 种自主服务,特别是顺丰网站(包括一般业务查询、可查询收送范围、客户编码、快件跟踪等);顺丰网上寄件服务很高效,在大部分服务范围内,工作人员 1 小时就可上门派收;可体验并了解顺丰的一系列增值服务和自助工具,如顺丰速运通、网上寄件、移动助理、电邮助理、短信助理的使用)、客户自助端、运单套打程序、顺丰移动助理、顺丰 MSG 短信通、顺丰短信助理、顺丰电邮助理。顺丰利用不断创新的服务模式来赢取客户。

(5)跨界经营。

①电商领域:顺丰通过顺丰优选、顺丰 e 商圈等平台,涉足电商业务,提供生鲜食品、数码产品等多品类商品,打造线上线下融合的购物体验。

②冷运及医药领域:顺丰在冷运方面有着深入布局,提供"仓干配销"一体化的行业解决方案,并涉足医药配送,满足特殊温控要求的商品运输需求。

③金融服务领域:顺丰推出支付平台,如"顺丰宝",解决电商业务中的支付问题,拓展金融服务领域。

④国际物流领域:顺丰积极拓展国际快递和货运业务,完善国际网络布局,为客户提供一站式的国际物流服务,并加大跨境电商物流投入。

⑤供应链服务领域:顺丰涉足供应链服务,为客户提供全链条物流服务,帮助降低物流成本、提高运营效率。

管理模式

1. 产品管理

(1)按照客户细分设计产品价格体系,不做与四大国际快递重叠的高端服务,锁定中端客户,坚持只做快递,只做小件,不做重货,同时用提高价格来控制发展速度。

(2)积极探索客户需求,利用强大的后台支持系统,不断提升送货速度,推出新的服务项目,为客户的产品提供快速、安全的流通渠道。

(3)提高设备和系统的科技含量,大力推行工作流程的标准化,不断调整策略,缩短贸易周期,如租下扬子江快运全货机,是国内第一家使用全货运专机承运自己快件的民营速递企业。

2. 人员管理

(1)以客户需求为核心,采用承包方式,建设快速反应的服务团队,不断提升员工的业务技能、自身素质和服务意识,除了在公司内部培养一批中流砥柱以外,更不断从其他行业吸收精英以满足业务高速发展以及服务不断完善的需要,如招聘高学历管理人员,请 IBM 做咨询。

(2)采用能充分调动业务员积极性的分配体系,给业务员划片、划区,靠自发加盟,与其他快递公司的按业绩发工资不同,顺丰速运人员工资采取按件计酬;建立了有效的人员奖罚机制,并建立了名为"罚点"的严格考评制度管理基层员工。

3. 成本管理

顺丰利用直营模式及迅速增长的货量形成的规模优势,抵销了采用新技术增加的成本,从而降低经营成本,促进客户竞争力的提高。

4. 市场管理

顺丰经历了从之前的个人承包、挂靠与直营等方式并存到目前自建网点,进行直营。

SWOT 分析

1. 优势(strength)

速度是快递市场竞争的决定性因素。想要分到更多的市场份额,快递企业必须把速度放在第一位。顺丰有着自己的专运货机,在 2010 年创建了属于自己的航空公司,其配货的机动性或输送快件的时效性都极具优势,"即日达""次晨达""次日达"是顺丰的特色业务,首先是速度造就了顺丰的成功,服务水平与服务态度也是顺丰的一大优势,并且顺丰提供了门到门服务。

2. 劣势(weakness)

首先,快递网络局限,EMS 作为我国邮政快递的龙头老大,它以无人能比的网络优势在开展国内快递。而对于顺丰来说,与 EMS 及其他大型民营快递相比,其最大的劣势在于网络的相对不健全,在涉及大多数三、四线城市,偏远或较不发达地区,顺丰的快递业务尚未触及,这或多或少地减少了顺丰的发展机会。其次,尽管凭借目前快速的递送、代收货款业务,顺丰做电子商务可以轻松解决 B2C 企业遇到的物流瓶颈,但是顺丰 e 商圈,无论是产品丰富度还是人气、知名度,都难与专业的 B2C 网站相比。再次是资金不足,融资渠道不畅通。物流快递企业是资金投入比较大的行业,FedEx、UPS、DHL 每年都已几十亿的投入来扩大和完善其服务,而顺丰速运却是完全采用自身的经济实力来维持着企业的发展,这在很大程度上制约了顺丰的快速壮大。企业自身的经济实力虽然强大,但自给自足的运作模式依然有很大制约性。还有就是人才缺乏,目前,我国快递企业都存在着同样的人才缺乏问题,包括顺丰,学历为初高中以下的员工人数占了绝大多数。

3. 机会(opportunity)

在电子商务时代,由于企业销售范围的扩大,企业和商业销售方式及最终消费者购买方式的转变,使得送货上门等业务成为一项极为重要的服务业务,促使了物流行业的兴起。由于物流业的地位大大提高、供应链短路化、第三方物流成为电子商务环境下物流企业的主要形式,配送的规模与地位将大大提高,并且成为商流、信息流与物流的汇集中心,这给第三方物流提供了广阔的市场。

4. 威胁(threat)

顺丰面对着国内外快递行业的竞争威胁。纵观我国快递行业,主要的快递公司有中国邮政EMS、申通、宅急送、天天、中通、圆通、韵达等。它们以低成本、贴近市场的运营模式扩张市场,这对于高价的顺丰,是非常大的挑战。并且,中国物流业在2005年底实现了向外资全面开放。广阔的市场和诱人的宏观政策虽然为中国物流快递市场的发展带来了良好的机遇,但更多的是给本民族快递行业带来挑战。国际四大快递巨头——敦豪国际DHL、联邦快递FedEx、联合包裹UPS、荷兰邮政TNT,已经进入中国市场,并拥有各自的分销和运输网络。这些都使顺丰面临巨大的威胁。

分析讨论

1. 谈谈你对顺丰快递的印象。
2. 比较一下顺丰快递与韵达快递、中通快递的区别。
3. 你认为顺丰快递的优势和劣势在哪里?

参考文献

[1] 菲利普·科特勒.营销管理[J].梅清豪,译.上海:上海人民出版社,2003.
[2] 林恩·阿普绍.塑造品牌特征[M].戴贤远,译.北京:清华大学出版社,1999.
[3] 凯文·莱恩·凯勒.战略品牌管理[M].李乃和,译.北京:中国人民大学出版社,2003.
[4] 里克·莱兹伯斯,巴斯·齐斯特,格特·库茨特拉.品牌管理[M].李家强,译.北京:机械工业出版社,2004.
[5] 保罗·斯图伯特.品牌的力量[M].尹英,译.北京:中信出版社,2000.
[6] 马里奥蒂.品牌和打造品牌[M].上海:上海远东出版社,2002.
[7] 大卫·艾克.创建强势品牌[M].吕一林,译.北京:中国劳动社会保障出版社,2004.
[8] 罗伯特·希斯.危机管理[M].王成,译.北京:中信出版社,2001.
[9] 凯特奥拉·格雷厄姆.国际市场营销[M].周祖城,译.北京:机械工业出版社,2000.
[10] 尼古拉斯·因德.塑造公司最优品牌[M].郭玉闪,译.上海:上海人民出版社,2004.
[11] 余明阳.品牌学[M].合肥:安徽人民出版社,2004.
[12] 李业.品牌管理[M].广州:广东高等教育出版社,2004.
[13] 周朝琦,侯龙文.品牌经营[M].北京:经济管理出版社,2002.
[14] 王永龙.21世纪品牌运营方略[M].北京:人民邮电出版社,2003.
[15] 叶明海.品牌创新与品牌营销[M].石家庄:河北人民出版社,2001.
[16] 苏勇.品牌通鉴[M].上海:上海人民出版社,2003.
[17] 岳文厚.品牌魅力[M].北京:中国财经经济出版社,2002.
[18] 白光.品牌的故事[M].北京:企业管理出版社,1999.
[19] 万力.名牌营销策划[M].北京:中国人民大学出版社,1997.
[20] 朱立.品牌文化战略研究[M].北京:经济科学出版社,2006.
[21] 陆娟.现代企业品牌发展战略[M].南京:南京大学出版社,2002.
[22] 余明阳,杨芳平.品牌学教程[M].上海:复旦大学出版社,2005.
[23] 黄静.品牌管理[M].武汉:武汉大学出版社,2004.
[24] 万后芬.品牌管理[M].北京:清华大学出版社,2001.
[25] 刘文意.中国企业品牌文化战略研究[M].哈尔滨:哈尔滨工程大学出版社,2004.
[26] 薛可.品牌扩张:延伸与创新[M].北京:北京大学出版社,2004.
[27] 刘凤军.品牌运营论[M].北京:经济科学出版社,2000.